高职高专酒店管理专业工学结合规划教材

客房运行与管理

主编：叶秀霜　沈忠红　　副主编：周寒琼

ZHEJIANG UNIVERSITY PRESS
浙江大学出版社

图书在版编目(CIP)数据

客房运行与管理 / 叶秀霜，沈忠红主编．—杭州：浙江大学出版社，2009.2(2014.9 重印)
(高职高专酒店管理专业工学结合规划教材)
ISBN 978-7-308-06555-9

Ⅰ.客… Ⅱ.①叶…②沈… Ⅲ.①饭店—商业服务—高等学校：技术学校—教材 ②饭店—经济管理—高等学校：技术学校—教材 Ⅳ.F719.2

中国版本图书馆 CIP 数据核字(2009)第 013397 号

内容简介

本书根据饭店客房部门运行管理的特点，以任务为导向，坚持“为用而学”、“能力为本”、“够用适用”的原则，结合客房部门职业岗位的需求，将客房运行与管理的知识、技能要求分成七大模块分别进行阐述。其中：第一模块对饭店客房、客房部的基本含义进行了系统的分析，以使学生能尽快“入门”。第二、第三、第四模块详细介绍了饭店清洁保养(包括客房、公共区域)、布草洗涤保管、对客服务方面的基础知识、工作流程与要求等，通过学习，可使学生掌握客房运行的基本服务知识、操作方法和服务技巧。第五、第六、第七模块主要从客房产品设计、客房产品质量管理和成本控制等方面介绍了客房管理的基本理念、基础知识与管理方法，结合高职高专的培养目标，使学生在熟练掌握服务知识与技能的基础上，初步掌握必要的管理知识和技能。本书通过学习目标、案例、思考与练习等环节，做到理论联系实际，在传授知识、教授服务技能的同时，注重服务理念及管理意识的培养，内容深入浅出、通俗易懂，具有较强的可操作性，可作为高职高专酒店管理及相关专业的教材，也可作为不同星级饭店员工的培训教材或饭店从业人员的自学读物。

客房运行与管理
叶秀霜　沈忠红　主编

策划组稿
责任编辑　孙秀丽(sunly428@163.com)
封面设计　卢　涛
出版发行　浙江大学出版社
(杭州市天目山路 148 号　邮政编码 310007)
(网址：http://www.zjupress.com)
排　　版　杭州中大图文设计有限公司
印　　刷　杭州余杭人民印刷有限公司
开　　本　787mm×1092mm　1/16
印　　张　16.5
字　　数　423 千
版 印 次　2009 年 2 月第 1 版　2014 年 9 月第 4 次印刷
书　　号　ISBN 978-7-308-06555-9
定　　价　29.00 元

前　言

随着中国的进一步改革开放，我国的旅游业得到了更快、更强、更好的发展，旅游在国民经济中的作用和地位日显重要。2007 年，我国旅游总收入 11704 亿元，增长 31%。其中旅游外汇收入 419.2 亿美元，增长 23.5%，国内旅游收入 7771 亿元，增长 24.7%。预计自 2007 年至 2016 年，我国旅游业将取得 8.7%的实际年增长率，将在 10 年内成为世界上第二大旅游和旅游经济强国。到 2020 年，我国将成为世界上第一大旅游接待国和第四大客源输出国。

作为旅游业重要支柱产业之一的饭店业也得以迅猛发展，星级饭店规模加速扩大，截至 2006 年底，全国星级饭店总数达到 13378 家，同比增长 11.26%。全国高档饭店建设也将迎来高峰。据不完全统计，全国待评、在建、待建(2007 年底前开工)高档饭店总计 1107 家。此外，经济型酒店成为发展热点，国际饭店管理集团加速进入中国市场。行业的发展急需大量的高素质人才，而培养高素质人才的关键之一是要有科学、高质量的教材。

旅游业的迅速崛起，促进了旅游教育的快速发展，也带热了旅游教材的建设。旅游教材从 20 世纪 90 年代初的旅游管理专业一个系列几十个品种，发展到现今旅游管理、饭店管理、旅行社管理、景区管理、会展管理及旅游外语等若干个系列上百个品种。虽然旅游教材建设取得了一定的成绩，但高等职业教育已经发展到内涵建设的新阶段，抛弃学科性教育，培养职业能力和职业素养，强调工学结合、教学做合一、能力本位，已经成为今天高职教育的新趋势，因此，打造与当前高职教育相适应的优质创新教材也就成了目前我们迫切需要做的工作。

客房部是现代饭店的核心部门之一，其运行与管理是饭店运营的重要组成部分，《客房运行与管理》是饭店管理专业主干教材之一。本书在编写过程中，摒弃了原来旅游大类课程教材的编写思路和习惯，根据饭店客房部门运行管理的特点，以任务为导向，坚持“为用而学”、“能力为本”、“够用适用”的原则，注重阐述饭店客房运行与管理的基础知识，又力求理论联系实际，具有较强的可操作性，体现出“工学结合”的新理念和“教学做合一”的新特色，在内容和形式上更突出能力本位和职业特色，按客房部门职业岗位需求，以“模块—项目—任务”的模式进行编写，按“入门——掌握基本服务知识，技能——掌握基础管理知识、技能”的思路将内容分成七大模块。特别是第三模块，由于目前越来越多的饭店将洗衣业务采用社会化服务的形式进行，因此近年的一些客房教材基本上将这部分内容删除，但出于对学生就业能力特别是创业能力的培养，本书仍将此部分内容包含在内。各模块由“学习目标”、“案例”开篇，以简练的思考练习结束。在思考练习特别是综合训练部分，鼓励学生的学习创新，引导学生与行业有效连接。

理论知识的掌握对高职学生来说是必须的。因此课堂理论讲授法仍是最基本的方法之一,它所强调的是"理论知识讲授不是为了考试,而是为了指导职业技能的训练"。在具体实施过程中,应不同于传统的理论教学。专业教师在授课过程中,可根据具体内容和教学实际,结合图片资料、实物样品、参观考察、操作练习等方法,使学生在掌握基础理论知识的同时,熟悉饭店客房部运行的基本流程,掌握运行规程,具备基本的服务技能与管理理念。学生在学习过程中应在专业教师的引导下,开放思维,加强与行业接轨,培养自己的创新精神。因此本书既可作为高职高专饭店管理及相关专业学生的教材,也可作为饭店员工的培训教材或饭店从业人员的自学读物。

本书由叶秀霜(浙江旅游职业学院)担任主编,沈忠红(杭州万向职业技术学院)任第二主编,周寒琼(浙江旅游职业学院)任副主编。刘斐(浙江经贸职业技术学院)、赵炜(浙江旅游职业学院)参加编写。编写具体分工为:刘斐(第一、四模块),周寒琼(第二、三模块),沈忠红(第五模块),赵炜(第六模块第五项目),叶秀霜(第六模块第一、二、三项目,第七模块)。全书最后由叶秀霜总纂。

在本书的编写过程中,我们参阅了国内外同行的有关教材和资料,同时也得到一些单位和有关同志的支持和帮助,在此表示感谢。

由于水平有限,疏漏之处在所难免,敬请读者批评指正。

编　者

2009 年 1 月

目　录

模块一　导　论

模块二　饭店清洁保养

模块一　导　论

学习目标

知识目标：

1. 对客房、客房部有初步的了解，能够正确认识和评价客房部在现代饭店中的作用，明确客房部业务运行的特点。

2. 熟悉客房部的组织机构设置，了解客房部与其他部门的业务关系以及对客房部员工的素质要求。

能力目标：

1. 能够正确区分各种客房类型。

2. 初步树立客房服务的基本理念。

3. 理解客房服务与管理的内在含义与要求。

饭店是能够以夜为时间单位向客人提供配有餐饮及相关服务的住宿设施，它须能向客人提供住宿服务，不论它被称为宾馆、饭店、旅馆、旅社、大厦，还是被称为度假村、俱乐部、中心等，都必须有客房，即供客人住宿、休息、会客和洽谈业务的场所。客人投宿于饭店，客房就成为客人暂时的“家”，客房部要通过一系列管理手段和技巧，组织员工服务好这个“家”，管理好这个“家”，使客人真切地感受到“家”的温馨。

项目一　认识客房

案例导入

于先生常年出差在外。有一次，他入住在某三星级饭店。进入房间后，他往床上一躺，便习惯性地把手伸向床头柜，想拿电视机的遥控器。但他摸了半天也没找到，偶一抬头，发现遥控器放在电视机上，于是，他就起身去拿，并躺回床上。当他拿起遥控器一按，发现电视机没有图像，于先生想当然地认为电视机的电源开关没开，便又起身去开，当他再按遥控器时，电视机还是没有图像。于先生记起床头控制板上还有一个电视机的电源开关，便弯腰打开电源。当又一次按下遥控器时，电视机仍然没有反应。他刚想抓起电话机投诉，忽然记得刚才自己动过电视机的电源开关，便再次起身去打开电视机的电源。等他回到床上再按遥控器时，久等的图像终于显现，但于先生已没有了看电视的兴致。于先生索性下床，在整个客房转了一圈后，打电话找来客房部经理，开始诉说客房的种种不是：

1. 遥控器可以减肥。来回三趟才能看上电视——遥控器放在电视机上。

2. 卫生间的烟灰缸。客人倒坐在恭桶上才能使用——烟灰缸放得离客人太远。

3. 电话副机。洗澡时光着身子出来才能接听电话——电话副机安装在恭桶与洗脸台之间。

4. 卷纸架。扭曲身子或瞎子摸象般乱抓才能找到——卷纸架安装在恭桶后面的墙上。

面对于先生的数落,客房部经理的脸涨得通红,并由衷地说:"于先生,您给我上了生动的一课,您是我遇见的最好的一位老师!"

问题:

1. 于先生是一个挑剔的客人吗?是____不是________

2. 写出于先生对客房的主要抱怨处____________、____________、____________。

分析:"客人是最高明的老师"。当客人投诉或抱怨时,所有饭店从业人员不能简单地认为是客人刁蛮或挑剔。他们可能不知道饭店服务与管理的原理与要求,但他们知道什么是令其方便与舒适的。本案例中于先生的一席话虽然有点尖酸刻薄,但他所诉说的均是目前不少饭店的通病。这类通病带给客人的确是种种不便,如沐浴液、洗发液远离浴缸,香皂远离脸盆,等等。这充分说明许多饭店在"隐含服务"方面的欠缺,也说明饭店追求的只是设施设备的拥有,但不在乎设施设备是否方便客人使用。这种没有充分考虑客人需要的服务肯定难以令客人满意。

任务一:清晰客房的概念

客房是客人入住饭店时的投宿场所,是饭店以出租和提供劳务的方式获得经济收入的特殊商品。尽管饭店其他服务设施会根据其规模、星级、客源市场变化等因素有所增减,但是,客房却是始终不可缺少的基础设施,是饭店最基本、最主要的产品,是客人的"家外之家",是饭店重要的经济来源。

客房商品与其他商品有所不同,完整的客房商品具有空间大小、设备设施配置与运行规格、用品配置与补充、清洁卫生、安全和综合服务等方面的要求,而且这些方面要同时具备,客房商品才算合格,否则就不能进行销售。因此,要求客房的布置要高雅美观,设施设备要完备舒适耐用,日用品方便安全,客房环境清洁卫生,客人财物和人身安全有保障,服务项目全面周到,总之要为客人提供清洁、美观、舒适、安全的暂住空间。

任务二:熟悉客房类型

随着市场需求的变化,饭店为吸引不同消费层次、不同消费需求的客人,客房的种类也日趋多样化。客房分类的方法很多,首先可将客房划分为基本类型和特殊类型两大类,然后再分别按构成的房间数量和床的配备种类、经济等级、房间所处位置、客房设计风格等进行细分。

一、基本类型

1. 按房间构成与床位划分

按客房构成的房间数量和床的配备可分为:

(1)单间客房。只有一个房间的客房就是单间客房。由于客房内床位的配置情况不同,单间客房又有单人间、双人间、三人间等。单人间(single room)客房只配备一张单人床,用品也只配备一份；双人间(twin room)客房配备一张双人床，也可以配备两张单人床，目前有不少的饭店在房间内配备一双一单两张床，分别称为大床间(double room)、标准间(standard room)和家庭房；三人间(triple room)是在房内配备三张单人床，此类房间一般在经济型饭店设立较多。

(2)套间客房。由两个或两个以上房间、卫生间和其他设施组成的客房就是套间客房。根据使用功能和室内装饰标准，套房一般有：

1)标准套房(standard suite)。标准套房又称普通套房(junior suite)，是由中间有门连通的两间单间客房组成，一间为起居室(living room)即会客室，另一间为卧室。卧室包含写字区、睡眠区(大床或两张单人床)，并配有衣柜、咖啡台、圈椅、电视机、行李柜等。也有的卧室只放床、床头柜、梳妆柜、电视柜和软沙发。卫生间连在客房内，内配三大件卫生洁具(面盆、浴缸、恭桶)，也有的另配有淋浴房。客厅包括起居区、客用洗手间，洗手间只设置面盆、云石台、恭桶，供来访客人使用。这类客房将会客区域与卧室分开，比较适合有朋友来访或几个朋友一起出游的客人，因为它有一个单独的商谈区域，也可做一个小型会议室，会议团的会务组特别喜爱此类房间。

2)商务套房(business suite)。此类套房是专为从事商务活动的客人设计布置的。一间为起居与办公室，另一间为卧室。这类客房在办公设施、室内家具、用品的配备和布置等方面充分考虑到商务客人的需要，直通电话、接收传真、上网等服务项目也很周全。有的饭店因商务客居多，就开设商务楼层(executive floor)，在楼层设置服务台，直接快捷地为客人提供入住、离店、打字复印、秘书、会议等服务项目。楼层上设立专门的小餐厅，提供西式点心、咖啡、茶、自助餐等。商务客房以快捷周到、方便舒适赢得了越来越多的客人的青睐，近年来特别在高星级饭店已成迅猛上升之势，因此，商务套房在客房中所占的比例也越来越高。

3)双层套房(duplex suite)。也称立体套间，其布置为起居室在下，卧室在上，两者用室内楼梯连接。

4)连接套房(connecting suite)。也称组合套间，是一种根据经营需要专门设计的房间形式，两间相连的客房用隔音性能好、均安装门锁的两扇双重隔门(connecting door)连接起来，并都配有卫生间。需要时，既可以作为两间独立的单间客房出租，也可作为套间出租，灵活性较大。连接套房可以由一个套房加一个标准间组成，也可由两个标准间或两个套房组成。这类客房特别适合家庭出游或亲朋好友出游使用。

5)豪华套房(deluxe suite)。豪华套房的特点在于重视客房装饰布置、房间氛围及用品配备，以呈现豪华气派。该套间可以为两套间布置，也可以为三套间布置。三套间中除起居室、卧室外，还有一间餐室或会议室兼书房，卧室中配备大号双人床。

6)总统套房(presidential suite)。又称特套房，通常由7～8间或更多间组成，包括男主人房、女主人房、会议室、书房、餐室、起居室、随从房等。装饰布置极为讲究，造价昂贵，通常在豪华饭店才设置此类套房，已成为一种档次的象征，标志该饭店已具备了接待总统的条件。通常总统套房的装饰布局决定了一家饭店的档次和豪华程度，因此很多饭店都把总统套房的装饰布局融入企业文化之中，以显示饭店的风格与档次。

2. 按客房档次划分

(1)普通房(junior room)。普通房也叫标准房(standard room)，是带卫生间的双人间。

这类客房的装饰布置与饭店档次一致，为提高客房的利用率，一般配备两张单人床，可安排两位客人同住，较适合旅游团队和会议客人的需要。

(2)豪华房 (deluxe room)。豪华房的客房装饰布置、房间氛围及用品配备比一般客房要豪华高档些。为了体现客房的豪华程度，饭店往往将此类客房做成套房的形式，其中最豪华的套房要数总统套房。但不是所有的饭店都会有总统套房，一般在四星级以上饭店才设置，表明该饭店已具备接待总统的条件和能力。

3. 按客房在饭店中所处的位置划分

(1)外景房(outside room)。房间的窗户朝向外部景观，如大海、湖泊、公园、景区景点、街道，视野开阔，景色迷人。

(2)内景房(inside room)。客房的窗户朝向饭店内庭院。

(3)角房(corner room)。位于走廊过道尽头或拐角处的客房。角房因形状比较特殊，装饰无法循规蹈矩，可能难以获得大部分客人的喜爱。但因其打破了标准间的呆板，反而受到了某些客人的青睐。

二、特殊客房

现代饭店客人的多元化需求使饭店除拥有各种基本房间类型以外，还必须配置各种特殊房型。现代饭店各种特殊房型的出现，是饭店客房产品适应市场需求的体现。

1. 行政房 (executive room)

行政房也称商务房(business room)，面积一般比标准间稍大，设有标准的办公桌和办公设备，是专为从事商务、公务活动的客人设计的。随着商务客人的不断增多，这类客房的需求量也不断增多。对此，一些高星级饭店专门设立了商务楼层，并在楼层配备专门的服务台，为入住行政客房的客人提供入住、离店手续及打印、传真等服务，以便为客人提供更有针对性的服务。

2. 女士客房(lady room)

所谓女士客房主要体现在使用者的性别限制上。传统客房的设计是从大众化角度考虑的，尤其是作为饭店的主要住宿者男性考虑的。随着女性地位的提高，女性在住店客人中的比重越来越大。针对这一现象，突破传统的思想，专门设计为女性客人特别准备的客房将成为趋势。建设完全满足女性宾客要求的女士客房，就必须充分考虑女士的审美观、生活习惯、爱好等多方面因素，客房的室内装饰要富有浪漫情调，室内气氛更为温馨雅致，悉心考虑女性的心理特点，充满女性气息，提供适合女士的房间内用品如浴袍、拖鞋及各类杂志以及女性用品和礼物等。饭店可根据市场需求情况设置几间女士客房，也可设置女士楼层。

3. 无烟客房(no smoking room)

无烟客房是专供非吸烟客人入住、并为客人提供严格的无烟环境的客房。在无烟楼层的客房不仅是指房间里没有烟灰缸，楼层有明显的无烟标志，而且还包括进入该楼层的工作人员和其他客人均是非吸烟者；当吸烟的房客在进入该楼层或房间时被礼貌地劝阻吸烟，因为非吸烟人士对烟味的敏感程度是非常高的。目前，无烟客房已成为饭店的普遍选择。北京天伦王朝等饭店的无烟楼层均吸引了大量回头客，这些饭店既创造了市场营销的机会，留住了一些客人，也为饭店赢得了较好的口碑。北京长城饭店客房部负责人估算，该饭店每10个外宾中，至少有7位选无烟楼层。近几年来欧美、新加坡以及我国台湾的游客大都选择无烟楼层。因此,很多饭店都将进行无烟客房的尝试。

4. 残疾人客房(handicapped room)

是专为残疾人提供的客房,一切设施设备都以方便客人出入、休息和使用为目的而设置。

饭店电梯的设置与安装应该考虑到更多的残疾人使用方便。如宜安装横排按钮,高度不宜超过1.5米;在正对电梯进门的壁上安装大大的镜子;使用报声器等。

客房出入无障碍,门的宽度不宜小于0.9米;门上不同的高度分别安装窥视器;床的两侧应该有扶手,但不宜过长;窗帘安有电动装置或遥控装置;房内各电器按钮或插座不得高于1.2米。如果没有特殊残疾人楼层的饭店,对于残疾人客房位置的选择不宜离电梯口太远。

残疾人卫生间门的要求和客房门一样,出入一样无障碍;门与厕位间的距离不小于1.05米,云石台高度在0.7米左右且下面不宜有任何障碍物;恭桶和浴缸两侧装有扶手,且扶手能承受100千克左右的拉力或压力,等等。

5. 时权客房(time-share room)

是指饭店一次性销售客房特定年限内一周或数周的时段使用权。对于消费者来说是指消费者或个人投资者买断了该饭店在每年某一特定时间里的若干年使用权。典型的时权饭店是具有类似于公寓式的房间,提供传统度假村所需的餐饮、休闲、娱乐等设施,以及与之相应的服务。其经营模式是开发商在把该度假村的使用权售出时,成立使用权购买者委员会,由购买者委员会和开发商共同雇佣管理人员或饭店管理公司来进行管理。

6. 主题客房

饭店产品发展到今天,已经明显感觉到"标准房"的乏味。为了满足客人的需求,饭店主题客房的设计开发已成一种趋势。由于主题客房具有独特性、文化性、针对性等特点,逐渐成为消费者的新宠。主题客房有很多种分类方法:以某种时尚、兴趣爱好为主题进行产品设计,如汽车客房、足球客房、邮票客房、电影客房等;以某种特定环境为主题进行客房设计,如监狱客房、梦幻客房、海底世界客房、太空客房等。

7. 高科技客房

进入21世纪,高科技在客房服务和管理中得到广泛的应用。比如:客房内可为客人提供网络浏览、E-mail收发、FTP文件下载、Telnet远程登陆、网络游戏等多项服务,甚至为客人提供更个性化的服务。法国雅高集团在巴黎正在尝试"高科技客房"这一新概念客房。客房的床很宽,卫生间更大,照明也更好,采用可旋转的液晶显示电视屏幕,遥控芳香治疗系统、环绕音响系统等。雅高集团的市场研究部指出,客人离家出门,在心理上和生理上都会变得脆弱,因此会特别留意细节。

8. 个性化客房

希尔顿集团在美国洛杉矶富豪区的比华利山饭店推出自己的特色概念房——睡得香客房。客房中有加厚的床垫、高雅而又不透光的艺术窗帘,闹钟铃响时台灯自动开启,按各人生活习惯设置的生物钟可调灯箱等。前不久,希尔顿又推出两个新概念客房,即"健身客房"和"精神放松客房"。客房内增设了按摩椅、放松泉池、瑜伽教学录像带等。

9. 老年人客房

如今,世界人口普遍向老龄化发展,老年人市场越来越受到重视。老年人在饭店的相对停留时间较长，消费较高，因此，“银发市场”已成为饭店新的竞争点。老年人客房的设计、装饰要注重传统的民族风格，配以字画、摆设；其色调以暖色为主，多用调和色；绿化布置上，可多用观赏盆景和常绿植物、鲜花。健康、方便是老人客房的考虑重点。例如：在卫生间要设置防滑把手，门把和开关位置要适宜。要设置多个召唤铃，以便老人可以不用移动太远，就可询问自己需要的服务。比如法国戛纳的奥泰利亚饭店里，所有的客人平均年龄 83 岁，这里的一切设施几乎都是为老人们尤其是 80 岁以上的老人特别设计的。在这里，信号显示是大号字，沿墙有扶手，电梯里有坐椅，床是坐卧两用的，卧室里可以挂家人肖像。卫生间是用防滑玻璃纤维修造的，并设有软垫长椅，在那里可以安全洗浴。无论何时，一按铃就有人来查看，经常举办各种适合老人的娱乐活动。而且无需预订，长住短住无妨。但有一点必须特别声明，这里接待的不是病人，而是需要关怀、照顾的老年客人。

10. 绿色客房

随着地球环境的恶化，人们更趋向于和自然和谐共处的“绿色意识”。因此“绿色客房”将是 21 世纪客人的向往。美国著名管理大师乔治·温特在其《企业与环境》一书中指出：“总经理可以不理会环境的时代已经过去了，将来公司必须善于管理生态环境才能赚钱。”绿色客房是指无建筑、装修污染，无噪声，有空气过滤装置，室内环境完全符合健康要求的禁烟房间，并且房间内所有用品、用具及对它们的使用都符合充分利用资源、保护生态环境的要求。如客房内的设施设备要节能、环保，客房物品用品要可回收、可降解，要设置绿色告示和绿色环境的宣传资料等。

在饭店的发展过程中，饭店管理者越来越重视客人的需要，可以说市场上有多少客房类型的需求，饭店就有多少类型的特殊客房。这是现代饭店在经营过程中走个性化服务的一个重要手段，也是市场发展的必然规律。

思考与练习

1. 你入住饭店时通常选择哪种客房？理由是：

____

____

2. 通过参观饭店或上网查找，熟悉各种客房类型的特点，并通过文字或照片、图片等进行详细的描述。

3. 由此写出你所理解的客房的含义要点（至少两个）：

____

____

项目二　认识客房部

案例导入

一日，服务员小郑在打扫 1122 房间时，客人的鞋跟掉了，客人向小郑询问附近哪里可以买到皮鞋。小郑见客人的鞋已坏，心想即使告诉客人，客人也无法出去购买，便主动帮助客人想办法。经小郑联系，工程部王师傅很快来到客人房间，仅用了一个小螺丝便将客人的鞋修好了。客人十分高兴，本来认为很麻烦的一件事，通过服务员周到的服务便轻易地解决了，为自己节省了许多时间和精力，感谢之余客人对饭店的服务给予了高度的评价。

问题：

1. 你觉得小郑的做法是多此一举吗？是________不是________

2. 假如你是服务员，你会________________________________。

分析：据美国的一项调查表明，几乎所有企业都把服务和有形产品的质量视为企业开展市场营销、参与市场竞争的关键。服务与有形产品相比较，企业更应注重前者，市场竞争的残酷性使人们越来越懂得优良的服务质量是企业赢得竞争的重要砝码。颇具影响力的《西方企业的服务革命》一书作者、法国著名的企业管理专家菲利普·布洛克在该书的前言中写道："……今天的服务是无处不在的！而且服务质量的优劣就能决定一个企业在竞争中的成败……今天我们出售的不仅是产品，而伴随着产品的服务综合……无论我们感兴趣的是什么企业，其成功的唯一钥匙恰好都是优质服务。"修鞋事情虽然很小，但它关系如何为宾客提供优质服务的大课题。在客房部的工作中，时时处处都会遇到一些超出服务范围的、需要其他部门配合支持的工作。如何提供惊喜一刻的服务，如何创造饭店品牌，是我们应该共同思考的问题。

服务员观察客人需求与完成服务所达成的质量效果，是创造完美服务的一个过程，这个过程是我们实现精品饭店的最终目标。小郑作为一名楼层服务员，不仅为客人提供份内的清洁保养服务，而且能细心观察、判断客人的需求想客人所想，甚至是客人所未想，在处理这件事情上，方法灵活，以客人要求为重，通过工程部门的协作，为客人提供尽善完美的服务，值得所有员工学习。

任务一：了解客房部

客房部又称房务部或管家部，是现代饭店的一个重要职能部门，负责管理客房产品生产的相关事项。它的主要职责是为客人提供清洁、美观、舒适、安全的住宿环境；提供各种客房对客服务，满足客人的要求；负责整个饭店公共区域的清洁和保养工作，使饭店时刻处于清洁、优雅、常新的状态；为饭店其他部门提供布草洗涤、保管等服务。

客房部的具体功能主要有以下几点：

1. 做好饭店的清洁保养工作，为客人提供舒适的环境

清洁保养在饭店的经营管理中具有特殊的意义，它是饭店商品使用价值和服务质量优劣的重要标志，是饭店赢得客人信赖的重要因素。所以，搞好清洁保养，提供舒适的住宿环境，是客房工作的首要任务。客房部必须加强管理，切实组织员工做好每间客房的装饰布置、环境美化、清洁保养、用品管理，保证客房的清洁、美观、舒适、静雅、安全。

除了为客人提供优质的客房产品，饭店还必须为客人创造一个温馨的大环境，使客人得以很好的休息。因此客房部还要负责饭店公共区域的清洁卫生及设施设备的维护保养工作。为给客人提供安宁的环境，客房部必须制定科学合理的清洁保养规程，加强督导，在确保清洁保养质量的同时，既方便客人又尽可能地减少对他们的干扰。

2. 向客人提供优质的专业服务

"饭店从根本上说，只销售一样东西，那就是服务。"服务的好坏决定着饭店的好坏，服务质量是饭店的生命线。客房商品包括空间、设施用品、卫生、安全、服务等方面的要求，而服

务是客房商品的核心部分，客房是客人在饭店生活的主要场所和停留时间最长的地方，也是客人接受服务项目最多的地方，例如，房间清扫服务、小酒吧服务、会客服务、托婴服务、洗衣服务、擦鞋服务、夜床服务等等，看起来都是一些不起眼的生活琐事，但认真把每一件小事做好，让每一位住店客人都感到满意，就是一件十分了不起的大事。客房部的员工就应该从这些日常生活中的小事做起，主动、热情、礼貌、耐心、周到，用心为客人提供专业的优质服务，使客人在住宿期间的各种需求得到满足，从而体现高品质的客房商品价值，提高客房商品的美誉度，提高饭店在社会上的声誉。

因此，切实做好客房接待服务，使客人的各种合理需求得到满足，是客房部工作的重要内容。当然客房的接待服务不仅仅局限在客人的入住期间，还应包括客人到店之前和客人离店之后这两个环节。

3. 加强成本费用控制，降低经营成本

客房是一个生产部门，在生产过程中每天会消耗掉大量的物化劳动和活劳动，产生不少费用开支。为此，在客房管理过程中要认真研究投入和产出的关系，加强客房设备用品管理，合理制定消耗定额，切实做好设备维护保养工作，提高设备用品的使用效率，科学合理地配备、使用劳动力，减少浪费，降低成本，使饭店获得良好的经济效益。客房部的任务之一，就是要在满足客人要求的前提下，控制物品消耗，减少成本支出，取得最佳的经营效果。

4. 确保客房设施设备的正常运转

客房部在日常清扫和接待服务的过程中，必须做好客房与公共区域的设施、设备的维护和保养工作，使之常用常新，处于良好的状况下；并与工程部密切合作，保持设施设备的完好率，提高它们的使用效率，为客人构筑一个舒适的住宿环境。在一些旅游热点城市或旅游旺季，客房出租率较高时更应做好这项工作，否则不仅影响客房的出租，影响经济效益，还会影响饭店的声誉。

5. 保障饭店及客人生命和财产的安全

安全是客人最基本的需求之一。客房是为客人提供休息的地方，不论何时都要保持楼层的安全，保证客人生命财产安全，防止不法分子进入客房，为客人提供一个安全的环境。客房部每一位员工都必须具有强烈的安全意识，在平时的工作过程中，都必须严格遵守服务规程和安全守则。饭店每一位员工都应该清醒地认识到，安全无小事，一个小小的疏忽，有可能引发一起重大的事故。所以，一旦发现问题要及时处理，把安全隐患消灭在萌芽状态。

6. 负责客衣服务以及饭店员工制服、布草的洗涤保管工作

设有洗衣房的饭店，客房部每天要负责客衣的洗熨、全店员工制服的洗熨、客房及其他布草的洗熨等。这些工作虽然琐碎细小，但是责任却重大。例如，如果客衣没洗干净，或洗涤方法不当，不但会引起客人的投诉，而且还要对客人进行赔偿，饭店的声誉和经济利益都会受到损害。如果个别员工的制服没洗干净或熨烫的不够挺括，将影响到这个员工的仪容仪表。如果客房的床单或布巾没洗干净，就有可能造成客人的换房或退房。如果没将餐厅的台布或餐巾洗干净，必将影响到餐厅的整个形象。

7. 做好与其他部门的协调配合工作，保证客房服务需要

客房服务的质量，不仅与客房部内部管理有关，而且还受其他部门的影响，例如前厅、餐饮、工程、采购、财务、保安等部门。这些部门的工作能否跟得上，质量是否过硬，对客房服务质量会产生很大的影响。所以，客房部要有整体利益的观念和长远的战略眼光，积极、主动

地与各部门搞好配合，才能保证客房管理各项工作的协调发展，为保证和提高客房部服务质量创造良好的条件。这既是客房部经营所必备的，也是饭店总体经营所必需的。

任务二：清楚客房部的机构设置与业务分工

一、客房部组织机构设置原则

客房部的组织机构是否合理、组织是否严密，是客房部搞好管理、运转、服务等各项工作的重要保证。客房部的组织机构应是一个统一指挥、专职分工、层次分明、沟通顺畅的有机整体。根据客房管理的工作任务，客房部门组织机构的建立及岗位的设置应遵循以下的原则。

1. 从实际出发

客房部机构的设置要根据饭店规模、档次、接待对象、经营思维、劳动力成本、设施设备等实际情况来决定，而不能生搬硬套。

2. 精简高效

为了防止机构臃肿、人浮于事，客房部组织结构要力求精简。尤其要注意因事设岗，而不能因人设事、因人设岗。应该发挥员工的主观能动性，提高效率。值得注意的是，机构精简并不意味着机构的过分简单化，一旦出现职能空缺现象，就会造成服务质量降低。

3. 分工明确

专业分工是将客房部的全部工作按需要划分为若干个较小的部分，分配给具体的岗位或个人去操作，每一个岗位的人员应有明确的职责和明确的上下级隶属关系。分工能够提高工作效率，但只有分工没有协作的机构不可能成为一个有效的组织，因此各岗位之间还要加强协作。饭店规模越大，专业化分工就越细，各岗位的协作也变得越来越重要。

二、客房部组织机构设置类型

由于饭店规模、档次、业务范围、经营管理方式、服务模式的不同，客房部组织机构也会有所区别。主要表现在两方面：

1. 机构的纵向层次设置不同

一般大型饭店管理层次多，小型饭店管理层次少，如大型饭店一般有经理——主管——领班——服务员四个层次，而小型饭店可能只有经理——领班——服务员三个层次。不过目前饭店的发展趋势是组织机构的扁平化，包括客房部在内的饭店各部门将尽可能地减少管理层次，以提高沟通和管理效率，降低管理费用。

2. 机构的横向业务分工不尽相同

如有的设有楼层服务台，有的设有客房服务中心，也有的两者兼而有之；有的饭店客房部可能设有洗衣场、花房，而有的饭店则没有。

根据客房服务模式的不同，客房部组织机构设置类型见图 1-1、图 1-2、图 1-3 所示。

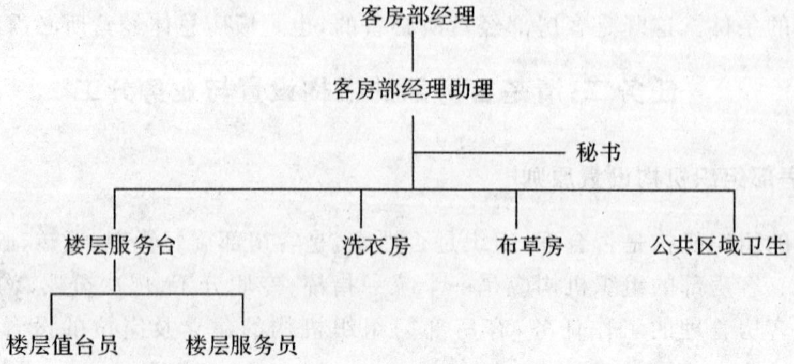

图 1-1 设立楼层服务台的客房部组织结构图

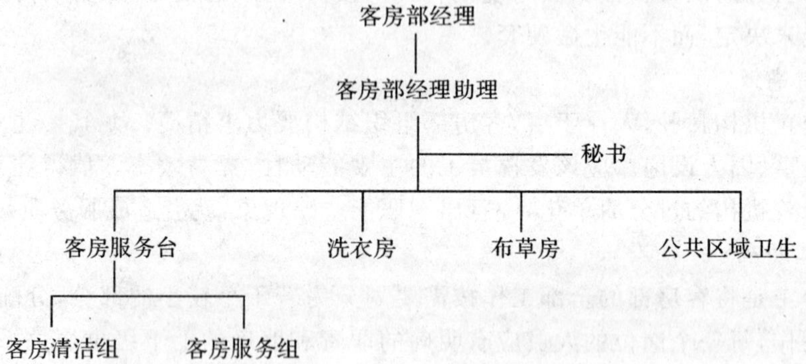

图 1-2 设立客房服务中心的客房部组织结构图

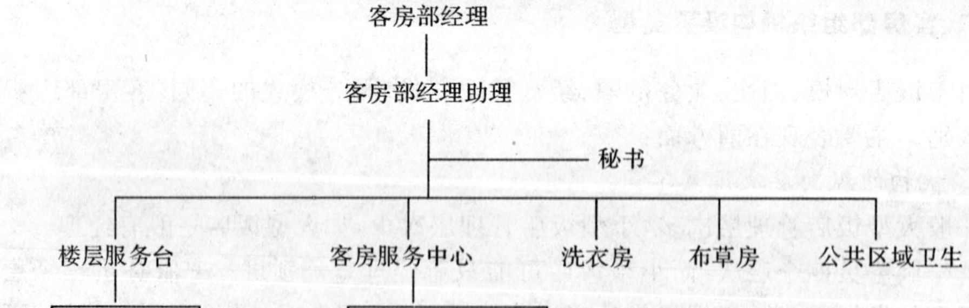

图 1-3 两者兼有的客房部组织结构图

客房部组织机构图清晰地勾画出部门中的垂直领导关系及内部信息流通渠道。每个员工从组织中的顶头上司处接受指示。在饭店里张贴组织机构图,可以让员工清楚地知道自己在整个机构中所处的位置。

三、客房部的业务分工

客房部分工复杂,人员繁多,合理的岗位设置是客房部进行有效运行的前提条件。下面以大中型饭店客房部组织机构设置为例来说明。

1. 经理办公室

客房部经理办公室主要负责处理客房部的日常事务，负责文件和档案管理以及与其他部门的沟通协调等事宜。有的饭店，将客房部经理室与客房服务中心安排在一起，目的是节省空间、节约人力、方便管理。这样，经理室的一些日常事务就可以由服务中心的服务员来承担，从而无需再设置专职内勤或秘书的岗位。

2. 客房服务中心

客房服务中心既是客房部的信息中心，又是对客服务中心，其基本职能是：统一调控对客服务工作，向客人提供服务信息；内部工作信息的传递调度；正确显示客房状况；保管和处理客人失物和遗留物品；管理楼层钥匙；领取和分发客房部所需物资；协助有关管理人员进行人力和物资调配；控制员工出勤；与其他部门进行联络、协调等。

3. 客房楼层

客房楼层是客房部的主体，由各种类型的客房组成，是客人休息的场所。客房楼层服务组的职能是：负责客房及客房公共区域的清洁保养和对客服务工作；管理客房及客房楼层的设施、设备；负责客房日用品的替换、设备的简易维修和保养，并为住客和来访客人提供必要的服务。

4. 公共区域

公共区域的职能是负责饭店各部门办公室、餐厅（不包括厨房）、公共洗手间、衣帽间、大堂、电梯厅、各通道、楼梯、花园和门窗等公共区域的清洁卫生工作以及饭店的一些专业性、技术性较强的清洁保养工作。在部分饭店里，它还负责饭店的园林绿化。目前，一些大中型饭店的公共区域管理机构都已成为可以对外服务的专业清洁公司，在保证完成店内清洁保养工作的前提下，开展对外经营业务，为饭店增加收入。

5. 布草房

负责全饭店布草及所有工作人员的制服的收发、分类和保管。对有损坏的制服和布草进行修补，并储备足够的制服和布草以供周转使用。如果具备设备和技术条件，它还可以进行加工制作，为饭店的正常运转提供布草和员工制服等。

6. 洗衣房

负责洗涤员工制服和对客服务的所有布草，并为住店客人提供洗衣服务。洗衣房的归属，在不同的饭店有不同的管理模式。大部分饭店都归客房部管理，但有的大饭店，洗衣房则独立成为一个部门，并且对外服务；有些小饭店则不设洗衣房，而是将饭店的洗涤业务外包给社会上的洗衣公司负责。

任务三：明确客房部在饭店运行中的作用

客房部是饭店经营管理的关键部位之一，负责管理饭店所有客房事务，为客人提供舒适、清洁的住宿环境以及优良的服务。客房部不但在饭店纷繁的日常工作中担任着重要的角色，而且在饭店的经营管理中起着重要的作用。

一、客房部是饭店的主体和为客人提供服务的主要部门

饭店是以建筑物为依托，通过向客人提供住宿、饮食、康体、娱乐、购物等服务产品而取

得经营收入的服务性企业。无论是商务客人，还是观光旅游者，当他们经过长途跋涉来到一个陌生的地方，首先必须有地方住，否则，商务活动、观光旅游活动都不可能进行。住饭店就是住在客房。客房是住店客人的物质承担场所。在诸多的服务产品当中，客房是饭店的基本设施和主体部分。因为在饭店建筑面积中，客房占70%～80%；饭店的固定资产，也绝大部分在客房，饭店经营活动所必需的各种物品设备和物料用品，亦大部分在客房。客房产品是饭店的核心产品。

另外，从整个饭店的人力资源配备来看，饭店的人员编制也是以客房数量为依据的，一般每间客房配备的员工数量为1.2～1.5人。客房数量多，整个饭店人员的编制就大；反之，饭店人员的编制则小。如果加上客房商品营销活动所必需的前厅、洗衣房等部门的管理和服务人员，将占饭店总从业人员的1/3以上。

二、客房是带动饭店一切经济活动的枢纽

饭店的经济收入主要来源于三部分——客房收入、饮食收入和综合服务设施收入。其中，客房收入是饭店收入的主要来源，一般占饭店总收入的50%～60%，而且客房收入较其他部门收入更加稳定。客房虽然在初建时投资大，但投入使用后耐用性较强，在每一次销售后，经过服务人员的清洁整理和补充消耗品后又可以再次销售。因此从利润来分析，客房消耗低，经营成本较小，因此，客房创利较高，客房利润通常可占饭店总利润的60%～70%，是饭店利润的主要来源。为此，在经营管理过程中，要不断提供高质量的服务，努力使客人成为回头客，尽可能保持较高的客房出租率，才能保障饭店的经济效益。

客房也是带动其他部门经营活动的枢纽。饭店作为一种现代化食宿购物场所，只有当客人住进饭店并保持较高的住房率，饭店其他各种设施才能充分发挥作用，组织机构才能运转。客人住进客房，要到前台办手续、交房租；要到饮食部用餐、宴请；要到商务中心进行商务活动，还要健身、购物、娱乐，因而客房服务带动了饭店的各种综合服务设施的使用。在饭店的经营活动中，客房处于龙头位置，只有龙头摆动起来，整个龙身才能活。

三、客房服务质量是饭店服务质量的重要标志

客人住店期间，除了进餐、娱乐、购物之外，绝大多数时间是逗留在房间里，客人对客房会有“家”的感觉。因此，客房的卫生是否清洁，服务人员的仪容是否整洁，礼貌修养程度的高低，服务态度是否热情、周到，服务项目是否周全、方便等，将直接影响到客人的情绪，是客人衡量饭店产品“价”与“值”是否相符的主要依据，所以客房服务质量是衡量整个饭店服务质量、维护饭店声誉的重要标志，也是饭店等级水平的重要标志。

另外，客房部的PA组是公共区域清洁保养工作的主要承担者，饭店前厅、电梯、商场、花园等公共区域的清洁保养由客房部PA组的员工所完成，这些场所的环境质量、设施设备的完好程度及清洁保养的有效性不仅是住店客人关注的焦点，更是非住店客人对饭店产生良好印象与评价的主要依据，他们同样希望这些场所清洁、舒适、优雅，并能够得到优质的服务。

客房部工作的好坏直接影响到住店客人与其他来店客人对饭店的印象，因此对于饭店内部工作环境与气氛的营造也同样至关重要。因此，客房部服务质量成为许多客人评价一家饭店服务质量水平的重要依据。

四、客房部的管理水平直接关系全饭店的运行和管理

如前所述，客房部负责整个饭店环境、设施的维护和保养，为饭店全体员工保管、修补、发放制服，为餐饮、娱乐等部门洗烫、保管各类布草，所以，客房部的工作内容涉及整个饭店的角角落落，为其他各个部门的正常运行创造了良好的环境和物质条件。另外，从员工角度讲，客房部员工数量占饭店员工总数的比例很大，其培训管理水平对饭店员工队伍整体素质的提高和服务质量的改善有着很重要的意义。因此，客房部的管理会直接影响饭店的正常运行和管理。

由此可以看出，客房是饭店的主体部分和住店客人的物质承担场所，是饭店规模、接待能力及接待水平的重要标志。

任务四：掌握客房部业务运行的特点

现代饭店客房工作内容广泛，与以往仅能满足客人基本生活需要的客栈、旅店、招待所不可同日而语。为了适应这一改变，客房部的管理也同样与以往不同，与饭店其他部门不同，形成了自己的特点。

一、随机性大

客房部所涉及的工作内容繁多，工作空间广泛，另外，客房的服务对象是来自世界各地的千差万别的客人，要使他们在住店的短暂的时间内保持满意难度相当大，这都导致了对客服务过程中很大的不可控制性。在这种情况下，为了保证服务质量，管理者要充分调动员工的积极性和主动性，使员工具有很强的服务意识，随时处理客人的临时要求和突发事件。

二、复杂性

客房部的工作范围广，涉及内容复杂，除了要保持客房的清洁安全外，还要对整个饭店的环境卫生、装饰绿化、设备保养、布草制服的洗涤保管及式样设计负责。客房部拥有的员工数量、管理的物质设备，开支的成本费也比饭店其他部门高，因此管理起来也相当复杂。

三、不易控制，独立作业性强

客房部管辖的人、财、物及工作岗位之多在饭店是位居首位的，而且还是一个全天候运转的部门。首先是大多数工作人员的工作环境具有相对的独立性，很多工作均为一个人完成，不利于管理人员的督察；其次，客房物资用品皆为日常生活用品，如果管理不善，极易流失。所以客房部加强对员工素质和自我管理的培训尤为重要。

四、个性服务要求强，卫生质量要求高

饭店客房所提供的百分之一百的规范服务并不能换来消费者百分之一百的满意，有时服务人员规范的服务也会遭到客人的呵斥，原因就是客房服务人员没有针对不同的客人提供个性服务。

客人入住饭店在客房逗留的时间最长，对客房的卫生质量会特别的关注，尤其是一些与客人身体直接接触的设施用品，客房的卫生质量已经成为客人选择饭店的第一因素，因此的

清洁卫生质量要求极高，不能出现半点马虎。

五、要求严格，协作性强

如果把饭店比作一个运转的大机器，那么，客房部就是这个机器中一个重要的部件。机器要正常运行，要靠这个机器中各个部件的正常运转；同样，客房部这个部件又是由一些齿轮和零件组成的，即客房服务中心、楼层客房、洗衣房、公共卫生组等机构。没有这些齿轮和零件的相互协作、正常运行，客房部这个部件也不可能正常地运转。

任务五：明晰客房部与其他部门的关系

饭店是由多个部门组成的一个有机整体。其运行与管理的整体性、系统性和协作性很强。饭店经营管理目标的实现，有赖于所有部门及全体员工的通力协作和共同努力。对于各个部门而言，它们都是饭店的一部分，虽然各有任务和目标，但都不是独立的。要完成其任务、实现其目标，部门之间就必须相互支持、密切配合。因此，客房部在运行管理中，必须高度重视与各部门的关系。一方面，要利用自身条件，像对待客人一样为其他部门提供优质服务；另一方面，要与其他部门保持良好的沟通，争取他们的理解、支持和协助。在处理部际关系过程中，要有全局观念和服务意识，发扬团队精神，加强沟通，相互理解，主动配合。

一、客房部与前厅的关系

饭店的客房部和前厅部是两个业务联系最多、关系最密切的部门。从经营角度讲，客房部是客房产品的生产部门，前厅部是客房产品的销售部门。两个部门之间应及时准确地相互传递有关客房产品生产、销售及消费方面的信息。如前厅部应及时提供客房销售和住客资料等信息给客房部，以便客房部做好针对性的服务；客房部在客人入住期间应及时将客人的消费信息传递给前厅部，当客人离店后及时整理并将客房生产情况及时告知前厅部，以供前厅部出租，提高客房的出租率。

两个部门之间能否密切配合，直接影响饭店客房的生产与销售。在一些规模不太大的饭店里，已不再分设客房部和前厅部，而是由这两个部门组成房务部，以便于统一管理，减少矛盾。

二、客房部与工程部的关系

客房部与工程部作为两个职能部门，他们目标是相同的，两者只有保持良好的工作关系，才能取得最佳工作效果。在为接待客人做准备工作中，客房服务员是一线的工作人员，如果客房设施设备有问题容易引起客人的不满和批评；但是，客房部服务员同时又是防止与杜绝此类事情发生的第一道防线。客房中的小问题主要是靠他们在清洁房间的过程中发现的。

客房部与工程部沟通与协调的主要内容有：客房部负责客房设施设备的日常保养工作，而工程部则主要负责客房设备的维修事宜；客房部要及时向维修部提供客房设备的维修信息，并为维修人员进入客房工作提供一切方便；客房部向工程部提供客情预报，以便工程部对客房进行大修理。工程部维修时，客房部做好各项配合工作，如维修后及时清洁房间等。

客房与工程维修部的沟通主要采取填写“维修通知单”（见表1-1）的方式，这样做能够提高工作效率，易于落实责任，同时也便于考核。

表 1-1　维修通知单

<table>
<tr><td rowspan="2">安排</td><td>电话</td><td rowspan="2">日期</td><td rowspan="2" colspan="2">部门</td></tr>
<tr><td>书面</td></tr>
<tr><td>收到</td><td>日期</td><td>时间</td><td colspan="2">文书</td></tr>
<tr><td>批准</td><td>总经理</td><td>成交商</td><td colspan="2">工程师</td></tr>
<tr><td>负责</td><td>工程师</td><td>组长</td><td colspan="2">小组</td></tr>
<tr><td colspan="5">工作地点/设备编号</td></tr>
<tr><td colspan="3">工作说明</td><td colspan="2">例行维修</td></tr>
<tr><td colspan="3"></td><td colspan="2">紧急</td></tr>
<tr><td colspan="3"></td><td colspan="2">停止</td></tr>
<tr><td colspan="3"></td><td colspan="2">预防性维修</td></tr>
<tr><td colspan="3"></td><td colspan="2">房内有客</td></tr>
<tr><td colspan="5">联系人：</td></tr>
<tr><td colspan="5">联系电话：</td></tr>
<tr><td colspan="5">负责计算（财务部）</td></tr>
<tr><td>工作完成</td><td>日期</td><td>时间</td><td colspan="2">执行人</td></tr>
<tr><td>工作开始</td><td>日期</td><td>时间</td><td colspan="2">执行人</td></tr>
<tr><td>工作检查</td><td>组长</td><td>所用时间</td><td colspan="2">发单日期</td></tr>
<tr><td>工作接收</td><td>日期</td><td>时间</td><td colspan="2">接收人</td></tr>
<tr><td colspan="5">在背面列出所有使用的零件及材料</td></tr>
</table>

“维修通知单”是饭店工程部与其他部门在业务上进行沟通的主要手段。如表 1-1 所示，维修单一般包括日期、部门、维修地点、维修项目、报修时间及完成时间等内容。工程部接到维修通知单后应立即派人查修，并在尽可能短的时间内完成维修任务。

维修通知单一般为一式三联，就客房部而言，第一联留给客房服务中心，第二联送交工程部，第三联交给修理技工。小修应立刻进行，花时间的修理则要封房几小时，甚至几天。修理工作结束后，要通知客房部相关人员检查验收，并在维修单上签字，如有必要，应立即派人重新打扫客房。

三、客房部与餐饮部的关系

客房部与餐饮部在业务内容及范围上有很大差异，但两个部门之间也有很多业务联系。主要的工作有：客房部为餐饮部的经营场所提供清洁保养服务，为餐饮部洗烫、修补布草及员工制服。此外两部门还要配合做好相互间的服务工作，如一些大型活动的接待服务、贵宾房的布置、房内送餐服务等工作。

四、客房部与采供部的关系

客房部针对所需的设施设备和用品提出采购计划，明确采购设施用品的规格、数量、质量要求、价格范围、到货时间等，经核准后，由采购部负责具体采购事宜。采购部和客房部之间要相互提供信息，密切配合，以保证选购的物品价廉物美。

五、客房部与财务部的关系

客房部应协助财务部做好客房有关账单的收结、固定资产的清点及员工薪金的支付工作。财务部应配合客房部做好物料用品的盘点和资金预算工作。

六、客房部与公关营销部的关系

现代饭店都提倡全员公关和全员推销，要求各部门、全体员工都参与公关营销活动。因此，客房部协助公关营销部在客房内放置广告宣传卡，以利宣传和推销饭店的各种设施和服务；公关营销部则应利用各种机会和场合，积极宣传客房的设施和服务。

七、客房部与人力资源部的关系

客房部要对其员工的录用和培训等向人力资源部提出明确的计划和要求，并协助人事培训部做好员工的培训工作。

八、客房部与保安部的关系

安全是饭店工作的生命线，没有安全就没有饭店，它不仅影响饭店客人的生命财产安全，还直接影响到饭店的财产安全与员工的生命财产安全，所以说客房部的安全工作是很重要的。作为客房部经理一定要有很强的安全意识，要支持专职安全人员的工作，积极配合安全保卫人员做好客房安全工作，对新员工要加强安全教育、消防教育和防盗防骗教育，并经常请专职安全员对客房部员工进行各种形式的安全教育，包括通报本地区或全国范围内发生的一些案例，提高员工警惕性，防止坏人作案给饭店和宾客造成恶劣的影响，一旦发现可疑情况及时通报保安部。同时，客房部应积极协助保安部对饭店公共区域及客房楼层进行检查，做好防火、防盗等安全工作，并向保安部提供必要的住客资料和信息。

总而言之，要做好对客的各项服务工作，客房部必须与其他部门进行沟通协调，而且，客房部与其他部门的员工之间也应该相互体谅，要明白部门之间是合作关系，而非竞争关系。

思考与练习

1. 在你眼里，客房部是饭店一个什么样的部门？

2. 假设某饭店是一家高星级的海滨度假饭店，建筑以别墅及小型低矮建筑为主，请你据此设计该饭店客房部的组织结构，说明原因并画出组织机构图。

3. 客房部是饭店的核心部门，为饭店生产客房这一核心产品，因此，饭店其他部门都必须主动协助客房部，保证客房部的正常运行。这种观点对吗？为什么？

项目三 认识客房部员工

案例导入

“服务员！服务员！”香港客人刘先生的呼叫打破了清晨的宁静。客房服务员小韦快步走了过去，即听到刘先生连珠炮似的责骂：“昨天答应得好好的，说早上8:00送两瓶开水来，到现在都没有送来，这是什么服务态度？”小韦一下懵了，她不清楚到底是怎么回事。她又一想，问题可能出在昨天小蔡交班时没有交接清楚。小韦心想：“是小蔡的错，干吗要我替她受这个气。”但她还是很快拿着两瓶开水给刘先生送去，并再三向刘先生道歉：“先生，给您带来不便，真对不起。”可刘先生怒气未消，仍一个劲儿地嘀咕着。

这件事情使刘先生对饭店产生不满，小韦便想方设法在其他方面弥补。通过仔细观察，小韦发现了刘先生的许多生活习惯，如他喜欢穿浴衣，小韦就特意到洗衣房挑了件合适的浴衣放在刘先生的房间内；刘先生喜欢整洁，小韦就每天帮他把放在床上的衣服叠得整整齐齐。数天后，刘先生的态度逐渐有了变化，见到小韦时也变得十分友好。当刘先生结账离店时，他诚恳地对小韦说：“你使我感到家庭般的温馨，原谅我那天的坏脾气，谢谢你这些天来对我的特殊照顾！”小韦回答道：“照顾您是我的职责，希望我们的服务能让您满意，欢迎您再次光临我们饭店！”刘先生由衷地说：“我下次来，还住你们饭店。”

问题：

1. 刘先生是位不讲道理的客人吗？是________不是________
2. 你认为问题主要出现在______________________________。

分析：饭店是一个整体，任何工作上的差错都会影响到客人对饭店的印象，因此，当出现问题时，即使不是自己的责任，也应竭尽全力去弥补。只有这样，才能赢得并留住客人。饭店一般都规定服务员之间应有交接班记录，传递有关客人特殊要求的信息，以便下一班次的服务员提供针对性服务。本案例中的小蔡在交班时没有将刘先生的特殊要求交接清楚，导致客人发火，并使小韦代为受过，这是工作上的粗心或是责任心不强造成的，应是可以避免的。小韦在代人受过的情况下还能及时满足客人的需求，说明她具备了饭店从业人员应有的素质和能力。更为可贵的是，小韦并没有只停留在这点上，而是想方设法弥补已造成的过失。她通过观察，了解到刘先生的许多需求信息，并在实际工作中为客人提供无微不至的服务，如换浴衣、帮助叠衣服等，最终打动了刘先生的心。小韦的努力使饭店得到了客人的肯定，赢得了潜在的客源。

任务一：了解客房部各岗位职责

由于各饭店客房部规模不同、管理体制不同，岗位设置也略有不同。这里只介绍主要岗位的岗位职责。

一、客房部经理

直接上级：总经办、总经理

直接下级：客房部主管、领班、部门文员

职责：

(1)参加店级经理会议，主持客房部管理例会及本部门其他相关会议，传达布置、执行会议决定和上级指令，负责计划、组织指挥客房部工作，检查上级指令的完成情况。

(2)制定本部门员工的岗位职责及工作程序，组织、督导本部门为住客提供规范化、程序化、个性化的优质服务。

(3)提出客房陈设布置的方案及更新改造计划。

(4)对客房部物资、设备进行管理和控制。

(5)制定本部门人员编制、员工培训计划，合理分配及调度人力，并检查员工的礼节礼貌、仪表仪容、劳动态度和工作效率，执行有关人事的权限规定，参与管理人员鉴定和工作绩效考核，决策员工调动、奖罚、录免、晋级和增薪事宜，解决人事问题。

(6)检查 VIP 房，迎送 VIP 客人，探访病客，有效处理投诉，发展同住店客人的友好关系，与保安部紧密协作，确保客人的人身财产安全。

(7)协调部门之间的工作关系，不断改进工作，提高效率，建立客房部完整的工作体系。

(8)配合监督客房的清洁、维修、保养、设备折旧成本核算与成本控制等工作，拟定上报客房部年度财务预算、年度工作计划、季度工作安排等事宜。

(9)履行业务管理职能，监督客房服务和公共区域卫生清洁、绿化情况，控制洗衣房的经营管理，监督客衣、布草和制服的洗涤熨烫服务。

(10)抓安全生产，严格检查并督促员工按操作规程进行规范操作，防止和杜绝各种事故的发生。

(11)不断改进和提高客房的管理工作水平。

二、客房部副经理

直接上级：客房部经理

直接下级：客房部主管、领班、部门文员

职责：

(1)协助客房部经理制订部门工作计划和工作目标。

(2)参与客房部的决策。

(3)主持客房部的日常运转。

(4)负责员工排班，安排、审批员工休假。

(5)核算本部门的各项支出并及时向客房部经理报告。

(6)负责员工的考勤和考核，处理员工的违纪行为，制定薪金发放方案。

(7)参与制定岗位职责、工作程序和质量标准。

(8)参与员工招聘工作，督导客房部的员工培训。

(9)巡视检查，确保员工处于正常的工作状态，确保清洁保养和服务的质量标准。

(10)负责培训客房部主管领班。

(11)主持部门例会。

(12)处理客人及员工的投诉。

(13)注重学习，勇于创新，不断进取。

三、楼层主管

直接上级:客房部经理

直接下级:楼层领班

职责:

(1)接受客房经理的指挥,主持、督导楼层领班和服务员的工作。

(2)巡视客房楼层范围,抽查客房卫生,查看 VIP 房和走客房。

(3)参加部门工作例会,主持领班、员工会议,听取汇报,传达、布置工作,解决工作中遇到的难题。

(4)对下属员工进行不定期的业务操作培训,不断提高员工的业务水平和操作技能。

(5)负责制定所管辖区域的年度财务预算,包括清洁用具、日常消耗品、客用品等。

(6)与前厅部、工程部、销售部及有关部门密切合作,随时注意核对房态,提供准确的客房状况。

(7)监督、指导、协调客房部的日常工作,为住客提供优质的客房服务。

(8)参与受理客人投诉,协助部门经理解决饭店和员工的投诉,处理部门下属员工违纪问题和一般性问题。

(9)定期核算各种物品的消耗量,严格控制日常用品的损耗,减少浪费。

(10)负责监督员工执行各种操作规程,经常检查消防器具,做好防火、防盗等安全工作,确保楼层安全。

(11)巡视各楼层及公共区域,检查员工的工作态度、工作表现,并进行公正的评估,奖优罚劣,确保优质服务和设备的完好。

四、楼层领班

直接上级:楼层主管

直接下级:楼层员工

职责:

(1)接受楼层主管和分管经理的领导,并经常向楼层主管和分管经理报告本班组工作情况。

(2)负责所辖员工的每日工作安排与调配,督导下属员工的工作,对下属员工工作提出具体意见,领导本班组员工积极工作,不断攻关,开创新成果。

(3)负责所辖楼层的财产管理,掌握所辖楼层的物品存贮及消耗情况,并向部门汇报。

(4)巡视所负责的楼层及房间,检查房间的清洁卫生达标及设备完好情况。

(5)填写领班工作日志。

(6)负责班组的考勤管理,掌握当天的出勤情况,安排好班次并做好每月员工的奖罚评定。

(7)负责员工的业务培训,组织业务学习,不断提高服务工作质量。

(8)熟练掌握操作程序与服务技能,能亲自示范和训练服务员。

(9)检查房间的维修保养事宜,安排客房的大清洁计划和周期卫生计划。

(10)随时留意客人动态,处理客人投诉,有重大事故时须向部门经理报告。

(11)负责编制月份工作小结、工作计划、物料申领计划并上报部门。

(12)掌握所辖楼层的客情、团体批量、人数、抵店时间、重点客人的人数、标准及时间等。

(13)负责将长住房客人离店退房信息报服务中心备案,定期征询长住房客人的意见,以利本班组服务工作的改进。

(14)督促检查班组安全工作的落实情况,做好安全保卫工作。

五、客房服务员

直接上级:楼层领班

职责:

(1)服从领导,听从指挥,接受领班对工作程序及质量的检查、指导,对不符合要求的工作必须重做。

(2)熟练掌握礼节礼仪常识及各种业务技能,热情地为客人提供服务。

(3)负责整理、清洁客房,配送各种客房用品。清洁完毕后,填写好"工作日报表",并把工作车及清洁工具归位放好。

(4)正确使用清洁设备和用具,保持工作间、工作车及各用品整齐、清洁。

(5)做好日常设备设施的使用及保养工作,发现问题及时上报维修,确保一切设备设施的正常运转。

(6)及时向领班报告楼层工作,及时报告住店客人的特殊情况及患病情况。

(7)检查房间内小酒吧饮品的消耗情况,准确清点、开账单并及时补充。如发现客人遗留物,立即报告领班并交服务中心。

(8)向客人介绍服务项目和客房设施的使用方法,不得拒绝回答客人提出的各种问题,对自己无法回答的问题应向领班报告,任何情况下不准与客人发生争执。

(9)客人离店后,及时查看房间设备物品是否齐全和有无损坏,发现问题,及时向领班和前台报告。

(10)负责开启房门,让有关部门的员工进房工作。

(11)完成本职工作的同时做好领导交办的其他工作。

六、客房中心主管(领班)

直接上级:客房部经理

直接下级:客房中心服务员

职责:

(1)编制本部门员工排班表,记录考勤。

(2)检查所属员工的仪表、礼节礼貌、劳动态度及工作效率。

(3)建立失物招领档案,保管客人的遗留物品,监督遗留物品处理程序的实施。

(4)统计核实客房酒吧酒水的消耗量,并报有关部门。

(5)填写服务中心物品需求提货单,并到库房领取。

(6)对服务中心的物品、设备进行编号建档,定期核对。

(7)检查为客人提供特殊服务的物品数量和完好率。

(8)随时掌握客房状态的变化,向前厅、财务提供准确的房态资料。

(9)培训员工,定期进行业务考核,督导员工为住店客人提供各项服务。

(10)联系工程部,解决客房维修事项,建立工程维修档案,向客房楼层主管和工程部提供每日修房的房号。

(11)向楼层主管报告贵宾房号、到店时间及要求。

(12)严格执行客房万能钥匙的管理制度,监督万能钥匙收发工作。

(13)编写工作日记,记录特殊事项,交接工作,办理物品外借手续。

七、客房中心服务员

直接上级:客房中心主管(领班)

职责:

(1)受理住客的服务要求并安排落实,做好记录。

(2)掌握客情,为客房部人力调配、安排工作提供依据。

(3)负责本部门员工考勤记录和病假、事假条的保存,准确无误地做好各班次的交接记录,并向领班汇报交接记录内容。

(4)对外借物品进行登记并及时收回。

(5)接收、登记、保管客人的遗失物品,并做好招领工作。

(6)保持与其他部门的联系,传达有关表格和报告。

(7)每日做好 24 小时维修记录,及时更改和填写维修房情况和客房加床显示记录。

(8)随时掌握房态,准确无误地输入电脑,并与前台保持密切联系,遇有特殊事项,及时向领班报告。

(9)统计客房酒吧的消耗量,填写酒水补充报告单,并负责保存,按规定时间到前台收银处领取反馈单,送消耗统计表。

(10)负责工作钥匙的保管工作,严格执行钥匙的领发制度。

(11)保管各种设备、用具和用品,并编写建档,定期清点。

(12)及时将客人投诉报告领班和楼层主管,并做好记录。

八、公共区域主管

直接上级:客房部经理

直接下级:公共区域领班

职责:

(1)负责全饭店公共区域的清洁保养工作。

(2)制订并落实公共区域的各项工作计划。

(3)负责公共区域员工的工作安排、培训及考核工作。

(4)巡视公共区域,督导下属员工工作,检查公共区域清洁保养质量。

(5)管理公共区域的清洁设备、工具和用品。

(6)完成公共区域的工作日志。

(7)与相关部门协调,做好有关场所及某些专项清洁工作。

九、公共区域领班

直接上级:公共区域主管
直接下级:公共区域清洁工
职责:
(1)负责安排下属员工工作,做好考勤记录。
(2)带领本班组员工完成主管下达的任务。
(3)发现问题及时处理,个人不能处理的及时报告主管。
(4)管理本班组所属的服务设施设备和用品。
(5)巡视所辖区域,督导下属员工工作,检查所辖区域清洁保养及服务质量。
(6)带头执行和督促员工执行饭店的各项规章制度。
(7)控制清洁剂和清洁用品的消耗。
(8)填写领班工作日志。

十、公共区域清洁工

直接上级:公共区域领班
职责:
(1)负责上级所安排的区域范围内的清洁保养工作。
(2)正确使用、保养各种清洁设备及工具。
(3)正确使用清洁剂,努力降低各种清洁用品的消耗。
(4)报告并上缴在公共区域内捡获的客人遗留物品。
(5)在力所能及的范围内为客人提供相关的服务。
(6)提高警惕,注意防火、防盗、防破坏,发现可疑情况及时报告领班。
(7)完成上级布置的其他工作任务。

十一、外窗清洁员

直接上级:公共区域领班
职责:
(1)负责清洁饭店的外墙、外窗。
(2)负责饭店高、难、险处的清洁保养工作。
(3)从事店外营业性或操作性的清洁保养工作。
(4)完成主管安排的其他工作。

十二、园艺员

直接上级:公共区域领班
职责:
(1)负责养护饭店所种植的花卉草木。
(2)提供布置客房及环境的花卉、盆景等。

十三、布草房主管

直接上级:客房部经理
直接下级:布草制服服务员、缝补工
职责:
(1)制定饭店布草的配置标准。
(2)制定饭店布草的控制管理制度。
(3)制定饭店布草的收发程序。
(4)监督各部门布草的使用和保管。
(5)负责布草的盘点,统计分析布草的损耗情况并向上级报告。
(6)负责布草的报废和再利用工作。
(7)协助人事部做好员工制服的管理工作。
(8)制订布草更新补充计划并督促落实。
(9)负责布草房的安全。
(10)管理布草房的设备用品。
(11)完成上级安排的其他工作。

十四、布件、制服服务员

直接上级:布件房主管
职责:
(1)负责布草、制服的换洗、收发、缝补和保管等工作。
(2)负责搬运及储存布草和制服。
(3)对洗烫完毕的布草和制服进行检查,发现问题及时报告。

十五、缝补工

直接上级:布草房主管
职责:
(1)负责修补布草、制服、窗帘、软垫套等。
(2)负责客衣的小修小补。
(3)将报废的布草、制服改制成其他有用的物品。

十六、洗衣房主管

直接上级:客房部经理
直接下级:客衣服务员、干衣工、湿洗工、熨衣工
职责:
(1)制订洗衣房的工作计划。
(2)制定洗衣房的工作程序和质量标准。
(3)制定洗衣房的规章制度。
(4)负责洗衣房员工的工作安排、培训和考核。

(5)负责洗衣房设备、物品的管理。

(6)控制洗衣房的成本费用。

(7)接洽对外经营及协作业务。

(8)保证洗衣房的正常运转。

(9)负责洗衣房的安全，严防事故发生。

(10)完成上级安排的其他工作。

十七、洗衣服务员

直接上级 ：洗衣房主管

职责：

(1)负责住店客人洗衣的收取、点数、打码、核对、包装、送回服务。

(2)确保贵宾房及有特殊服务要求的客衣按时、按质完成。

(3)熟悉长住客的特殊要求，严格按规定的操作程序进行操作。

(4)做好环境卫生，定期清理打码设备。

任务二:明确客房部员工的素质要求

现代饭店市场竞争激烈，客人对客房商品的要求也越来越高。为了充分满足客人的需求，提高市场占有份额，高质量的服务已成为饭店提高竞争力的前提条件。而高质量的服务则有赖于高水平的管理和高素质的员工。也就是说，没有高素质的员工队伍就无从提供客房的优质服务。客房部的工作特点有别于饭店其他部门，客房部是一个“静”的部门，是一个工作服务繁重的部门，是宾客的“家外之家”，它对员工提出了有别于其他部门的特殊要求。

一、有良好的职业道德和思想品质

因工作需要，客房部服务员，特别是楼层服务员每天都要进出客房，因而，有机会接触客人的行李物品，特别是贵重物品和钱物等，因此，客房部服务员必须具有良好的职业道德和思想品质，以免发生利用工作之便偷盗客人钱物等事件。

二、工作勤快，敬业精神强

客房部许多岗位通常是一个人单独工作，有些卫生工作做过同没做过没多大区别，员工必须有很强的自觉性，不管有没有领导在场都必须按照饭店的工作程序及标准去保质保量地完成工作。而且，由于很多从事饭店工作的员工在思想上存在着一个误区:认为客房工作不但辛苦，而且单调、无味，还没有成就感。因此，要想做一名合格的客房服务员，首先要端正工作态度，把客房服务工作当作成就自己事业的起点，认识到“吃苦是财富”、“辛苦是乐趣”，在此基础上敬重自己所从事的工作，认认真真地做好每一件事。

三、性格沉稳

客房部绝大部分员工在楼层工作，楼层必须要有一个安静的环境，去满足宾客的最基本的生理需求——睡觉。客房环境要求员工必须具有沉稳、能耐得住寂寞、甘于默默奉献而不张扬的性格。

四、服务意识强

要把客人当做自己的亲人或知己朋友，用心来为他们服务。不仅要恰当地提供有声服务，还能从肢体语言上和眼神上体现出热情、大方，让客人有宾至如归的感觉，做到“无声胜有声”。

五、仪表、仪容端庄大方

客房部员工仪容、仪表直接代表着饭店的形象。仪容、仪表端庄大方，是每个员工应该具备的素质，也是与客人友好交往的通行证。

六、身体素质好，动手能力强

客房部许多岗位的工作，没有强壮的体质和很强的动手能力是无法胜任的。例如，一位专职卫生清扫员，根据不同饭店的档次，每天的卫生定额通常为豪华饭店 10～14 间以上，而且每天除了清扫额定数量的客房以外，不少饭店还规定清扫员要负责楼层环境卫生和计划卫生等工作，遇到住店高峰时，还需要加班加点。因此强壮的身体和很强的动手能力就变得非常重要。

七、掌握基本的设施设备维修保养知识

饭店客房内有很多设施设备，如各种灯具、空调、电视、音响、窗帘、地毯、写字台等，这些设施设备的维修通常由饭店的工程人员负责，但对其日常保养则由客房部负责，客房服务员要利用每天进房搞卫生的机会，做好对这些设施设备的保养工作。另外，一些小项目的“维修”，诸如换灯泡、插电源插座、换保险丝等，也应该由客房部负责，因此，客房部服务员必须有基本的设施设备的维修常识。

八、有广博的知识

掌握客房日常外语会话，能在对客服务中和国外客人进行有效沟通；了解音乐和美学常识，在饭店背景音乐、客房布置、客房用品的色彩搭配方面，有一定鉴赏眼光和艺术感觉；具有比较丰厚的文学、历史、地理知识，尤其熟悉当地的基本情况和旅游景点，能为住店客人提供旅游建议；了解不同国家和地区的民风民俗，能为客人提供多元服务；能够运用服务心理学知识，通过细心地观察和思考，了解客人需求，为客人提供个性化服务。

知识拓展 1-1

服务员的职业形象

◆ **仪表要求** 所谓仪表，就是人的外表，包括容貌、姿态、风度、服饰等。服务人员在工作中仪表整洁、大方、美观，可以使刚刚下榻饭店的来宾有一个良好的第一印象。

每个服务员的仪表不仅反映出个人的社会生活、文化水平及各方面的修养，而且也反映出一个饭店的管理水平。因此，每个服务人员都必须符合本饭店所规定的仪表要求，做好服务工作。

着装：服务员的着装是饭店统一配置的工作服，上班前必须按规定更换好。

➢ 西服的穿着

服务员穿着西服一般内衬白(浅色)衬衫,衬衫要干净,要注意衬衫领、袖露出部分平整,两袖口露出部分应一样,不能有多有少。

穿着西服就要系领带,领带一般长度为130～150厘米,领带应系在西服翻领的"V"字区的中心,领带大箭头垂到裤腰处最为标准;西服上衣口袋、裤兜不要乱装杂物,以免变形;西服上衣可扣扣,也可不扣扣,但裤扣要扣好。

➢ 普通工作服

服务员穿着普通工作服要保持整洁,扣好上衣及裤子的纽扣。另外,必须配有内衣,并把内衣下围塞进裤内,以免工作时露出后背;女服务员穿着裙子,不要把裙腰系得太靠上,应在胯与腰之间,以免裙子过短。

➢ 服饰要求

(1)工作服整洁完好,不能有开线、掉扣、破损。如有破损要及时补好或及时更换。

(2)按规定扣好上衣扣、裤扣,工作服上衣兜、裤兜禁止装杂物。

(3)服务员上班时一律穿黑色皮鞋或黑色布鞋,皮鞋要保持光亮,布鞋要干净、无破损;不准赤脚穿鞋,不准穿球鞋、凉鞋。

(4)服务员上岗期间不准佩带各种饰物,如项链、手链、戒指、大耳环等。

(5)服务员在上岗前,要认真检查自己的仪表,并接受领班及领导的检查,不符合要求者不准上岗。

(6)服务员在公共场合,必须系好风纪扣。

◆ **仪容** 所谓仪容,就是容貌、面容的总称。俗话说:"爱美之心人皆有之。"梳妆打扮是人们生活当中所养成的一种习惯。对饭店服务人员来说,仪容的修饰更为重要,更为讲究,服务人员美丽、自然、亲切的仪容能使客人从内心愿意接受其服务。

仪容具体的内容和要求:

➢ 应保持面容整洁,男服务员要经常修面,不留小胡子、大鬓角;女服务员要化淡妆,但不可浓妆艳抹。

➢ 头发要整齐,适时理发,发型自然、美观、大方,头发不宜擦重味的头油。女服务员不梳披肩发,前发不遮眼,后发不过肩,男服务员头发前不遮眼,后不过领,侧不遮耳。

➢ 常修指甲,不留长指甲,不涂深色指甲油,常洗澡,勤洗手,勤更衣。

➢ 保持口腔卫生,不吃有异味的食品。

➢ 要面带笑容,亲切和蔼,端庄稳重,不卑不亢。

◆ **仪态** 仪态是指人在交往活动中的举止所表现出的姿态和风度。饭店的服务人员在工作中正确的举止姿态,应是端庄稳重、落落大方,表情自然诚恳、和蔼可亲,表现出一个人的气质、风度和教养。我们常对那些虽有漂亮的容貌,但举止傲慢、动作粗野的人表示惋惜、厌恶,而那些虽然相貌平平,但有高尚的思想品德情操、高雅的气质、端庄的举止的人却能够给人亲切感,给人留下美好的印象和回忆。

➢ 坐姿

坐姿要端庄,这是体态美的重要内容。平坐在椅子上的要领是:人体重心垂直向下,腰部挺起,脊柱向上自然伸直,收腹挺胸,双肩放松,躯干与颈、腿、脚正对前向,手自然放在双膝上,双膝并拢,目平视,面带笑容。坐时不要把椅子坐满(服务人员应坐椅子的三分之二),

但也不可坐在边沿上。就坐时切不可有以下几种姿态：

(1)坐在椅子上前仰后合，摇腿跷脚。

(2)脚跨在椅子或沙发扶手上或架在茶几上。

(3)女子就坐不可跷二郎腿，要把双膝靠紧，脚跟自然靠齐。

(4)坐在椅子上同左或右客人谈话时不要只扭头，可以侧坐，上体与头同时转向一侧，头部可以对着前方。

➢ 站态

优美而典雅的站态，是发展不同质感动态美的起点和基础。俗话说："站要有站相。"站立时要直立站好，从正面看，身体重心线应在两腿中间向上穿过脊柱及头部，重心放在两个前脚掌。站立的要领是：

(1)挺胸、收腹。

(2)站立要端正，眼睛平视，环顾四周，面带笑容，嘴微闭。

(3)双肩放松，双手自然下垂或在体前交叉，右手放在左手上，以保持向客人提供服务的最佳状态。

(4)女子站立时，脚掌呈"V"字形，双膝靠紧，两个脚后跟紧靠；男子站立时，双脚与肩同宽。

(5)站立时要防止重心偏左或偏右。

(6)站立时双手不可叉在腰间，也不可抱在胸前。

(7)站立时身体不能东倒西歪；站累时，脚可以向后撤半步，但上体仍须保持正直，不可把脚向前或向后伸得过多，甚至叉开很大。

➢ 行态

行态即为行走的姿态，行走的要点是：

(1)行走时，身体重心稍向前，有利于挺胸、收腹。

(2)行走线迹成直线。

(3)走路要轻而稳，上体正直，抬起头，眼平视，面带微笑。

(4)两臂自然地前后摆动，肩部放松。

(5)切忌行走时摇头晃肩。

(6)服务人员在公共场合与外宾同行时，不抢道穿行，不可三五成群并行，不可搭肩搂背，不可大声说笑，不可哼小调。

➢ 服务人员在工作中的正确举止

(1)讲话时，要面向客人，垂手恭立，距离适当，笑容可掬，眼光停留在客人眼、鼻、口三角区，不要左顾右盼，心不在焉，不要倚靠他物，说话时不能有指手画脚、伸懒腰、挖耳屎眼屎、抠鼻、剔牙、打饱嗝、修指甲等不礼貌的举止。

(2)同客人讲话时，如要咳嗽或打喷嚏，应用手帕捂住口鼻，面转向一侧，避免口水四溅，发出大声。

(3)同客人讲完话，服务完毕时，应向客人道别，进退有序，后退一步，再转身离开，以示对客人的尊重。

(4)遇客微笑致意，如需超越客人行走时，应向客人道歉。

(5)不讥笑客人，特别是残疾或有身体缺陷的客人，不得议论更不能模仿其动作。

◆ 个人卫生要求

(1)精神卫生。精神卫生是每一个服务员做好本职工作的先决条件之一。它直接反映出一个人政治素质及职业道德的高低。

——加强政治思想教育,提高思想觉悟。在工作生活中,树立全心全意为人民服务的思想,正确处理服务与被服务的关系。

——树立高尚的职业道德,乐于助人,诚信无欺。在工作中一切为客人着想,不损害消费者的利益。不利用工作之便做损害国家、集体利益的事,廉洁奉公;同事之间互相尊重,团结协助,共同搞好本职工作。

(2)饮食卫生。作为一名饭店工作人员,不但在生活中要有一个良好的饮食习惯,保护好身体健康,而且在工作中也应禁饮一些刺激性较强的酒水,禁止食用带异味的食物。如上岗前(或在岗期间)禁止饮酒,禁止吸烟,禁止吃生葱、生蒜等易传味的食品。

(3)身体卫生。只有身体好,才能学习好、工作好,这是最起码的道理。我们在日常工作生活中要做到以下几点:

——生活要有规律,早睡早起,锻炼身体。

——饭前便后要洗手,工作前、工作后要洗手,要及时剪指甲,要勤洗澡、理发、换工作服。

——咳嗽和打喷嚏时应用手帕挡住鼻腔和口腔,这样做既文明又卫生、礼貌。

——讲究口腔卫生,经常刷牙漱口。

——禁止随地吐痰。

——对各种疾病要做到预防为主。凡有感冒发热或患有流行性疾病、传染病等,应到医院及时治疗,病重者应停止工作,以免影响工作,影响他人的身体健康。

——定期检查身体。

◆ 服务用语

(1)语言在服务工作中的重要性。语言是人们交流思想的工具。在服务工作中,语言是每个服务人员完成各项工作任务的重要手段,是提高服务水平、搞好文明服务的先决条件。

中国是一个文明古国、礼仪之邦,素以语言文明、礼貌待客著称于世。国内外宾客入住饭店,与来宾接触最多、时间最长的是客房服务人员。因此,他们的语言沟通就极为重要,不能由于语言沟通问题被客人误解,造成不良影响。

(2)正确使用服务用语。在日常服务工作中,运用优美的语言,涉及服务知识、生活知识、文化水平、个人修养等诸方面。下面简要列举几个使用服务语言应注意的问题:

——要力求语言完整,合乎语法。

——服务用语要简练清楚,注意场合,切忌喋喋不休。

——在同客人讲话时,还应注意语言、表情和行为的一致性。

——说话要口齿清楚,音量适度。

——保持口腔清洁。

——已经许诺客人的托办事项,要尽力办好,不得无故拖延,做到"言必行,行必果"。

——遇到无把握的事情不得随意答应或拒绝,要及时向上级请示汇报。

知识拓展 1-2

服务工作中常见的礼节

◆ **问候礼**　问候礼是人与人见面时互相问候的一种礼节。问候礼是饭店客房服务员对客人进店或外出归来时的一种接待礼节，以问候、祝贺语言为主，重要客人住店有时还应有迎送礼。

➢ 客人入住饭店时的问候。与客人初次见面，服务员应说："先生（或小姐、太太等），您好，见到您很高兴"，"您一路辛苦了，欢迎您住在我们饭店（或欢迎您光临），我是饭店服务员，很乐意为您服务"等等。

➢ 时间性问候。客人住店后在店内与客人见面时，要根据早、午、晚大概时间问候"早安"、"午安"、"晚安"。但在问候晚安时要特别注意英语问候用法。"晚上好"应是"good evening"，是晚上见面时互相打招呼，而"晚安" 应是"good night"，是客人进客房休息或是今晚不再见面的意思。

➢ 对不同类型客人的问候。饭店入住的客人类型很多，服务员要根据不同类型的客人进行问候。如：体育代表团、文化代表团见面时，除一般性问候外还要说一些客人比较爱听的吉利语言，"祝贺你们在比赛中获胜"、"祝你们演出成功"、"你们的表演很精彩"等等。

➢ 节日性问候。如：圣诞节、新年、国庆节等，可问候："祝您节日愉快。"在我们日常服务工作中，当了解到这几天是客人生日时，就要更加关心客人，见面时应表示祝贺，说："祝您生日快乐。"对于饭店重要客人和知名人士，还应送鲜花或其他生日礼物，使客人有宾至如归之感。

➢ 其他问候。客人身体欠安时，服务员不但要在语言方面使客人满意，而且还应在日常生活中多关心客人。如：客人感冒了，在见面时就表示："您身体好些了吗"、"祝您早日康复"等。

◆ **称呼礼**　称呼礼是指日常服务中和客人打交道时所用的称谓。

饭店客人往往来自不同的国家和地区，由于各国、各民族语言不同，风俗习惯各异，因而在人与人之间的称呼上有很大的差别。如果称呼错了，职务不对、姓名不对，不但会使客人不悦，引起客人反感，甚至还会闹出笑话产生误会。

➢ 一般习惯称呼。在国际交往中，无论是外国人还是华侨、港澳台同胞等，一般对男子称"先生"，对已婚女子称"夫人"，未婚女子统称"小姐"，对不了解其婚姻状况的女子可称"小姐"。

➢ 按职称称呼。知道学位、军衔、职位时，要在"先生"、"小姐"前冠以职衔。如"博士先生"、"议员先生"、"上校先生"等等。

◆ **应答礼**　应答礼是指同客人交谈应答客人问题时的礼节。

➢ 解答客人问题时必须起立，站立姿势要正确，讲话语气要温和耐心，双目注视对方，集中精力倾听，以示尊重客人。对宾客的问话或托办事项没听清楚时，应说："对不起，请您再说一遍。"对于客人托办的事项，如留言，服务员在听清楚的基础上也要同客人说："先生，对不起，我再把您的留言重复一遍好吗?"这样就可以避免在服务工作中出现差错。

➢ 服务员在为宾客处理服务上的问题时，语气要婉转，如果客人提出的要求及其某些问题超越了自己的权限，就应及时请示上级及有关部门，禁止说一些否定语，如"不成"、"不知道”、“没有办法”等。

◆ **迎送礼** 迎送礼是指服务员迎送客人时的礼仪。

➢ 宾客来到饭店时，接待人员（服务员）要主动向客人打招呼问好，笑脸相迎。在为宾客服务的过程中，应按先主宾后随员、先女宾后男宾的顺序进行服务；多老弱病残客人，要主动搀扶。

➢ 对重要宾客和友好团体来店，要组织管理人员、服务人员在大门口列队迎送。迎送人员的服装要整洁，姿势要端正，鼓掌要热烈，使客人有一种亲切感。

◆ **操作礼** 操作礼是指服务人员在日常工作中的礼节。

➢ 服务人员在日常工作中要着装整洁，注意仪表，举止大方，态度和蔼。工作期间不准大声喧哗，不准开玩笑，不准哼小曲，保持客房的安静环境，应按进房规程进房，如客人在房内应征得客人同意后方可进入房内进行操作整理。整理完毕后，应向客人道别。

➢ 服务人员在打扫房间时，要既轻又快，搞完卫生后不可在房间停留，应严格遵守饭店的操作规程进行客房的服务工作。

思考与练习

1. 试述客房部经理的主要职责及能力要求。
2. 客房部员工选用的标准有哪些？
3. 与客房部员工应具备的素质相对照，你认为自己哪些方面需要改进提高？

综合训练

1. 通过考察一家饭店，了解客房部与其他部门之间的主要业务关系，在日常运行中部门之间可能会发生哪些矛盾以及避免和处理这些矛盾的措施和方法。

2. 组织学生考察本市高、中、低 3 个不同档次饭店的客房部，对它们的组织结构、产品特点及经营特点进行比较、分析，指出其优点和不足之处，并写成调查报告。

模块二　饭店清洁保养

学习目标

知识目标：

1. 明确客房清洁保养工作的特性及其在饭店中的重要意义，树立正确的清洁保养意识。

2. 掌握饭店常用的清洁剂和清洁设备的性能及用法，熟练掌握清洁保养的主要内容程序和要求，掌握清洁保养工作的计划安排以及质量控制方法。

能力目标：

1. 能根据清洁保养要求选用合适的清洁剂和清洁设备，熟练掌握不同客房、不同区域、不同材料的清洁保养方法和操作技巧。

2. 初步具有进行工作计划与安排的能力，并能根据实际情况处理在客房清洁保养中出现的具体问题。

客房是宾客休息、睡眠的场所，宾客对客房的整洁状况要求很高。客房部清洁保养工作的好坏不仅是构成饭店服务质量的重要内容之一，而且直接影响到宾客对饭店的评价、宾客满意程度及饭店的经济效益。因此，客房部必须采取切实有效的措施控制清洁保养的工作质量。

项目一　清洁保养的要求及质量标准

案例导入

一根头发丝

晚上10点左右，1105房间入住了一位香港的李先生。李先生很快洗了个澡，然后掀开开好的夜床准备休息，却突然发现床单上有一根长长的头发，接着又发现床单有些皱。于是李先生打电话到大堂副理处投诉说："我房间里的床单皱巴巴，而且上面还有一根头发，肯定没有换过，我要求宾馆立即更换床单。还有，你们给我提供的是一间'次品房'，我要求房价打折。"大堂副理迅速赶到1105房，果然发现李先生的陈述属实，便对他说："先生，真对不起，我马上让服务员更换床单，并给您的房价打8折，您看可以吗？"李先生表示接受。

问题：

1. 李先生要求房价打折，你认为合理吗？合理________不合理________

2. 假如你入住饭店时，碰到类似的情况，你会：将头发捡掉；像李先生一样处理；在饭店大吵大闹。

分析：客房是客人在饭店逗留时间最长的地方，也是其真正拥有的空间，因而他们对于客房的要求往往也比较高。市场调查表明，在客人选择饭店所考虑的各种因素中，对客房清洁卫生的要求是最高的。美国康奈尔大学饭店管理学院的学生曾花了一年的时间，调查了3万名顾客，其中60%的客人把清洁、整齐作为饭店服务的"第一要求"。一个清洁的客房环境能够使宾客心情舒畅、情绪稳定。客人对清洁卫生的关注表现在各个方面，其中最为关注的是与自己身体直接接触的设备和用品，如客房的布草、杯酒具、水等。试想，如果你是一位客人，入住客房后，看到床单上有毛发，甚至有污渍，床单也皱巴巴的，你能够安然入睡吗？因此，饭店在服务过程中，应特别注意这类设备、用品的清洁卫生。

1. 本案例中的李先生显然是一位经常入住饭店而且十分关注饭店清洁卫生的客人。因此，当他一发现床单上有头发而且有些皱时，就自然怀疑服务员偷懒，没有更换床单。他觉得自己利益得不到保证，就要向饭店投诉。对客人来说，床单上无论如何都不应该有头发丝，如有就说明是没有达到清洁卫生标准的"次品房"。

2. 不要小看一根头发，它是事关服务质量和饭店形象的大问题，客人对客房卫生的投诉往往是从一根头发开始的。有饭店为提醒员工重视清洁卫生标准，曾规定在床上和卫生间内发现一根头发，罚款50元。

3. 饭店应严格执行清洁卫生标准，以防止因类似投诉而被迫给客人房价打折，带来经济上的损失。

任务一：认识清洁保养工作

清洁保养是客房部的基本职能，是饭店管理的基础工作。清洁保养水准在很大程度上反映了饭店服务质量的优劣和客房管理水平的高低。

一、清洁保养的概念

清洁保养是饭店的一项日常工作。饭店里一般习惯将一切"清洁"及"保养"建筑物、设备与用品的工作统称为"清洁工作"，而将所有清洁用的化学药剂统称为"清洁剂"。实际上，"清洁"和"保养"是两回事，它包含清洁和保养两方面。

1. 清洁

清洁即指清洁、卫生。所谓"清洁"，是指清除各种脏迹，使被清洁的对象达到饭店所要求的标准。"卫生"是指杀菌消毒，使环境及物品符合生化要求。

2. 保养

保养是指维护保养，其目的是保证设施设备处于正常完好的状态，延长其使用寿命，减少维修及更新改造的资金投入。目前，有些饭店的管理人员对保养工作的重要性尚缺乏足够的认识，主要表现在：对清洁设备、清洁剂的投入不足；人员培训不到位、缺乏专业知识与技能；保养无计划性，要求不高，从而导致饭店设施设备未能完全实现其使用价值，达到预期的使用寿命。

假若日常清洁保养工作做得及时、到位，就可以将清洁的频率大大延长。如国内一些饭店，大理石地面平时每三个月便要做一次起蜡、落蜡工作，但在欧美等卫生要求极高的国家，他们在落蜡之后，平时非常注重蜡面的维护保养，所以蜡面能时刻保持美观光亮，且使用周期长。因此，在平时清洁保养工作中，我们应该多做“保养”而少做“清洁”，因为清洁过程中势必使用清洁剂，而任何品种、浓度的清洁剂会或多或少地损坏被清洁对象。

二、脏污的形态

清洁保养工作之所以必要，是因为脏污的存在。了解各类脏污的存在形态，有助于我们准确地选择清洁器材与用品，量身订制设施用品等的清洁保养计划或方案。饭店脏污的存在形态主要有下列几类：

1. 尘土

这可以认为是脏污的初级阶段。尘土可漂浮于空气之中，并逐渐停留在暴露于空气之中的所有物体表面，也有人称之为灰尘。

尘土一般含有灰土、毛发、绒头、皮屑、沙砾和细菌等。它不仅可使空气浑浊、物体表面显得灰暗和粗糙，而且能发出霉味、招引虫害等。

尘土的控制一般只需通风及用吸尘器、拖把和抹布清洁即可。

2. 污垢

尘土附着于物体表面之后，遇水分或油脂即可成为粘着的污垢。这时的清洁工作就比较麻烦了，一般要用抹布、拖把、百洁布、刷子、专用清洁机器加上水或清洁剂才有效果。

3. 渍迹

这常常是由于蛋白质、酸、碱、染料等被吸附而造成的污染，过度受热或污垢滞留时间过长而渗透于物体表面组织中也能成为渍迹。

清除渍迹一般要使用专门的清洁剂，并且需要小心处理，以免破坏被污染物。渍迹刚产生时，去除比较容易，假若残留时间过长，往往会成为陈旧性、顽固性渍迹，从而很难去除。

4. 锈蚀

这是金属与水分、食物、化学液剂或有害气体相遇发生化学反应而引起的污染。锈蚀的斑迹如不及时清除，还会继续扩大锈蚀范围和加深锈蚀程度，甚至令金属物件被完全破坏。酸剂通常是最有效的清洁剂，它常与摩擦剂一起使用。

三、清洁保养的意义

有效的清洁保养工作会使饭店显得舒适、高雅、富有魅力，是一家饭店良性运行的标志。它满足了客人对饭店最基本和最迫切的要求，因而能使客人觉得“物有所值”，并对饭店产生好感；它是客房产品质量的保证，创造整洁卫生的环境，使员工心情愉快、精神振奋，从而使工作面貌焕然一新；它还能维护设施设备的良性运行，有效延长饭店建筑、设备、用品的使用寿命，减少饭店对客房维修改造的资金和时间投入。客房清洁保养工作主要包括日常清洁保养和计划卫生等工作。

任务二：明确清洁保养的要求与质量标准

一、清洁保养的要求

客房是客人睡眠休息的场所，客人对于客房的清洁保养质量要求非常高。《旅游饭店星级的划分与评定》附录B中规定了各个星级饭店设施设备维修保养及清洁卫生的得分率：

一星级90％、二星级90％、三星级92％、四星级95％、五星级95％。由此可见，无论饭店星级档次高低，对清洁卫生和维修保养的要求都是比较高的。

1. 总体要求

总体而言，客房清洁保养应达到以下几个基本要求：

(1)凡是客人看到的，必须是整洁美观的。

(2)凡是客人接触使用的，必须是清洁卫生的。

(3)凡是提供给客人使用的，必须是安全有效的。

2. 具体要求

具体到客房卫生，一般要求做到“十无”，分别是指：

(1) 天花板和墙角无蜘蛛网。

(2) 地毯(地面)干净无杂物。

(3) 楼面整洁无虫害。

(4) 玻璃灯具明亮无积尘。

(5) 布草洁净无破损。

(6) 杯酒具消毒无痕迹。

(7) 铜器银器等金属制品光亮无锈渍。

(8) 家具设备整洁无残缺。

(9) 墙纸干净无污迹。

(10) 卫生间清洁无异味。

二、清洁保养的质量标准

要达到以上清洁保养要求，就必须制定明确的质量标准，采取有效措施，控制工作进程和结果，提高清洁保养工作效率和效果。

客房清洁保养的质量标准是指客房清洁保养工作所要达到的最终效果，其总体要求是体现饭店及客房的档次和服务的规格，满足客人的需求。

1. 清洁保养质量标准类别

根据清洁保养的内容及质量要求，通常可以分为两大类：

(1)感官标准。感官标准是指客人、员工和管理者凭借视觉、触觉或嗅觉等能够感受到的标准。但因个体感受不同，感官标准只是表面形象，而且具有较大的随意性和差异性。感官标准在很大程度上取决于员工的工作责任心和自觉性、管理者的专业性，和客人的感官享受要求。感官标准质量要求的制定首先要主动、积极地了解客人要求，以其为出发点，总结出规律性的东西，并以书面文件的形式加以固定，能用图表照片等形式加以明确说明的，最好能配有图表照片等，方便员工理解和掌握。

(2)生化标准。生化标准是指是由专业卫生防疫人员通过专业仪器采样、检测的标准，包含的内容有洗涤消毒标准、空气卫生质量标准、微小气候质量标准、采光照明质量标准及其环境噪声允许值标准等。与感官标准相比，客房清洁卫生质量更深层次的衡量标准是生化标准。

2. 客房清洁保养质量标准

(1)卧室。

1)房门。房门每天擦拭,门面、门框、把手等清洁完好,做到无灰尘、无污痕,房门开启灵活。

2)天花板、墙面与地面。天花板和墙面应保持平整、光洁,要求无漏水和水印,不能有灰尘、蜘蛛网;墙面无油漆脱落和墙纸起翘现象;墙饰、壁画应保持整齐、美观,饰品及画框上不能有灰尘;房间地面要求平整、美观、洁净,地毯无破损、烟痕、卷边、起翘,无斑渍、印迹、污迹、纸屑等,无卫生死角存在。

3)窗及窗帘。窗及窗帘要求整洁美观,做到开启自如,不能有破损、脱钩现象,窗轨、窗帘上不能有灰尘和其他污迹。

4)家具、用具。各种家具、用具每天擦拭,始终保持干净、整洁,摆放在饭店规定位置,以方便客人使用;桌面、椅子、行李架、衣橱、电视机、小酒吧(吧台和冰箱)、电话机等表面光洁,做到无灰尘、污迹、手印等;玻璃制品每天擦拭,做到光亮、洁净,不能留有水迹和其他痕迹;镜子、画框每天擦拭,保持镜面明亮,不能有灰尘和其他污迹,亦不能有水银脱落。

5)客用品。茶杯、口杯、酒杯每次使用后更换,按卫生规定每天进行洗涤消毒,并擦拭干净;茶水具单位面积细菌数、病毒数不得超标;杯具做到明亮,无水渍、指印;口杯、酒杯用防尘袋装好并用杯垫垫好放在规定位置。

6)布草。床单、枕套要求每日或每客一换,按卫生规定洗涤并消毒,床单、枕套不能破损,不能有破损、毛发和污迹;毛巾每次使用后,按卫生规定进行洗涤并消毒,要求不能破损,不能出现毛边,更不能有毛发、污迹和异味;毛毯、床褥、衬垫、床罩、窗帘、被套等定期更换、定期洗涤,要求做到表面干净、柔软,不能有污迹和毛发。

7)床铺。床铺每天整理,床单定位准确,包角包边平整,枕套四角饱满,棉被、床罩铺放平整;整个床铺始终保持清洁、整齐、美观,做到无异味、无污迹,客人用后及时恢复原样。

(2)卫生间。

1)门。浴室门每天擦拭,门面、门框、门锁把手完好无破损,并保持整洁,不能有灰尘和其他污迹。

2)天花板、墙面及地面。浴室天花板要求光洁、明亮,不能有任何蜘蛛网、灰尘、印痕及水印;墙面(瓷砖或花岗岩)要求平整光洁,无灰尘、污迹和水印等印迹;浴室地面平坦、无破损,要求必须采用防滑措施;地面应每天擦洗,不能有废纸、烟头及其他杂物,不能有积水,更不能有卫生死角;经常采取有效的防虫害措施,室内不能发生虫害。

3)洗脸台、面盆。每天擦洗洗脸台、面盆、水龙头、镜子、毛巾架等,做到表面光洁、明亮,不能留有水渍、皂迹或毛发,下水道和水龙头不能堵塞、不能滴漏。

4)浴缸。每天擦洗浴缸、水龙头、淋浴喷头、浴帘、皂碟等,浴缸内及四周保持干净,不能留有水迹、皂迹或毛发,不能有堵塞或滴漏;水龙头、淋浴喷头、扶手、浴帘杆保持光洁、明亮;浴帘定期撤换洗涤,不能有霉点、污迹。

5)恭桶。恭桶每天冲洗消毒,保持表面光洁,无水渍和印迹,四壁不能有污痕,不能有异味产生;卫生纸架要保持清洁、光亮,女士用卫生袋应完好,无破损。

6)换气扇。换气扇要求完好、有效、噪声低。

7)客用品。洗脸台上的水杯客人用后每天需替换,按要求洗涤并进行消毒;漱洗用品及时补充并保持用品干净、整洁，按照饭店的规定进行摆放。

(3)灯具、电源插座。灯具、电源插座应保持完好、有效、安全，不能有破损，亦不能积有灰尘或其他污迹。

(4)水质与灯光照明。饮用水要求水质透明、无色、无异味和异物，不含病源微生物与寄生虫卵，每毫升水中细菌总数不超过110个，大肠杆菌群不超过5个；经过氯消毒完全接触30分钟后，游离余氯每升不超过0.2毫克；卫生间水质清澈、无沙质、水温稳定。卧室室内照明度宜为50～100勒克司。

(5)空气清新程度。

1)一氧化碳含量每立方米不得超过10毫克。

2)二氧化碳含量不得超过0.07%。

3)细菌总数每立方米不得超过2000个。

4)可吸入粉尘每立方米不得超过0.15。

5)氧气含量应不低于21%。

6)新风量不低于18米/人·小时，整个客房内空气新鲜、无异味。

(6)微小气候。

1)夏天：室内适宜温度微22～24℃；相对湿度为50%；适宜风速为0.1～0.15米/秒；走廊温度不高于29℃。

2)冬天：室内适宜温度为20～22℃；相对湿度为40%；适宜风速不得大于0.25米/秒；走廊温度不低于14℃。

3)其他季节：室内适宜温度为23～25℃；相对湿度为45%；适宜风速为0.15～0.2米/秒。

(7)环境噪声。客房室内噪声允许值不得超过45分贝。

采取中央空调系统的饭店，对客房的温度、湿度、噪声、新风量、气流速度等均有较严格的技术指标和规定，能比较全面地满足人体对于舒适和卫生的要求。

(8)楼层公共区域。楼层走廊环境卫生、设施用品卫生及员工后台区域如工作间、消毒间、洗手间等场所要求每天彻底清扫，标准与要求可参考客房清洁保养的标准要求。

思考与练习

1. 什么是客房的清洁保养工作？你是怎么看待这一工作的？

2. 从哪些方面去判断客房的清洁保养水平？

项目二　清洁剂和清洁设备

安全有效的清洁剂、精良适用的设备工具、训练有素的员工是出色的清洁保养工作不可或缺的三大要素。优质适用的清洁剂和现代化的清洁保养器具能使员工劳动强度降低，工作速度加快，服务质量提高，因此其作用不可低估。

任务一：选用合适的清洁剂

饭店的清洁保养工作离不开大量的各种类型的清洁剂。正确地选择和使用清洁剂，既能省时省力，提高工作效率、保证工作质量，而且对延长被清洁物使用寿命很有益处。但清洁剂和被清洁物都有较复杂的化学成分和性能，若清洁剂使用不当不仅达不到预期效果，相反会损伤被清洁物品，因此，选择合适的清洁剂对饭店来说是非常重要的。

一、饭店常用清洁剂

可供饭店选择和使用的清洁剂可谓五花八门，种类繁多。它们可以归纳为酸性类、中性类、碱性类、研磨类，近年还出现了生物配方类等类型。下面简单介绍一下饭店常用清洁剂的种类及其用途：

1. 酸性清洁剂（1＜pH＜6）

因为酸具有一定的杀菌除臭功能，所以主要用于卫生间卫生洁具的清洁。酸能中和尿碱、水泥等顽固斑垢，因此一些强酸清洁剂可用于计划卫生。目前市场上酸性清洁剂的品种有很多，功能也略有差异，在用量、用法上都需特别留意，一般可参照说明书使用。酸通常具有腐蚀性，有些物体禁止使用酸性清洁剂，如地毯、石材、木器和金属器皿等。在使用前要特别留意说明书，最好先小面积试用，得到认可后才可推广使用。饭店常用的酸性清洁剂有：

（1）盐酸（pH＝1）。盐酸主要用于清除基建时留下的污垢，如水泥、石灰等斑垢，效果明显。但是使用时会严重腐蚀物体表面，留下难以修复的痕迹。

（2）硫酸钠（pH＝5）。硫酸钠能与尿碱发生中和反应，可用于卫生间恭桶的清洁，但不能常用且必须少量，以防腐蚀物体表面，所以一般只用于计划卫生。

（3）草酸（pH＝2）。草酸的用途与盐酸、硫酸钠相同，只是清洁效果更强于硫酸钠，使用时要特别注意。

客房部可少量配备以上三种酸性清洁剂，主要用于清除顽固污垢或计划卫生，但需妥善管理和使用。使用前必须稀释清洁剂，不可将浓缩液直接倒在瓷器或石质表面，服务员要做好防护工作，否则会严重损伤被清洁物和使用者的皮肤。

（4）恭桶清洁剂（1＜pH＜5）。恭桶清洁剂呈酸性，但含有合成抗酸剂，以增加安全系数，有特殊的洗涤、除臭和杀菌功效，主要用于清洁客房卫生间和公共卫生间恭桶。使用前应严格按说明书稀释，并注意必须倒在恭桶和便池的清水中，不能直接倒在被清洁物的表面，刷洗后须用清水冲净。

（5）消毒剂（5＜pH＜7）。消毒剂主要呈酸性，既可作为卫生间的消毒剂，又可用于消毒杯具，但消毒后一定要用清水漂净，如“84”消毒液、“施康”消毒液等。

2. 中性清洁剂（6＜pH＜8）

中性清洁剂由于配方温和，对物品腐蚀和损伤少，还可起到清洗和保护被清洁物品的作用，因此在日常清洁保养中被广泛运用。中性清洁剂的缺点是无法或很难去除长期积聚的陈旧性、顽固性污垢。为增强除污效果，提高清洁功效，生产厂家往往在中性清洁剂中增加一些其他化合物。其中最常用、最大量的即为表面活性剂。表面活性剂是一种能有效减少溶剂表面张力，使得污垢与被清洁物结合力降低的一种物质。其含量多少和质量高低形成了各种去污效果不同的清洁剂。除表面活性剂外，清洁剂中还含有其他化合物，如漂白剂、泡沫稳定性剂、香精等。目前饭店广泛使用的中性清洁剂主要有：

（1）多功能清洁剂（7＜pH＜8）。多功能清洁剂略呈碱性，含有表面活性剂。除不能用于地毯清洁外，其余地方均可使用。由于其性质温和，很少损伤物体表面并可起到防止家具发霉的功效,因此适用于日常清洁卫生,只是对特殊污垢作用不大。

(2)洗地毯剂。这是一种专门用于洗涤地毯的中性清洁剂,依据其内含泡沫稳定剂的多少,可分为高泡和低泡两种。高泡用于干洗地毯,低泡一般用于湿洗地毯。如在低泡洗地毯剂中加入温水稀释,去污效果更好。

3. 碱性清洁剂($8<pH<14$)

碱性清洁剂对于清除油脂类污垢和酸性污垢有较好效果。注意在使用前应稀释,使用后用清水漂净,否则时间长了会损坏被清洁物体的表面。在碱性清洁剂中也可增加一些其他化合物,如漂白剂、泡沫稳定性剂、香精等。客房常用的碱性清洁剂主要有:

(1)玻璃清洁剂($7<pH<10$)。玻璃清洁剂有桶装和高压喷罐装两种。前者类似多功能清洁剂,主要功能是去除污斑,使用时不可用抹布蘸清洁剂直接擦拭,以免造成玻璃面发花。正确的使用方法是装在喷壶内对准脏迹喷射,然后用干抹布及时擦拭即可光亮如新。后者内含挥发性溶剂、芳香剂等,可用于去除油垢,用后留有芳香味,同时在玻璃表面留下透明保护膜,方便以后的清洁工作,省时省力,但价格较高。

(2)家具蜡($8<pH<9$)。在日常客房清扫中,服务员只是用抹布对家具进行除尘,但家具表面的油污等不能除去;如果使用多功能清洁剂,虽可去除表面油污,但长期使用又会使家具表面失去光泽,因此应定期使用家具蜡进行清洁保养。家具蜡有乳液、喷雾型、膏状等几种,具有清洁和上光双重功效,即可去除家具表面动物性和植物性油污,又可形成一层透明保护膜,防静电、防霉。使用方法是:倒适量家具蜡在干抹布或家具表面上,擦拭一遍,这一遍是清洁;15分钟后再用同样方法擦拭一遍,这一遍是上光。这样对家具就进行了一次彻底的清洁保养工作,效果较好。

(3)起蜡水($10<pH<14$)。对落过蜡的大理石和花岗岩等石质地面,当蜡面磨损到一定程度,就需重新起蜡上蜡。起蜡水碱性强,可将陈蜡及脏垢浮起而达到去蜡功效。起蜡水稀释比例一定要严格按照产品说明书,使用时必须反复漂清地面后才能再次上蜡。

4. 上光剂

(1)擦铜水(亦称省铜剂)。擦铜水的工作原理是氧化掉铜制品表面的铜锈,达到清洁、光亮铜制品的目的。应注意的是,它只能用于纯铜制品,不能用于镀铜制品,否则会将镀层氧化掉。

(2)金属上光剂。金属上光剂含轻微腐蚀剂、脂肪酸、溶剂和水,主要用于纯金属制品,如水龙头、门锁把手、楼梯扶手等,可起到除锈、除污、上光的功效。

(3)地面蜡。地面蜡有封蜡和面蜡之分。封蜡主要用于第一层底蜡,内含填充物,可填塞地面表层的细孔,防止污垢、油脂、细菌等的侵入,保证地面不受污染。面蜡主要是打磨上光,增加地面光洁度和反光强度,使地面更为美观。地面蜡有水基和油基两种,水基蜡一般用于大理石等石质地面,油基蜡常用于木板地面,使用时注意两者不能混淆。

5. 溶剂类

溶剂为挥发性液体,主要用于去除怕水的被清洁物体上的污渍。

(1)地毯除渍剂。主要用于清除地毯上的果汁、油脂等特殊污渍,尤其适宜怕水的羊毛地毯。地毯除渍剂有很多,如有清除果汁色斑的,有清除油脂类脏斑的,还有专门用于清除口香糖胶渍的。地毯上如有污渍应及时清除,否则去渍效果不明显。

(2)静电水(亦称牵尘剂)。主要用于浸泡尘推头上,以增强其吸附灰尘的能力。用于对免水拖地面如大理石、木地板等进行日常清洁保养和维护，增强地面清洁保养的效果。

(3)空气清洁剂。一般为高压罐装，含有杀菌的化学成分和香料，具有杀菌、去除异味、芳香空气的作用。其品种很多，产品质量相差也很大，辨别质量优劣的最简单方法就是看留香时间的长短。香型的选择要考虑适合大众习惯。

(4)杀虫剂。一般指喷罐装高效杀虫剂，如“必扑”、“雷达”等。使用时，只需将杀虫剂均匀喷洒在虫类经过或藏匿的地方，或直接喷向目标，然后将房间密闭片刻，即可杀死蚊、蝇和蟑螂等爬虫和飞虫。喷洒时，切勿喷向食物。通常喷洒一次有一定的有效期，期满后再次喷射，即能彻底消灭各种虫类。但对老鼠则应购买专门的灭鼠药，或请专业公司进行杀虫。现在大多数饭店都会和专业杀虫公司签约，由其定期上门杀虫。

(5)酒精。这里指医用酒精，主要用于电话机、遥控器等的表面消毒。

二、清洁剂的使用和管理

为了有效地使用清洁剂，充分发挥其效能，减少浪费，提高清洁保养工作的安全性，应对饭店常用清洁剂进行严格的管理和控制。具体包括：

(1)选择清洁剂时首先要了解所选择的清洁剂是否符合环保要求，外观如何。好的清洁剂应包装精致、香型怡人、色泽清澈，一般在室温保存条件下，两年内色泽香型不变，没有沉淀。

(2)应根据不同被清洁物的化学性质、表面特点及不同的清洁工艺选择不同的清洁剂。同时也应随时了解市场上新型清洁剂的开发和使用效果，及时加以更新。

(3)一般清洁剂皆为浓缩液，使用前必须严格按照使用说明书进行稀释。如果浓度过高，既浪费清洁剂，又会对被清洁物带来一定损害；浓度过低，则达不到清洁效果，难以符合饭店清洁保养要求。

(4)避免使用粉状清洁剂，因为它含有大量的摩擦剂，长期使用会造成卫生洁具釉质和金属器具表面的磨损。同时粉状清洁剂在溶解过程中容易沉淀，往往难以达到最佳的清洁效果。

(5)清洁剂在首次使用前，应先在小范围内、不明显处进行试用，效果良好再进行大范围使用。

(6)在使用高压罐装清洁剂、挥发性清洁剂以及强酸、强碱清洁剂时应特别注意安全问题。前两者属易燃易爆物品，后两者则容易腐蚀人体肌肤。因此在日常工作中，服务员应掌握正确的使用方法，并配备相应的防护工具，如佩戴护目镜、胶皮手套等。万一清洁剂溅入眼睛或皮肤过敏，应立即用大量清水冲洗，如仍有不适，立即送医诊治。同时严禁在工作场所和仓储区域吸烟。

(7)养成及时清洁的习惯。任何清洁剂一次使用过多都会对被清洁物体产生不同程度的副作用，甚至损伤。因此不要到了迫不得已时再用大量清洁剂进行清洁工作，这种方法既费时又费力，效果也不理想。同时也不要指望好的清洁剂对任何陈年脏垢都非常有效。

(8)饭店应根据各自的资金情况选择合适的清洁剂。

任务二：配备适用的清洁器具

饭店建筑物不断地标新立异，内装修使用材料的多样化，无疑会给饭店的清洁工作带来新的问题和新的设备，比如专门清洁玻璃幕墙的清洁吊车等。饭店清洁器具既是文明操作的标志，也是质量和效率的保证。客房部所使用的清洁器具种类很多，一般可分成两类：

一、一般清洁用具

随着工业的进步和大功率机器的出现，以往许多古老的清洁方式已经有了很大的改变，但一些清洁用具仍在清洁保养过程中发挥其独特的作用。一般清洁用具是指由手工操作不需要电机驱动的清洁工具和清洁设备。主要有以下几种：

1. 扫帚

扫帚的作用就是扫走大颗粒的脏物，主要用于清扫饭店室外或后台区域的地面。扫帚应选择可更换式刷头，最好有U形接头，各个角度都可使用，在清扫护墙板的时候尤为好用。

2. 畚箕

用于装集中的垃圾。如果是在室外使用的大型畚箕，最好有轮子和盖子，方便移动，避免杂物丢落，降低员工工作强度。有的附有长的手把和盖子，以防止垃圾洒掉。如在前台公共区域清扫时，最好使用提合式畚箕，较为美观和方便。畚箕用后要及时出清垃圾，并定时刷洗。

3. 拖把

在清洁工作中除了使用各式各样已经定型的机械外，拖把仍然被普遍地使用。饭店中所用的拖把有圆头型和扁平型两种，主要用于清洁平滑地面，其尺寸可大可小，适用于不同的使用场所和部位。拖把头最好可以拆卸，以便换洗，最好能机洗。使用过后要洗净晾干，挂放起来，以防霉、防滋生细菌。拖把在一有损坏迹象时就要更新。拖把亦称水拖把，与之相配套的器具有挤水器（拧拖布器）、地拖桶和地拖车。

(1)挤水器。其作用是拧干拖布，通常有滚轴式、下压式和边压式三种，其中以下压式较好。滚轴式容易损伤棉质拖布的纤维，所以较少使用。

(2)地拖桶。一般由金属、不锈钢或塑料制成。地拖桶可分为两个部分：一部分用于存放清洁剂，另一部分存放冲洗拖布用水。

(3) 地拖车。由清洁桶、挤水器和车架组合而成，有单桶式和双桶式。通常挤水器可架在清洁桶沿上，清洁桶则安装在带有轮子的车上，也可将轮子直接安装于桶底。清洁桶内壁往往有定量刻度标志，以便配制清洁剂溶液时使用。

4. 尘推

亦称万向地推，主要用于光滑干燥地面的清洁保养工作。尘推由尘推头、尘推架两个部分组成。尘推头有棉类和纸类两种。棉质尘推头价格稍贵，但可以洗涤且较耐用；纸类尘推头价格稍低，使用方便，但不耐用。一个尘推可以配备多个尘推头备用，尘推头应根据所使用地面的情况选用相应的规格，配合静电水的使用，可以较好地吸附灰尘。

5. 抹布

抹布是清洁家具设备及其他物品表面卫生的主要用具。根据清洁用途的不同，应选择不同尺寸、质地和颜色的布料。比如客房除尘和卫生间清洁的抹布应分开；清洁不同卫生洁具的抹布也应严格加以区别；擦拭玻璃、镜面不能用毛巾类的抹布，以平纹抹布为好；擦拭电视机屏幕应选择柔软的干布如绒布等。这样既可防止抹布的交叉使用，又便于操作和提高清洁质量。

抹布在使用时应注意：

(1)抹布应折叠使用，以提高工作效率，保证清洁质量。

(2)所有抹布使用后，应集中送到洗衣房洗涤并消毒，以确保抹布的清洁卫生。

(3)考虑到抹布的使用、周转和淘汰率都很高，客房部平时应尽量多配备一些，以保证员工能使用充足的符合标准的各类抹布。

6. 玻璃清洁器

主要由长杆、T形手柄、橡皮刮、刷子和其他配件构成，用于清洁大面积玻璃和镜面。

7. 油灰刀

常用于去除粘附在地面或者其他地方的口香糖胶、油漆、泥灰等难以去除的污垢。

8. 房务工作车

房务工作车是客房服务员清扫客房时用来运载物品的工具车，它可以减轻劳动强度，提高工作效率。而且，当房务工作车停在客房门口时，还可以成为“正在清扫房间”的标志。

房屋工作车应装有缓冲器或其他弹性防撞装置，以防止工作车进出时碰伤墙纸、门面，留下痕迹。推工作车时应注意万向轮在前，定向轮在后，在推拉时要掌握行进方向和力度。房屋车上的物品应按饭店规定摆放，不能随意堆放杂物。平时应经常擦拭工作车，保持清洁；同时定期对车轮轴上油，进行润滑和消声处理。

9. 工作篮(清洁篮)

现在有一些饭店为了避免使用工作车对楼面客人带来的干扰或不便，采用工作篮代替房务工作车，要求员工将房间清洁用具和客用品放在手提工作篮中进房服务。这种方法会增加员工劳动强度，对员工提出了更高要求。

二、机器清洁设备

1. 机器清洁设备种类

饭店常用的机器清洁设备主要有以下几种：

(1)吸尘器。吸尘器不但可以吸去其他清洁工具难以清除的灰尘，如缝隙、凹凸不平处、墙角及形状各异的各种摆设上的灰尘，而且不会使灰尘扩散和飞扬，清洁程度和效果都比较理想。吸尘器是饭店日常清扫过程中不可缺少的清洁设备。

(2)洗地毯机。洗地毯机的种类很多，最常用的有：

1)喷汽抽吸式洗地毯机。这种洗地毯机在操作时喷液、擦地与吸水三者同步进行，洗涤力特别强，去污效果也好。但操作起来较笨重，而且对地毯的破坏性较大，所以不宜多用。

2)干泡洗地毯机。干泡洗地毯机有滚刷式和转刷式两种，操作比较简单，清洗不太脏的地毯和纯羊毛地毯效果较好，对地毯损伤较小。

(3)吸水机。吸水机外形有筒形和车厢形两种。机身由塑料或不锈钢材料制成，机身分为固定型和活动型两种，机身下有四个转轮，操作时灵活方便。吸水机除吸水功能外，还可与洗地毯机配套使用，用洗地毯机洗刷地毯后，其表面较干净，但地毯根部仍藏有污水和残渣，如不清理干净，对日后使用容易造成地毯脏污和失去弹性。

吸水机一般装有两个真空泵，吸力特别强大，能彻底抽除地毯根部任何顽固的残渣，达到彻底清洁的效果。

(4) 吹(鼓)风机。为缩短地毯及其他地面的干燥时间,可使用吹(鼓)风机加快特定区域内的空气流通,达到使地面快速干燥的目的,以提高清洁效率。

(5)打蜡抛光机。主要用于饭店大理石、花岗岩以及木质地面的打蜡、喷磨和抛光工作。根据其转速的不同,大致可分为四种:低速机、中速机、高速机和超高速机。通常,洗地时要求转速较低,底刷(刷盘)较硬;打蜡抛光时,要求转速高,底刷(刷盘)细软。因此,前两种较适合于擦洗地板用,后两种多用于打蜡及喷磨工作。为节约资金及存储空间,也有些饭店购买多功能的打蜡机,但这种机器对保养维护要求较高。

(6)高压水枪。高压水枪有冷、热水两种。一般用于清洗硬质地面和比较油腻的脏地板,使用时要注意经常检查管子和肥皂喷嘴。由于高压水枪的工作压力很高,所以应尽量选择有防爆安全系统的水枪。

(7)喷雾器。这种工具很少使用,只有在传染病或异味很大的情况下,必须消毒时才会用到。

知识拓展 2-1

吸尘器的种类

饭店中常用的吸尘器有以下几种:

◆ **直立式吸尘器** 直立式吸尘器是利用装在吸嘴内的电机推动旋转震动刷,将地毯的绒毛拨开,使深藏其中的尘土、污垢、沙砾等从绒毛中松脱出来,然后再将它吸走,吸尘效果较好。另外,用直立式吸尘器吸尘,使用者不用弯腰曲背,非常方便。而且,直立式吸尘器的吸嘴通常较为高阔,所以清洁大面积的地毯时,使用直立式吸尘器无论效率还是效果都为最佳。但在清洁矮脚家具底下或楼梯部位时,其使用效果不如筒式吸尘器方便,噪声也往往比筒式吸尘器大。因此,直立式吸尘器不适合在客房区域使用,一般在非营业时间清洁大面积的地毯或在餐厅、多功能厅等公共区域吸尘,用直立式吸尘器效果最佳。

◆ **吸力式吸尘器** 吸力式吸尘器是完全靠吸力去完成吸尘工作的。由于没有电动旋转刷的辅助,清理地毯的效果不如直立式吸尘器显著,它主要适合于清理不太脏的地毯。但由于其拥有一些特别的配件,可以用于清洁地板、家具、帘帐以及织物套垫等,效果不错。同时,因其备有扁身的吸管,有利于清理矮脚家具底下或其他浅窄的地方,比较适合在楼层客房内使用。由于这类吸尘器的形状多为圆筒式或长筒式,所以亦称筒式吸尘器。

◆ **混合式吸尘器** 混合式吸尘器在外形方面与吸力式吸尘器大致相同,多采用圆筒形的设计。这类吸尘器在构造上集合了筒式和直立式的优点,除具有强劲的吸引力外,还备有电动的震动清洁刷,可随时装上使用。因此,在清洁效能方面,能够同时发挥两者的长处。

◆ **吸水吸尘机** 吸水吸尘机又称干湿两用吸尘器。机器内部既有储水桶,又有积尘袋,可根据需要灵活转换。其外形与筒式吸尘器相似,可用作干湿两用吸尘器,但是它主要用于地板有水的情况,因此常常在地板有水的紧急情况下使用,可用来吸水或在潮湿的表面上使用。另外,当大面积的没铺地毯的地板需要去蜡层和清扫时,吸水吸尘机可去掉地板上的残水,效果较好。

◆ **背式吸尘器** 为方便登高吸尘或楼梯吸尘,可选用背式吸尘器,它通常体积小、重量轻,使用者把吸尘器背在背上,带有其他附件的手持棒可灵活地使用,无须配置其他设备。背式吸尘器既可接电源,也可配蓄电池使用。

知识拓展 2-2

吸尘器的使用和保养

吸尘器的使用和保养应注意以下几方面：

◆ 首次使用前，应阅读使用说明书，按说明书所述方法将吸尘器安装好备用。

◆ 每次使用时必须检查电线有无破损，插头有无破裂或松动，以免引发触电事故；检查各部件的连接是否紧密，如有漏风的地方要及时修理。

◆ 开机后检查吸尘器是否正常运转；若有吸尘器漏电现象，或电动机温度过高，或有异常响声，应立即停机检查。

◆ 吸尘作业时，应避免吸取体积较大的和尖锐的物体，如纸团、布片、针尖、图钉、金属粉末等，以免损坏内部机件或造成吸管堵塞；如果不是干湿两用吸尘器，则不能用来吸取水和潮湿黏性物。

◆ 有集尘指示器的吸尘器，不能在满点上工作。若发现指示游标接近满点，应立即停机清理；吸尘器被堵塞时，不能继续使用，以免损坏吸尘器的电动机。

◆ 在使用吸尘器过程中，应随时将刷头上的毛发及线头清理干净，若发现刷头磨损过大，应及时更换，否则影响吸尘效果。

◆ 从一个房间转移到另一个房间吸尘时，应先关吸尘器开关，再拔下电源插头，整理好电线，手提吸尘器把柄，不能拉扯电线或软管，还应避免吸尘器在电线上碾过。

◆ 吸尘器当班使用完毕后，应及时清理集尘袋，抹净机身；平时注意清洁配件，定期清洁滤尘网。

◆ 吸尘吸水机在使用过程中，除应注意吸尘器的一般使用与保养要领外，还应特别注意：使用完毕后，要将各种配件洗刷干净，晾干后装入配件箱内保管；拆卸时动作要轻；检查电机和容器之间的密封装置，以做好吸尘吸水机的维护工作。

知识拓展 2-3

洗地(毯)机使用注意事项

洗地毯机和洗地机在使用过程中，应特别注意以下几点：

◆ 使用前，先检查各个部件是否完好。

◆ 打开机器时，应注意水箱是否保持密封，以防污水、清洁液外流。

◆ 清洗完毕，要将剩余清洁液抽至污水箱内，然后倾倒干净。使用完毕后，应将各种配件清洗干净，晾干后妥善保存。

2. 清洁设备的选择

清洁设备在选择时应考虑下列因素：

(1)噪声。这对饭店来说非常重要。客房部的一项任务是为宾客创造一个舒适的休息环境，噪声过高会破坏饭店幽雅宁静的氛围，影响饭店产品质量。

(2)安全性。设备的设计是否充分考虑到安全问题，设备的绝缘性如何，有没有自动保护装置，这些安全问题都应事先详细询问供应商。

(3) 多功能性。一般情况下，设备的功能越多，实用性越高。设备的多功能性通常可以通过配件实现，如吸尘器配上必要附件，可以对沙发等软家具进行吸尘。

(4)灵便性。好的设备在设计上应方便操作，操作者使用时无须太多的力气，例如设备的轮子宜方便移动、手柄的高低能够调节等。

(5)自重和可携带性。部分低层建筑没有电梯，园林式的饭店建筑比较分散。对于这种饭店，设备的自重和可携带性就显得尤为重要。

(6)耐用性。除了要考虑设备外壳和其他部分的设计外，还要考虑轴承、齿轮、皮带等部分的牢固程度，马达的质量、耐热程度及电线质量都是需要注意的问题。

(7)电源。注意电机对电压的要求。国内电压是220伏，而国外的通常为110伏。不过大多数进口设备都已将电压改为220伏。

(8)功率和型号。选择恰当的功率和型号，可以方便清洁工作，避免浪费。

3. 清洁设备的使用

正确使用清洁设备可以提高工作效率，延长机器寿命，同时还能避免相关的伤害事故。在使用中应注意以下事项：

(1)加强培训。要使员工知道在什么情况下需要使用清洁设备，如何使用，如何清洁，在哪里清洁，在需要时找谁帮忙，设备附件在哪里。

(2)重视检查。应重视机器设备的检查，尤其要注意设备使用前的检查，避免设备带病工作。使用时，如发现声音不正常或者有异味，应立即停机检查。

(3)严格按程序操作。按程序操作是工作正常进行的前提，违反操作程序往往会导致问题的出现。例如针座及刷盘应先手工安装到机器上，而不能将机器放在上面试图开机后自动装上；机器的电线应拖在操作者后面，而不要放在前面，那样容易被机器刷盘卷起，损坏刷盘和电线等。

(4)安全操作。插座应与插头相配，大的清洁设备要有地线；一些饭店在设计插座时没有充分估计到电负载问题，导致使用时出现跳闸现象；如果使用接线板或接线盘，其电线须与单擦机上的一样粗，最好略粗些；操作电器设备手要保持干燥；设备、电线在使用时注意摆放位置，避免绊倒他人。

(5)保持设备清洁。要特别注意电线的清洁，随时擦去水迹，以免在家具和地面上留下污迹；尽量不要使水或清洁剂溅到机器上，以免马达短路或机器锈蚀；避免机器接触到具有腐蚀性的清洁剂，如果发生上述情况，应立即清除。

知识拓展 2-4

污渍的清洁原则和常见污渍的清洁方法

作为客房服务人员，必须掌握常见污渍的清洁方法，以便更好地完成日常清洁保养工作。

◆ 污渍的清洁原则

➢ 快

任何污渍逗留在物体表面，时间越长，就越难清除。所以，发现污渍应尽快清洁。

➢ 由表及里

任何污渍，遇到被溶解的物质时，必向外扩散。所以，清洁污渍时应从旁边向中心擦拭。

➢　先吸后洗

对于液体性质的污渍，应尽快用干抹布吸去水分，然后再用不同的清洁剂清洗。

◆ **常见污渍的清洁方法**　通常，温水和洗洁精可以清除大部分硬质物体表面的污渍，如咖啡、染料、油渍、果汁、酒渍、血渍等。但如果这些污渍渗在软性或半软性物体上，就必须用一些特殊的方法才能达到理想的清洁效果。

➢　血渍

先用冷水浸泡，用干布吸干，然后用海绵块蘸清洁剂擦拭，然后用清水洗干净；或者用1∶50的稀盐水擦湿，等2～3分钟后，用布从旁边往中心擦，再用清水洗净。

➢　墨水渍

用冷水冲洗，直至墨迹变淡，然后用稀释的草酸溶液浸湿污渍，过2～3分钟后，再用稀释了的高锰酸钾溶液浸2～3分钟，再用清水洗净，吸干。

➢　圆珠笔墨水

普通洗涤可以洗去某些种类的圆珠笔墨水，若不行，可倒入变性酒精，或用白凡士林在斑渍上摩擦，并浸入清洁剂溶液，然后洗涤。

➢　鞋油

用海绵块蘸干洗剂擦拭，吸干溶液；如果色斑难以清除，用海绵块蘸漂白剂擦拭，并吸干。

➢　油腻食物

彻底清除食物，吸干汁水，用海绵块蘸干洗剂擦拭，吸干溶液。

➢　口香糖

用口香糖除剂喷在口香糖上，待其硬化后，用硬物将其敲碎，剔除。

➢　呕吐物

用冷水洗净，然后用1∶10的醋水清洗，对于呕吐后留下的污渍，苏打水的效果更好。

➢　红酒渍

用1∶5的苏打水稍浸，然后过清水，吸干。

➢　果汁渍

用稀释了的苏打水或丙三醇甘油、白醋，冷水过净。

➢　可乐、巧克力、牛奶渍

用适量的白醋加入稀释了的洗洁精擦拭，然后冲洗干净，吸干。

➢　唇膏或指甲油

用海绵块蘸醋酸或专业清洁剂擦拭，吸干溶液，然后用清水清洗干净。

思考与练习

1. 什么样的清洁剂才算是合适的清洁剂？应如何选用？试列举饭店常用的清洁剂。
2. 试分析清洁器具对清洁保养工作的作用，清洁器具应如何配置？
3. 掌握常用清洁器具的使用保养要求并初步了解其正确的使用方法。

项目三　楼层客房清洁保养

案例导入

一天下午，楼层服务员小徐到1802房打扫卫生。这是间住客房，他按规范程序敲门，无人回应，便用钥匙开门。进屋一看，原来客人出去后没有拔房卡。小徐迅速开始打扫房间，此时写字台上的一台电脑处于开启状态，他也没有在意。但他打扫完后离开房间，习惯性地将房卡拔下。晚上客人回来后，大发脾气，投诉到大堂副理处。经了解，原来客人在离开房间时，是有意将房卡插在取电盒上，因为要用电脑在互联网上接受重要资料。最后饭店想尽办法才得以解决。服务员小徐由于工作中的失误，受到严肃处理。

问题：

1. 造成客人发脾气的原因是________________________。

2. 你认为客人是否小题大做？是__________　不是__________

分析：服务员在清扫住客房时，按饭店规定不得随意翻动客人的私人物品，这样做是对的。但当发现客人的手提电脑在桌上并处于开启状态时，就应注意考虑多种可能性，是否客人有意为之，并保证其处于工作状态。

1. 该案例说明服务员在清扫房间时没有认真观察客人的电脑处于什么状态，当然也就不了解客人的电脑为什么处于开启状态。服务员在做完房间后顺手将房卡拔下，造成客人的重要信息无法接收。

2. 部门经理、楼层主管、领班应加强对员工的客房清扫培训，尤其是住客房清扫，稍一不慎，就容易失误，造成客人投诉。特别是在清扫中如何处理动与不动客人物品的问题上，更应额外小心，使服务员能够处理好相关问题，减少投诉的发生。

任务一：楼层客房日常清洁保养

楼层客房清洁保养主要包括客房的日常清洁保养和计划卫生等工作。

一、客房清洁保养准备工作

为了保证清扫质量，提高工作效率，客房服务员必须认真做好客房清扫整理前的准备工作。准备工作具体包括：

1. 更衣

与饭店其他部门员工一样，客房服务员到达饭店后，首先必须到员工更衣室更衣：换上工作服，按规定穿着，佩戴好工牌，整理好个人仪表仪容，将私人物品存放在自己的更衣柜内（注意个人贵重物品随身携带）。

2. 签到、签领客房钥匙

为掌握员工出勤状况，服务员在上班前必须签到。签到包括到饭店安全部履行机器打卡和到客房中心签字报到两种方式。

与此同时，向客房中心或楼层服务台签领客房钥匙。不管采取哪种方式，都必须在分发、领取和交回钥匙方面实行严格的管理，以强化员工对客房钥匙的责任感。因为钥匙如果不慎遗失，可能会造成酒店的重大损失，也会损害住客的权益。

3. 了解分析房态（即客房状态）

开始工作前，应首先了解房间状态，并据此决定清扫房间的顺序，避免打扰客人休息或工作，并及时满足客人的清扫需要。另外，由于客房部工作范围广，人员分散，饭店随时可能会有新的指示与通知不易传达，所以一般在办公室及工作地点都设有公告栏，服务员每天上班前应事先阅读工作指示和公告内容，了解工作安排和服务重点。

4. 确定客房清扫顺序

服务员在了解自己所要打扫的房间状态后，应根据饭店经营状况、客人具体要求或总台与客房中心的特别交待，决定当天的房间清扫顺序。客房清扫一般顺序如下：

(1)挂有“请即打扫”的房间。

(2)客人口头提出要求打扫的房间。

(3)总台或客房中心指示打扫的房间。

(4)VIP 房间。

(5)走客房。

(6)普通住客房。

(7)空房。

确定客房清扫顺序的目的，一方面是为了加速客房周转，提高饭店客房出租率；另一方面是及时满足宾客的特殊需求，提高宾客满意度。因此在旺季，可先安排打扫空房和走客房，使客房能尽快重新出租，在淡季则可以先安排打扫住客房。长住房则应与客人协商，每天定时打扫。

5. 准备房务工作车

房务工作车的准备工作，一般可以在前一天下班前做好，也可以由夜班服务员进行，等第二天进房清扫前，服务员再做一次检查，看用品是否补充齐全即可，这样既省事又不浪费时间。

(1)清洁工作车。在工作间用半湿抹布将空置的房务工作车车身内外擦拭干净，并检查工作车有无损坏。一般饭店将此项工作列入客房计划卫生工作项目，定期清洁保养。

(2)挂好垃圾袋和布草袋。将干净的垃圾袋和布草袋挂在车钩上。注意要把袋钩或袋扣挂紧，确保各袋有足够的支撑力来放置垃圾和脏布草。

(3)放置干净布草。将干净的布草放在车架中。床单、枕套放在工作车的最下格，大浴巾、小浴巾、面巾、手巾（小方巾）和脚巾等放在上面的两格，这样可以保持工作车的重心平衡。

(4)放置房间用品。备足房间用品，并将其整齐有序地摆放在工作车的顶架上。房间用品包括经过消毒的茶杯、冷水杯以及杯垫、烟灰缸、火柴、服务指南、圆珠笔、铅笔、洗衣袋（单）、明信片、宾客意见征求表、信封、信纸、便笺纸、一次性拖鞋、擦鞋纸（布）、面巾纸、卫生卷纸、女士卫生袋、香皂、沐浴液、洗发液、浴帽等。有些饭店还为豪华套间和总统套间配备化妆品和其他高档用品。补充和摆放房间用品时应按照饭店规定定量定位。一般小的物品放前面，大的物品放后面。注意不能将茶叶与香皂放在一起，避免串味；沐浴液、洗发液也应注意和纸制品分开摆放，以免液体倒翻后渗污其他用品。

(5)准备清洁盒（桶）。将塑料清洁盒（桶）放在工作车最底层的外侧，内放清洁剂、消毒剂、尼龙刷、海绵块、胶皮手套等清洁用具。注意严格将清洁恭桶和其他设备的用具分开摆放,专项专用。

(6)准备干净的抹布。至少准备干净的干抹布两块、湿抹布两块、抹地布一块。房务工作车通常还应准备备用抹布若干,以便替换。

抹布的使用一定要注意将房间的抹布和卫生间的抹布分开;将清洁恭桶的抹布和清洁脸盆与浴缸的抹布分开;将抹地布和其他抹布分开。一般可使用不同颜色和尺寸的抹布来区别,同时抹布一定要干净、卫生、经过消毒。

为了保证抹尘时的清洁效果,建议最好使用平纹抹布,尽量不要使用客房淘汰下来的旧毛巾,以免掉毛。

6. 准备吸尘器

吸尘器是客房清洁不可缺少的主要清洁工具之一。吸尘器使用前应进行下列检查:

(1)检查各部件是否严密,如有漏风应及时修好。

(2)检查有无漏电现象,注意不要湿手操作,以防触电。

(3)检查集尘袋内灰尘是否已倒清,以免降低吸力。

(4)检查其他附件是否齐全、配套。

当上述准备工作完成后,服务员将房务工作车、吸尘器推放到自己负责清扫的区域,停放在楼层走廊靠墙的一侧,然后按清扫规程进行客房清洁保养工作。

饭店在房务工作车停放位置上应做出规定。目前不少饭店规定不论什么状态的房间,在清扫时都将房务工作车停在打开的客房门口,并调整好工作车位置,将工作车封闭的一面向外,开口一面朝向客房,既方便服务员拿取物品,又能防止他人顺手牵羊把客用品拿走,并且它可以成为醒目的房间“正在清扫”的标志。当然,如果需要清洁的房间为住客房的话,此种方法会影响住客的进出。因此也有饭店规定清扫住客房时工作车不能挡住房门口,应放在房门口的侧面,以免影响客人进出和行走。

7. 工作日志交接

在交接班时应仔细阅读工作日志,了解上一班次未办妥或本班次需要注意的事项,负责办理完成。上级交代的事项应记录在交接日志上备查。工作时间内发生的清扫服务事项应做详细记录。

知识拓展 2-5

客房状态(房态)种类

◆ **住客房(occupied,简写 OCC 或 O)** 表示客人正在租用的客房。由于宾客使用情况、要求等不同,住客房又有下列状态:

➢ 请勿打扰房(do not disturb,DND)。表示该房客人不愿被服务人员或其他人员打扰。

➢ 请即清扫房(make up room,MUR)。表示该客房的住客因会客或其他原因需要服务员立即清扫客房。

➢ 外宿房(sleep out room,S/D)。表示该客房已被租用,但住客昨夜未归。为了防止发生逃账等意外情况,应将此种客房状况及时通知总台。

➢ 无行李房(no baggage room,N/B)。表示该客房的住客无行李。同样应及时把这一情况通知总台,以防逃账的发生。

➢ 轻便行李房(light baggage room,L/B)。表示该客房的住客行李数量很少。为了防止逃账,应及时通知总台。

➢ 贵宾房(very important person,VIP)。表示该客房的住房是饭店的重要客人,在饭店的接待服务过程中应优先于其他客人,给予特别的关照。

➢ 长住房(long staying guest,LSG)。即长期由客人包租的客房,又称为"长包房"。

➢ 加床房(extra bed, E)。表示该客房有加床服务。

◆ **走客房(check out,简写 C/O)**

➢ 准备退房(expected departure,E/D)。表示该房住客应在当天中午12时以前退房,但现在还未退房的客房。这种客房应在客人退房前先进行简单的整理,等客人退房后再做彻底的清扫。

➢ 未清扫房(vacant dirty,VD)。表示该房住客已结账并已离开客房,但还未经过清扫,服务员可以按规定进房整理。

➢ 已清扫房(vacant clean,VC)。表示该客房已清扫完毕,并经过检查可以重新出租,许多饭店也称之为OK房。

◆ **空房(vacant,V)** 即指昨日暂时无人租用的OK房。

◆ **维修房(out of order,简写 OOO)** 亦称待修房或故障房,表示该客房因设施设备发生故障,暂时不能出租。

二、客房清扫的基本方法

为了使清扫工作能够有条不紊地进行,避免过多的体力消耗和意外事故的发生,客房服务员应根据房间的不同状态,严格按照清扫的程序和方法进行清扫,使之达到饭店规定的质量标准。

客房清扫的基本方法主要有以下几条:

1. 从上到下

例如用抹布擦拭灰尘时应采取从上到下的顺序,先擦高处的物品,再擦低处的物品。这样,既可避免重复劳动,同时又提高了工作效率。

2. 从里到外

进行地毯吸尘和卫生间地面擦拭时应采取从里到外的方法进行。

3. 环形清理

在擦拭和检查房间设备用品时,从房门开始,应从左到右或从右到左,即按顺时针或逆时针的路线进行。这样既不会遗漏应该清洁的地方,也不会重复已经清扫过的地方,既省时省力又提高清洁卫生的质量。

4. 干湿分用

擦拭不同的家具设备及物品的抹布,必须严格区别使用。例如,房间的灯具、电器、镜子、五金以及床头板等与墙纸发生接触的部位只能使用干抹布抹尘,以避免发生事故和污染墙纸。

5. 抹布折叠使用

擦拭家具设备、物品时,不论是干抹布还是湿抹布,都应折叠使用,这样可以提高抹布的使用率,有利于提高清扫速度,保证客房清洁卫生质量。

6. 注意墙角

墙角是蜘蛛网和尘土容易积存之处，也是客人比较重视的地方，需要留意清扫。

三、进房程序

客房一旦出租，就应视为属于客人的私人居所，饭店必须尊重客人对房间的使用权。因此，饭店员工即使需要进房服务，也必须遵循一定的程序。

1. 观察门外情况

进房前留意客房门把手上有无挂着“请勿打扰”牌，或房门侧面的墙上是否亮着“请勿打扰”指示灯。如有则不能敲门，而应轻轻地将工作车推走，先行打扫其他的客房。

2. 敲门

用中指指节敲门，每次两下或三下，不要用手拍门或用钥匙敲门。敲门时应有节奏、轻重适度，并通报“客房服务员”或“Housekeeping”。

3. 等候

敲门后应给予客人一定的反应时间。服务员此时站在门前适当位置，眼望门镜，以方便房内客人观察。敲门后切勿立即开门，或连续敲门，也不能通过门镜向房内窥视。

4. 第二次敲门、等候

第一次敲门等候时，若房内无动静，在间隔 3～5 秒钟后，服务员应第二次敲门通报，并再次等候。此时，若房内客人有回应，服务员应再通报，并征求客人意见是否可以进房，如客人不同意此时清扫客房，服务员应向客人道歉并轻轻离开此房，或视情况征询客人何时可以清扫，并把客人要求清扫客房的时间记录在“客房清扫日报表”上，以免遗忘；如客人允许，则在房门口等候客人开门。

5. 开门

若房内仍无动静，服务员可以开门进房。开门时，应先将房门打开三分之一左右，在房门上用手指再轻敲两下，同时再次通报。推门时不能速度太快、用力过猛，以免损坏防盗链或防盗扣（许多客人休息时有使用防盗设施的习惯），或撞伤客人。若发现客人仍在睡觉，应马上退出，轻轻带上房门；若客人已醒但未起床，应马上向客人道歉、离开，并关上房门；当客人已经起来，则应礼貌地询问客人是否可以清理客房，并按照客人的意愿进行操作。

6. 进房

如客人不在房内或征得客人的清扫许可后，服务员应将房门完全敞开，用门吸吸住，进行客房清扫或服务，直到完成整个作业。

四、不同类型客房的日间清洁规程

客房日间清洁又称做房。它包括三方面的工作内容：清扫整理客房、更换添补物品、检查保养设施设备。

客房状况不同，对清扫的要求和程度也有所不同。一般来说，对于暂时没人居住，但随时可供出租的空房，服务员只需要进行简单清扫；对于那些客人暂时离店的长住房和外宿房，需要进行一般性清扫；而对于住客房、走客房以及贵宾房则需要进行彻底清扫。所以客房服务员应根据房态的不同，严格按照清扫程序和要求进行清扫，使之达到饭店规定的质量标准。

1. 走客房的清扫程序

(1)进入客房。按照进房程序进入客房,房门要一直敞开,直到清扫完毕。开门打扫卫生的目的是:一表示该客房正在清扫;二有利于房间的通风换气;三防止意外事故的发生。

开门后,将房卡插入取电盒,接上电源,关闭空调,熄灭多余的灯,如需要只保留清洁用灯,以节约能源。同时检查空调和灯具开关是否运作正常。

拉开窗帘,打开窗户,其目的是使室内光线充足,调节室内空气。拉开窗帘时应注意检查窗帘是否脱钩、有无损坏,窗户开关是否灵活、严密。如高层客房窗户不能打开时,应打开空调的新风系统,加大通风量,保证室内空气的清新。

(2)观察房内情况。主要检查房内是否有宾客的遗留物品、有无设备被宾客损坏、有无物品被宾客带走。如有,应及时报告领班。

某些高星级饭店为了加快宾客结账离店速度,减少客人等候时间,提高宾客的满意度,已经取消了退房查房规定,因此在清扫走客房时员工应更加重视对房间的检查。

(3)整理器皿。如果客人在房内用过餐,应先将客人用过的餐具或餐车撤到指定地点;然后撤换脏的茶具、水杯、酒具等,倒空电热水壶。为了保证客房茶酒具等的清洁卫生质量,加快客房清扫速度,所有茶具、水杯、酒具等最好不要在客房内清洗,应将它们放在工作车上的指定位置,送回工作间集中清洗消毒。

(4)清理垃圾和杂物。将房内垃圾、果皮、大块纸团等集中收拾到垃圾桶中,把烟灰缸里的烟蒂、烟灰倒入垃圾桶内,再洗净擦干烟灰缸,决不能把烟灰缸里的脏物倒进恭桶内,以免恭桶堵塞。倒烟灰缸时要特别注意检查烟头是否熄灭,及时消除火灾隐患。

清理垃圾时应注意对客房垃圾进行分类处理。凡是具有再利用价值的物品,应及时回收并加以合理利用,这样做既可以减少物品消耗,又可避免简单地将其作为垃圾处理,造成环境污染。如香皂、牙刷、牙膏等,可以用于清洁保养工作;废旧报纸、杂志等可以卖给废品收购站。

(5)撤走用过的床单和枕套,把脏布草放进工作车内。

1)在撤床单时,要抖动几次,确认里面没有裹带客人衣物或其他物品。

2)若发现床单、褥垫等有破损及受污染情况,应立即报告领班,并对其单独放置,通知洗衣房进行专门处理。

3)注意不要把脏布草扔在家具、地毯或楼层走道上,以免造成布草的“二次污染”。

4)收去脏布草的同时带回相应数量的干净布草,放在饭店规定的位置。

(6)卫生间清扫。卫生间是宾客最容易挑剔的地方,卫生要求最高,所以卫生间的清洁工作应格外重视。卫生间清扫程序如下:

1)进入卫生间,开灯,打开换气扇,将清洁工具带入卫生间,放置在洗脸台下方的地面上。有的饭店则要求带一块毛毯铺在卫生间门口,防止将卫生间的水带到卧室地面上。

2)先在恭桶内倒入适量的清洁剂,注意不能直接倒在恭桶壁上,检查恭桶是否有堵塞或漏水现象,如有,应及时报修。为减少饭店排污量,恭桶是否需要先放水冲一次不一概而论,要视具体情况而定。

3)撤走客人用过的布草,放入工作车上的布草袋内。

4)撤出垃圾,放进工作车上的大垃圾袋中,换上干净垃圾袋。

5)清洗湿抹布,放在一边待用。

6)将烟灰缸、皂碟清洗后放回原处。

7)清洁洗脸盆。用柔软的清洁工具如专用的刷子或海绵,倒上或喷上清洁剂,擦拭洗脸盆,放水冲净,用湿抹布擦干;水龙头、毛巾架等不锈钢件用干抹布擦亮;镜面上可喷少许玻璃清洁剂,然后用干抹布擦亮;最后从里到外擦净整个洗脸台台面,包括物品盘。

8)清洁浴缸。先将浴缸塞关闭,放少量热水和清洁剂,用浴缸刷子或海绵块从墙面到浴缸里外开始清洗,洗刷后放走污水,用清水冲洗墙面和浴缸;用湿抹布擦干墙面、浴缸、浴帘,特别是墙面与浴缸接缝处要清洗并擦干,以免发霉;再用干抹布擦净、擦亮电话副机及金属器件。

浴缸内若放置有橡胶防滑垫,则应视脏污程度用相应浓度清洁剂刷洗,然后用清水洗净擦干,要注意清洁浴缸的外侧。

9)清洁恭桶。用长柄刷擦洗恭桶内壁,要注意对恭桶的出水孔和入水孔的洗刷,用专用抹布擦净恭桶内外、坐圈、盖板,尤其应注意恭桶底部及背面,并擦净恭桶水箱,最后放水冲净。

10)擦卫生间门。用湿布擦净卫生间门的内外门和门框。

11)补充卫生间用品。按规定的位置摆放好五巾和香皂、牙具、浴帽、洗发液、沐浴液、梳子、面巾纸、卫生卷纸和女士卫生袋等客用品。五巾摆放时应注意光面朝外朝向客人;客用品应将有店名店徽的一面朝上朝向客人。

12)洗刷地面。用专用抹布抹净地面边,要从里到外,边抹地边退向卫生间门口,以保证地面无毛发、无水迹。

13)最后全面检查一下有无不妥之处,关灯,关换气扇,将卫生间门虚掩。

(7)铺床。按铺床的程序换上干净的床单、被套、枕套。铺床的方法由于各饭店要求不同,多少有些差异。传统的西式铺床是从欧美饭店业流传过来的,其寝具和铺床方式都不适合东方人的睡眠习惯。时至今日,国内绝大多数饭店都采用中式铺床,以体现中国饭店的特色,迎合客人的人性化需要。

中式铺床具体程序如下:

1)拉床。屈膝下蹲,将床拉离床头板50厘米左右,方便服务员操作。

2)放平床垫。将床垫、衬垫摆平放正,检查床垫四角的松紧带有无脱落,注意衬垫的卫生状况,如有污迹应撤换。

3)套枕头。用双手手指张开枕套,用力抖开,一手张开枕套,另一手将枕芯装入,将枕芯两角推入枕套角部,将开口部分整理好,四角对齐、饱满。

4)铺床单。站在床头(尾),两手分开,用拇指和食指捏住床单第一层,其余三指托住后三层,将床单正面朝上朝前方甩开,待其降落时,利用空气浮力调整好位置,使床单中折线居于床的正中位置,均匀地留出床单四边,使之能包住床垫,然后把床头、床尾四角按饭店规定统一包成直角或斜角(45°角)。

5)套被套。按各饭店不同的操作方法套好被套,如有绳结搭扣应系好,被芯不外露。

被套开口在一头的做法:①铺被套。站在床头或床尾位置,被套反面朝上,开口朝服务员所站位置,向前方甩,将被套打开,使被套中折线居床的正中位置。②铺棉被。用同样的手法将棉被铺在被套上,要求棉被与被套重合。③装被。两手从被套开口处伸入,同时卷起被套的第一层和棉被,拉出床头两只被角(连同被套)至床头,将棉被及被套理齐,使被套平整、饱满;两手分开,抓住棉被尾部(连同被套)向前抛甩,使棉被和被套的四角对齐、饱满,棉被与床头齐平，棉被两侧下垂部分均等，棉被床尾部自然下垂。④结绳、折角。站在床尾，打好绳结（检查绳子有无脱落，如有，应及时缝上或更换被套），将绳结掖入被套内，将棉被床尾部两端折成90°角。

被套开口在一侧的做法如下：①铺被套。站在床的一侧居中位置，两手分开，将被套反面朝上，开口朝服务员站立的一侧，向前方甩开，使被套中折线居床的正中位置，被套与床头齐平，两边下垂均匀，床尾自然下垂。②铺棉被。用同样的手法将棉被铺在被套上，要求棉被与被套重合。③装被。站在被套开口边，两手从被套开口处伸入，拉出棉被四角（连同被套），将站立边棉被及被套理齐，向前抛甩，使棉被居中，棉被开口在规定边（内床靠墙边，外床靠窗边，单人床靠窗边）。走到床头，将床头棉被及被套理齐，抓住棉被（连同被套）向前甩开，使棉被和被套四角对齐、饱满，棉被与床头齐平，棉被两侧部分均等，棉被床尾部自然下垂。④结绳、折角。站在床边，打好绳结（检查绳子有无脱落，如有，应及时缝上或更换被套），将绳结掖入被角内，将棉被床尾部两端折成90°角。

6)放枕头。将装好的两只枕头叠放在床头的正中，要求枕套的中线、被套的中线、床单的中线三线合一，枕芯不外露，枕套开口应背离床头柜（双人床的枕套口应相对）。

7)将床复位。通常在吸尘之后将床复位。用小腿力量将床慢慢推回原位，床应和床头板对齐。再检查一遍床是否铺得整齐美观。

知识拓展 2-6

西式铺床

西式床铺床程序一般如下：

◆ 拉床。

◆ 检查床垫。

◆ 铺第一张床单（垫单）。上述三步同中式铺床的方法、要求一样。

◆ 铺第二张床单（盖单）。用同样的手法将床单铺在垫单上，第二张床单要求正面朝下甩开，中折线应与第一张床单重合，床单上端（床头部分）下垂床垫5～10厘米。铺垫单、盖单时都应注意床单上有无污渍、毛发、破损，如有，应及时更换或去除。

◆ 铺毛毯。将毛毯甩开铺在盖单上，床两侧下垂部分应相等，毛毯中线与床单中线重合，床头部位毛毯与床垫齐平，毛毯的商标位于床尾并朝上。

◆ 包边、包角。将盖单的下垂部分反折盖住毛毯，再将盖单连同毛毯一起反折25厘米，两侧下垂部分掖入床垫后，再将床尾下垂部分掖入床垫，将床尾两角统一包成直角或斜角（按饭店规定）。

◆ 套枕套、放枕头的方法、要求与同中式铺床相同。

◆ 铺上床罩。将床罩放在床尾，双手持床罩头部将其打开，床罩两侧下垂部分均等，床罩尾部自然下垂；人移至床头，用床罩把枕头罩好，剩余部分塞入枕头之间，将床罩理平，拉挺。

◆ 同中式铺床一样将床复位。

(8)抹尘。

1)按环形线路依次把房间家具、设施设备表面抹干净。

2)抹尘时注意抹布干湿分开、折叠使用，擦拭到位，特别是一些卫生死角，如窗台、窗框等。

3)检查房内设施使用是否正常，房间用品是否齐全充足、摆放是否规范，如试写圆珠笔是否出水流利，翻阅服务指南查看文具纸张数量和洁净程度等，并记下所缺用品项目和数量，以便准确补充。

抹尘具体操作内容如下：①房门。应从上到下，用湿抹布将门、门框抹净，并用干抹布擦房号牌及门锁；检查门锁是否灵活；“请勿打扰”牌、防火疏散图是否完好，有无破损或污迹。②衣柜。用湿抹布擦拭衣柜时应从上到下、从里到外抹净。检查衣架种类、数量是否齐全，并按规定挂好；检查鞋篮是否清洁完好，篮内物品如拖鞋、擦鞋纸(布)、洗衣袋和洗衣单等是否齐全完好。③小酒吧。擦净小酒吧区域内外各处；检查冰箱运转是否正常，接水盒是否溢满，温度是否适宜；检查烈性酒和软饮料的品种数量有无短缺，酒水单、酒杯、调酒棒、杯垫是否完好，有无破损；茶杯、水杯、热水瓶是否需替换；电热水壶应每天换水，并擦净表面浮尘和水迹。④行李架。用湿抹布擦行李架内外、表面和挡板，并摆放好位置，与写字台间隔5～10厘米，与墙面间隔5～10厘米。⑤电视机。用湿抹布擦净电视机外壳和底座的灰尘，必要时用专用干抹布，如绒布擦净电视机屏幕，并调节位置，宜与写字台正面边沿相距10厘米；同时打开电视机检查有无图像，频道选用是否正确，音量、色彩是否适度；检查电视节目单是否完好，摆放是否符合要求；最后用湿抹布将电视机柜里外、上下各处擦拭干净。⑥写字台、化妆台。用干抹布擦拭镜灯、镜框、台灯，如果台灯电线露在写字台外，要将其收好，灯罩接缝朝墙；用干抹布擦拭化妆台镜，擦拭完毕后，站在镜子侧面检查，看镜面有无毛发、手印和灰尘等，用湿抹布擦净写字台台面，检查文件夹内有无短缺和破损的物品；用湿抹布擦拭写字台抽屉；擦净椅子(注意椅子脚及桌脚的擦拭)。⑦窗台。用湿抹布擦拭窗台内外、窗轨，及时关好窗户、拉上纱薄帘。⑧沙发、茶几。沙发、扶手椅的软面可用干抹布掸去灰尘，用湿抹布擦拭扶手椅的木档；用湿抹布擦拭茶几。⑨床头柜、床头板。用干抹布擦拭灯罩、灯泡、灯架和床头板，注意床头灯的位置，灯罩接缝朝后；用干抹布擦去电话机及话筒上的灰尘及污垢，同时检查电话是否正常，电话线按规定绕放；用湿抹布擦净床头柜表面；检查“请勿在床上吸烟”牌、便笺纸、铅笔、电视遥控器等物品是否齐全，有无污迹或破损，用品摆放整齐有序；用干抹布擦拭床头柜控制板或各种开关，并进行检查，如有故障，应立即报修，并做好记录。⑩空调开关。用干抹布擦去空调开关上的灰尘，将空调温度、风速调节至饭店规定的刻度，并检查空调运行是否正常。

(9)补充房间用品。房间用品的补充要根据饭店规定的品种、数量及摆放要求进行定量定位。补充时应注意不要有遗漏，物品摆放要整齐，商标要正面朝向客人。

(10)吸尘。

1)先把吸尘器电线理顺，把吸尘器拿进房间后插上电源，再开机。

2)从窗前区开始，从里到外吸尘(有阳台的房间从阳台开始吸尘)。

3)吸地毯要按顺纹方向推把。

4)吸边角位时，可将吸嘴卸下，直接用吸管吸尘；有家具阻拦的地方先移动家具，吸尘后应及时复位。

5)吸卫生间地面时，要注意转换电动刷功能，使其适宜硬地面。地面有水的地方不能吸，防止因漏电而发生意外；吸尘时要注意把藏在缝隙内的毛发吸走。

(11)自我检查。观察一下家具物品是否摆放整齐，物品是否短缺，清洁工具是否有遗留在房内。如有不妥之处，及时处理。

(12)关闭房门,填写客房清扫报告表。取出插在取电盒上的钥匙,轻轻关上房门。然后在“客房清扫报告”(表 2-1)上填写进出房间时间、撤换补充物品数量、维修项目和备注等栏目。

表 2-1　客房清扫报告表

楼层__________　　　　姓名__________　　　　日期__________

房号	客房状况	时间	入住人数	大床单	小床单	枕套	面巾	大浴巾	小浴巾	脚巾	洗衣袋	拖鞋	牙具	香皂	浴帽	浴液	卫生纸	擦手纸	火柴	茶叶	备注
小计																					

加床________,婴儿床________,熨斗(板)________,加毛毯________,
电吹风________,电暖炉________,万能插座________,计划卫生________。

2. 住客房清扫程序

(1)清扫程序。走客房清扫一般是先撤床,再清理卫生间,这样可以让席梦思有一定时间透气,达到保养的目的;而住客房清扫一般要求先清理房间,再清理卫生间,这是因为住客可能回来,甚至带来访客,所以应先将房间整理好,使房间外观整洁,给客人以舒适感,这时服务员再清理卫生间，也不会有互相干扰之嫌。具体程序一般为：

1)进入客房。

2)观察房内情况。

3)整理器皿。

4)清理垃圾。

5)整理床铺。

6)房间抹尘。

7)补充房内用品。

8)清理卫生间。

9)吸尘。

10)自我检查。

11)关闭房门，填写客房清扫报告表。

(2)清扫过程中的注意事项。

1)客人在房内时。

①应礼貌问好，询问客人现在是否方便清扫房间。

②要求操作轻，动作敏捷，程序熟练，如客人有提问应礼貌应答，但不能与客人长谈。

③若遇到有来访客人，应询问是否继续进行清扫工作。

④清扫完毕，向客人致歉，并询问是否有其他吩咐，然后向客人礼貌道别，退出房间，面向客人轻轻地关上房门。

2)客人不在房间时。

①客人的文件、书报等不要随便合上，不要移动位置，更不准翻看。

②不要触摸客人的手机、手提电脑、钱包以及手表、照相机等贵重物品。女客的化妆品即使用完了，也不得将空瓶或纸盒扔掉。整理住客房的一个基本原则是：除放在垃圾桶内的垃圾外，即使是扔在地上的废旧物品，也只能替客人做简单整理，千万不要自行处理。

③抹衣柜、行李架时，注意不要将客人的衣物弄乱、弄脏，也不要挪动客人的行李，一般只要擦去大面积的灰尘即可。

④查看客人是否有待洗衣物，并仔细核对洗衣单，确认无误后，交送洗衣房。

⑤客人放在椅子上或床上的衣服，外衣可以将其挂入衣柜内，客人的内衣、睡衣则不得轻易翻动或挪动，尤其是女士的衣物。

⑥若发现房内有大量现金或贵重物品，服务员应及时通知领班，由大堂副理在保安人员及客房领班陪同下，将房门反锁，等客人回来后，由大堂副理开启房门，并请客人清点现金物品，提醒客人使用保险箱。

⑦对于客人所设计的空调温度、家具摆设等，应尊重客人需求，不必重新调整到饭店规定温度或位置。

3)客人中途回房。在清扫过程中，遇到客人中途回房时，应主动向客人打招呼问好，并请客人出示客房钥匙或房卡，确认是该房住客后，再向客人征求意见是否继续打扫房间。如未获允许应立即离开，待客人外出后继续进行清扫，离开时还应礼貌地向客人致歉；若客人同意，应迅速地把房间清扫好，退出房间时要面向客人轻轻地关上房门。

4)房间电话铃响。为了尊重客人对房间的使用权，避免不必要的麻烦，在清洁房间过程中,即使房内电话铃响也不应该接听,饭店总机可以为客人提供留言服务。

5)损坏或遗失客人的物品。进行住客房清扫卫生工作时应该特别小心谨慎,客人的物品尽量不要移动,必要时应轻拿轻放,清扫完毕要放回原位。如万一不小心损坏或遗失客人的物品,应如实向主管反映,并主动向客人道歉,根据具体情况,由客房部出面给予赔偿。

6)更换布草、茶具等用品。

①为减少洗涤量,降低对环境的污染,住客房清扫房间卫生时,一般不每天换床上布草或毛巾,饭店多用环保卡的方式提醒客人重复使用,因此只要将床铺或毛巾整理复原即可。若是长住客一般定期更换床上布草。如果客人有需要时则应立即更换。

②客人用过的茶杯、茶碟、茶壶、水杯每天都要更换,更换茶具时应尽可能使用托盘。但茶杯、水杯如有茶水、饮料等,最好不要更换。

③更换开水时,水温不得低于90℃,以便于客人沏茶、冲咖啡。客房用的暖瓶,每次灌水后,要用干抹布擦净,保持表面光洁。如果客房用的是电热水壶,则应经常更换新水,防止产生水垢,影响客人饮用。玻璃凉水壶换水后要盖好扣杯,水壶要定期清洗,保持玻璃透明,水质清新,符合饮用水卫生标准。

④客房摆放的水果盘、水果刀、糖盘等,应每日更换,保持清洁。在补充水果和茶包、咖啡时,应注意观察客人喜好,适量添加。

7)加床。如房内有加床,整理完毕后,应添一份客用品,不可遗漏。

3. 空房的清扫

客房服务员每天都要对空房进行简单的清洁保养,以保持空房良好的清洁状况,保证随时可以接待入住客人。具体程序如下:

(1)进房后首先检查房内所有电器设备,保证其运转良好。

(2)每天用干抹布擦拭家具上的浮尘,并检查家具的牢固程度。

(3)每天对卫生间内的水龙头试放水,以免时间过久水质浑浊。

(4)定期对空房进行通风和吸尘。

(5)检查房间有无异常情况,例如卫生间五巾是否因干燥失去柔软度,如有需要立即更换。

4."请勿打扰"房的清扫

当住客房间挂出"请勿打扰"牌或亮出"请勿打扰"灯时,服务员应先做好记录,不要去打扰客人。到中午12时,若仍挂着"请勿打扰"牌或亮着"请勿打扰"灯,就要了解一下客人是否确实仍在房内,以防客人实际已外出而忘记将此牌收回或消除指示灯。若到14:00后,服务员仍未见客人外出,应及时报告领班,并打电话到房间,礼貌询问是否需要服务。

5. 维修房的清扫

(1)服务员接到报修通知后,应立即到达指定客房。

(2)先检查维修的设施设备是否已完好。如果故障仍未排除,应马上报告领班进行登记,并再次报修。

(3)按正常清扫程序进行整理。

(4)整理完毕,应立即报告领班,以便检查后及时出租。

6. 贵宾房的清扫

(1)在日常清洁基础上,对客房设施设备进行全面彻底的清洁保养。

(2)铺床时应选用新的或较新的床单、枕套、枕芯、被褥等,并使用床裙,以显示接待规格高于其他普通客房。

(3)按照贵宾等级和接待规格的高低布置贵宾房,准备鲜花、果盘、糕点、欢迎信、总经理名片等礼仪物品。

(4)按照饭店规定的品种、数量补充全新的卫生用品。

7. 小整服务程序

小整服务的内容大致与夜床服务相似,主要是清理客人午休后的房间,重新整理床铺,必要时补充茶叶、热水等用品,使房间恢复原状。有的饭店还规定对有午睡习惯的客人,在其去餐厅用中餐时应迅速给客人开床(窗帘一般不能全部拉上),以便客人午休。

小整服务一般是为贵宾(VIP 客人)提供的。是否需要提供小整服务,以及小整服务的次数等,各饭店应根据自己的经营方针、房价的高低、客人身份的高低等做出相应的调整与规定。

五、夜床服务规程

夜晚服务又称“做夜床”或“晚间服务”,它包括做夜床、房间整理、卫生间整理三项内容。夜床服务是一种高雅、亲切的对客服务项目,主要作用是方便客人休息,整理干净以使客人感到舒适,表示对客人的欢迎和礼遇规格。我国三星级及以上的饭店都会向客人提供夜床服务,一般工作时间在 18:00—21:00。

1. 进房

(1)按进房程序进入客房。

(2)如客人在房内,需征得客人同意后方可进入,并礼貌地向客人道“晚上好”。如果客人不需要开夜床,服务员应在夜床表上做好登记。

(3)如发现房门挂着“请勿打扰”牌或房门反锁,服务员可以从门下塞入“夜床服务卡”(表 2-2),告诉客人:如需夜床服务,请致电客房中心。

表 2-2 夜床服务卡

尊敬的××客人: 因为您 □挂“请勿打扰”牌 □房门反锁 如果您需要我们开夜床,或任何其他服务,请拨“8”。谢谢! 房号: 服务员: 时间: 日 期:

2. 开灯

打开所有照明设备,并检查是否正常。

3. 拉上厚窗帘

注意窗帘的接口处是否闭合,窗帘挂钩是否完好。

4. 房间整理

(1)更换已用过的茶杯、水杯,清洗烟灰缸。

(2)倒清垃圾桶内的垃圾。

(3)擦拭家具并检查设施设备,如空调、音响、电视、灯光等。

(4)按规定位置放好报纸或其他物品。

(5)检查小冰箱饮料消费情况并入账。

(6)检查房内物品是否备齐,如有短缺应及时补充。

(7)若房间地毯特别脏,则需吸尘,若有大块垃圾及时捡拾。

5. 开床

(1)西式铺床将床罩拉下,折叠整齐,放在规定的位置;若是中式铺床则将床巾折叠后放到指定地方。

(2)将靠近床头一边的被子(西式铺床则将毛毯连同盖单一起)向外翻,按饭店规定折成一定的角度,如45°角或30°角,以方便客人就寝。

(3)拍松枕头并将其摆正,如有睡衣应叠好置于枕头上或床尾。

(4)按饭店规定在床头或枕头上摆放鲜花、晚安卡、早餐牌及赠品等。

(5) 在开床一侧地面上铺好垫脚巾,把拖鞋打开,放在垫脚巾上。

(6)标准间只住一位客人时,一般开邻近卫生间这一张床;如果客人已经睡过了某张床,就开睡过的这一张;如果在某张床上放了较多东西,就开没放东西的这一张。开床的方向都在床头柜方向。双人床睡两人时,两边分别开床;只睡一人时一般只开主床头柜一边即可。

6. 卫生间整理

(1)更换客人要求换洗的水杯、面巾等。

(2)洗脸盆、浴缸如已使用过,应重新清洗擦净。

(3)将防滑垫放置于浴缸内适中位置。

(4)将地巾平放在浴缸的正前方。

(5)将浴帘下摆放入浴缸内,并拉出1/3,避免客人淋浴时将水溅到地面,带来不安全隐患。

(6)关灯,将卫生间门虚掩。

7. 检查一下房内有无不妥之处

8. 关灯、关门

(1)除床头灯和走廊灯外,熄灭其他的灯并关上房门。

(2)如果客人在房内,应向客人致歉并道晚安后,面向客人轻轻地将房门关上。

9. 在夜床报表上做好工作记录

开完夜床后,应将未尽事宜或客人习性,记录于楼层工作日志上或客史档案上。若有重大事项,必须及时告知值班主管或当班办事员,切勿自行处理,以免造成服务失误,并做好工作车及工作间的清理工作。

知识拓展 2-7

客房清扫中应及时报告的情况和事项

◆ 发现住客房内有麻醉剂、针筒、管制器具一类的违禁物品。

◆ 外来人员出入住客房的人数过多或频率过高。

◆ 发现客人患有严重疾病。

◆ 在走廊或其他地方发现可疑的人或物品。

◆ 发现客人将宠物带入房间。
◆ 发现客人在房间内使用电器或烧香拜佛。
◆ 发现客房内的设备家具有缺损或故障。
◆ 在工作时无意中损坏了客人的行李物品。
◆ 发现客人退房后留下的遗留物品。
◆ 发现客房实际房态和工作表上的不符。
◆ 发现住客人数身份与已知的不符。
◆ 客人没有行李或行李很少的房间,或者客人外宿。
◆ 发现客房里有虫害。
◆ 客人对客房清洁保养情况和客房服务的评价,无论称赞或批评。

任务二:楼层客房周期性清洁保养

楼层客房周期性清洁保养,也称计划卫生,是指在客房日常清洁卫生的基础上,拟定一个周期性清洁计划,采用定期循环的方式,将客房日常清扫中不易清洁或不需每日清洁的部位进行彻底的清洁和维护保养,以保证客房的洁净舒适和家具设备的完好状态。

一、客房计划卫生的安排

计划卫生的项目及时间安排,各饭店要根据自身客房的设施设备情况和淡旺季进行合理的调配。同时,工程部也应借此机会对某些设备和家具进行彻底的维修保养。计划卫生安排方式主要有以下三种:

1. 单项计划卫生

由于人力安排以及客房出租率高低等因素的影响,客房清扫服务员日常清扫客房时只能有所侧重。因此,服务员在完成规定的客房日常清洁任务之后,领班通常会安排适当的单项计划卫生项目,以弥补平时工作的不足。

2. 房间周期大清洁

这是一项通过专人、专职负责的对客房卫生进行周期性地全面、彻底的清洁计划。因为仅凭单项的计划卫生较难维持客房的格调,因此应安排专人对客房卫生进行周期性的清洁,以确保客房始终处于整洁如新的状态,使客房的卫生质量始终达到和保持在较高水平。

具体做法是:一般以一个季度为一个工作周期,保证在一个周期内至少对全部客房完成一次周期性大清洁。

3. 年度性大清理

这种大清理不仅包括家具设备,还包括床上用品、窗帘、沙发等。这种大清理一个楼层通常要一周时间才能完全清理完毕,因此只能在淡季进行。清理前,客房部需和前厅部、工程部取得联系,以便前厅部对某一楼层实行封房,维修人员也可利用这个时期对设备等进行定期的检查和维修保养。

二、客房计划卫生的项目与周期

1. 客房计划卫生项目

哪些项目列为计划卫生项目以及计划卫生项目的多少,直接影响客房的清洁保养质量。

计划卫生与日常清洁保养有所区别，计划卫生项目是定期的或周期性的清洁保养工作，而日常清洁保养项目必须每天完成，否则就难以达到饭店客房的基本清洁卫生质量要求。因此，计划卫生项目不宜过多，也不能与日常清洁保养项目有过多的交叉。

(1)房间部分。房间计划卫生项目一般包括：清洁冷热水壶、冰壶；墙纸去渍、除尘与修补；掸蛛网；清洁空调回风、出风口；地毯边角、床底等处吸尘；家具后侧除尘；清洗阳台、抹阳台门；翻床垫；洗涤毛毯、窗帘与床罩；地毯清洗；吸洗沙发及坐椅；冰箱除霜；电话机消毒；刷洗床头板；清洁垃圾桶；电视机上蜡；擦房号牌及房内铜制品；家具文件夹打蜡等。

(2)卫生间部分。卫生间计划卫生项目一般有：清洗出风口、换气扇；清洗灯箱；清洗恭桶水箱；刷洗浴缸下水口及活塞、浴帘；刷洗面盆下水口及活塞；刷洗卫生间四壁；洗刷卫生间地面；擦洗卫生间不锈钢制品；大理石台面上蜡等。

(3)楼层公共区域。饭店楼层公共区域周期清洁保养工作可根据不同设备、面层材料的要求，参照客房来做。

2. 客房计划卫生周期

根据饭店的规模、档次、经营情况，客房清洁保养计划周期一般有一周、一月、一季度或半年、一年不等。

三、客房计划卫生的实施与控制

1. 准备好清洁设备和清洁剂

在做计划卫生工作前，应根据具体工作内容准备好清洁设备，如洗地毯机、水桶、玻璃刮、鸡毛掸等，同时准备好各种清洁剂，如地毯清洁剂、除渍剂、家具蜡、酒精等。

2. 采用分区包干的方法

通常楼层服务员都相对固定地负责某一楼层或某一区域的客房及公共区域的清洁保养工作，因此该区域计划卫生也应由该服务员负责包干。

3. 计划卫生的质量控制

(1)科学合理地确定计划卫生清洁保养周期。各计划卫生项目由于其被污染的程度有快有慢，清洁间隔的时间要求也就不尽相同。客房部应根据自身实际情况，合理安排计划卫生项目及其周期，如制定每周计划卫生、每月计划卫生项目等，并严格贯彻实施。

(2)安排好计划卫生工作。将客房的周期性计划卫生安排表(表2-3)贴在楼层工作间的告示栏内或门背后，楼层领班还可每天在服务员清扫报告表上注明当天要做的计划卫生项目，以便安排与督促服务员在完成一天的日常清理工作后，再完成当天的计划卫生任务。服务员在每完成一项计划卫生工作，并接受领班检查后，在表格内填上完成的日期并签名。

(3)做好检查记录工作。领班根据本楼层计划卫生安排表进行监督、检查。客房中心或客房部办公室可根据计划卫生项目的完成情况，绘制成部门计划卫生一览表，显示各楼层计划卫生完成状况，以引起各楼层人员和管理人员的重视。

4. 注意安全

客房计划卫生中，有不少是需要高空作业的，如清理通风口、玻璃窗以及天花板等。因此在清洁高处物体时，应使用脚手架或高架车，尽量不要使用普通凳子，并系好安全带，加强安全措施，防止事故发生。许多饭店还聘请专业清洁公司对这些高空作业项目进行清洁保养，以保安全。

表 2-3 客房计划卫生安排表

楼层________ 日期安排________

姓名/日期/房号 \ 项目	地毯	墙面	卫生间	家具	窗户	小酒吧	备注

任务三：客房消毒

消毒和除虫害是饭店清洁卫生工作的一项重要内容，是预防疾病流行和确保客人健康的有效措施。在客房的清洁工作中，每位员工必须明确客房日常消毒要求，掌握消毒的基本方法。

一、客房日常消毒要求

1. 房间

(1)每天进行通风换气和日光照射。

(2)定期用紫外线或其他化学消毒剂杀菌和灭虫害。

(3)遇到特殊情况(如住客患传染病或死亡)，应及时进行消毒。

2. 卫生间

卫生间的设备用具极易沾染细菌，因此卫生间必须每天彻底清扫、定期消毒，保持清洁。

(1)每换一位住客，卫生洁具必须进行严格消毒。

(2)定期在地面喷洒杀虫剂，特别要注意对地漏及下水管道等处的喷洒。

3. 杯具

(1)客房内用过的杯具须每日一换，并送楼层消毒间进行严格的洗涤消毒。

(2)楼层应配备消毒设备和用具。

4. 其他客房用品

(1)床单、枕套及卫生间五巾在洗涤过程中应按规定进行严格消毒。

(2)其他客房用品要求完好、无污渍、无污染,密封包装。

5. 客房工作人员

(1)严格实行上下班更换工作服制度。

(2)清扫房间时,双手应尽量少触摸物品,特别是茶水杯具等经过严格消毒的物品。

(3)清理卫生间时,应戴好胶皮手套。

(4)每天上班前与下班后用肥皂清洁双手,并用消毒剂对双手进行消毒。

(5)定期检查身体,防止疾病传染。

二、客房消毒的基本方法

1. 通风与日照法

(1)室外日光消毒。利用阳光的紫外线作用可以杀死一些病菌,例如定期翻晒床罩、毛毯、枕芯、床垫与被褥等,既能起到消毒作用,又可使其松软舒适。

(2)室内采光。室内采光是指让阳光通过门窗照射到地面,以杀死病菌。例如,冬季有3小时日照、夏季有2小时日照,即可杀死空气中大部分致病微生物。

(3)通风。通风既可以改善空气环境,又可以防止细菌、螨虫等孳生。因此,在清扫客房时应打开窗户和房门,使房内空气对流,达到通风的效果。

2. 擦拭消毒法

服务员清扫完客房后,可定期用化学消毒溶液擦拭客房家具设备。例如,用10%浓度的碳酸水溶液或2%浓度的来苏水溶液擦拭房间家具设备,消毒完毕后,紧闭门窗约2小时,然后开窗通风,即可达到消毒目的。

3. 喷洒消毒法

为防止对人体肌肤的损伤,有时可采用喷洒的方法进行消毒。例如,用浓度为1%～5%的漂白粉澄清液对房间的各个死角进行消毒,或用空气清新剂、消毒剂进行喷洒。

三、杯具消毒的常用方法

1. 高温消毒法

主要有两种:一是煮沸消毒法,将洗涤干净的杯具放在100℃的沸水中,煮15～30分钟即可,此法适用于瓷器,但不适合玻璃器皿;二是蒸汽消毒法,将洗涤干净的杯具放到蒸汽箱中,通常蒸15分钟即可达到消毒的目的,瓷器和玻璃器皿都适合此种消毒法。

2. 干热消毒法

客房楼层常用的消毒柜多属此类。操作程序是将洗涤干净的杯具放入消毒柜,将温度调到120℃,时间为30分钟即可。

3. 浸泡消毒法

浸泡消毒法一般适用于杯具的消毒。使用浸泡的方法消毒,务必把化学消毒剂溶解,同时严格按比例调制好,才能发挥效用。浸泡消毒的操作方法是:将杯具用洗涤剂洗刷干净后,放入消毒溶液中浸泡一定时间(不同消毒液要求的浸泡时间有所不同),再用清水冲洗干净并擦干即可。擦拭时,必须使用干净并经过消毒的杯布。

知识拓展 2-8

将客房床单消毒进行到底
——一个建议引发一场革命

“花费近30万元，在集团所属各饭店全面推行床单臭氧深层消毒器，让宾客住得安心、睡得放心，我感到值！”这是衡山集团总裁吴怀祥在近日召开的“推行床单深层消毒，筑起饭店新防线”新闻发布会暨床单臭氧消毒器现场展示会上所讲的一番话。

一个建议引发的思考：2003年SARS期间，上海市旅委饭店管理处在一次对扬子饭店的检查中认为，饭店的应急预案很全面，各项措施落实到位，已在黄浦区饭店行业推广，并建议饭店把消毒工作再延伸一步，努力破解枕芯、被褥消毒的难题。是啊，长期以来床上用品的清洁与消毒一直是饭店业的“软肋”，但又找不到解决问题的办法。

带着这个问题，他们将客人使用过3～6个月的枕芯、被褥作样品送预防医学研究院化验，检验出包括革兰阳性杆菌、克氏杆菌、表皮葡萄球菌、真菌等九种细菌，经感染性疾病专家鉴定，样本细菌数量足以致病。虽然饭店每天为客人更换清洁的枕套、被套及床单，但被污染的枕芯、被褥、床垫由于得不到及时有效的消毒，再加上服务员铺床程序中的二次污染，这些带病原体的床上用品成为对客人及服务人员身体健康的潜在威胁。面对化验报告他们意识到，对于企业来说，追求利润在情理之中，但是在从社会获取利润的同时，以好的产品、服务来回报社会同样是企业的责任，只有这样，才能真正赢得消费者的信任，赢得社会的尊重。尤其是SARS后宾客对卫生要求更高了，经常会有客人询问，饭店的客用品“干净吗”、“消过毒吗”？饭店清洁卫生的程度已成为客人满意的关键因素之一，确保客人住店安全应该是全面的，包括卫生安全。作为一个具有社会责任的企业不应该回避这一难题，而应千方百计加以解决。

一次谈话破解难题：因紫外线只能解决表层消毒，操作也很不方便，而且它本身对服务员眼睛及布草都会有伤害。怎么办？一位同事无意中谈起她去探望生病住院的母亲，看护士用一种机器消毒病床。听到这个消息，他们迅速派人到医院了解情况，之后又到市场上寻找类似的相关产品，最终引进一台医用床单臭氧消毒器。这种医用床单臭氧消毒器，专门用于枕芯、被褥、床垫等床上用品的深层消毒。该消毒器体积小，使用方便，随时随地可以对消毒物品进行消毒处理，它既可以单通道或双通道处理一张床位，也可以利用左右通道同时处理相邻两张床位。这一高科技产品，采用高浓度臭氧气体发生装置，以半封闭增压渗透的方式，对消毒灭菌、降低交叉感染率起到良好效果，经检测消毒后可以杀灭90%的病原体。

在试用过程中，客房服务员意外地发现，不仅床单得到深层有效护理，而且室内空气也变得清新自然，消除了由于空气流通不足而造成的异味。原来臭氧是强氧化剂，消毒又是在半封闭状态下进行，有一部分臭氧泄漏到客房空气中，对空气进行了“消毒处理”，在对床单深层消毒的同时，房内空气也好似经历了一场“森林雨”。入住宾客普遍反映经过深层消毒后的客房，空气清新，棉被松软，让他们整晚睡得安心、舒心。重庆的一位人大代表目睹了深层消毒过程后，当即肯定地回答下次还会选择扬子饭店入住。当初还担心因增加客房服务员工作量可能会遇到阻力，没想到服务员感到使用该机器后工作环境得到改善，纷纷争着使用。

2003年9月底，集团总裁特意到饭店听取服务员及客人意见，认为床单深层消毒对客房卫生消毒工作是场革命，决定在集团所属饭店推广使用，并把“床单深层消毒”程序修订进《衡山集团饭店管理模式》，成为全国首家引进医用消毒器的酒店集团。

思考与练习

1. 做房前有无必要做些准备工作？如有，应从哪些环节做起？

2. 在清洁保养过程中根本没必要掌握清扫方法和程序，每位员工只要达到清扫要求即可，完全可根据自己的爱好特点任意发挥，对此观点你有何看法？

3. 如果你所负责的客房区域有两个房间的客人几乎同时要求“请即打扫”，你该怎么办？

4. 作为一家淡旺季不是十分明显的商务型旅游饭店的客房部主管，你如何设计本部门的客房清扫顺序？请说明理由。

5. 试分析走客房、住客房在日常清洁保养中的异同点。

6. 请设计一份客房夜床服务的服务规程。

7. 做一个客房计划卫生安排表，并简单介绍操作方法。

8. 客房常见的消毒工作有哪些？为什么要重视客房消毒工作？

项目四 公共区域清洁保养

案例导入

饭店公共卫生间清洁员是再平凡不过的岗位，但是北京昆仑饭店公共卫生间的汤少明老师傅的服务却得到了中外宾客的一致赞扬。中外宾客在昆仑饭店上卫生间真是一种享受。进门，汤师傅对不同的客人能用中、英、日文进行亲切微笑问候。客人方便后，汤师傅会在适当时间及时将水龙头打开，并根据中、美、欧、日等客人喜好凉热的不同习惯，将水温调好请客人洗手，随后递上小毛巾供客人擦手。有时客人肩上有头皮屑时，汤师傅会帮忙轻轻掸去，让客人保持潇洒的绅士形象。有的客人在卫生间醉酒呕吐后，汤师傅马上帮助搀扶防其摔倒，帮助擦拭衣服，清除污物。当客人离开卫生间时，汤师傅会为客人适时拉门并送上愉快的祝福。有些客人到昆仑饭店会客办事时专门要到大堂公共卫生间方便一下，就是为了享受一下汤师傅不同一般的服务。汤师傅15年如一日，在平凡的岗位上做出了不平凡的事迹，获得了“全国旅游行业先进工作者”、“北京市劳动模范”等一系列光荣称号。在汤师傅的带动下，公共卫生间的服务成为昆仑饭店的优秀服务品牌之一。在女卫生间服务的刘文珍师傅也经常收到客人的表扬信。有的客人扣子掉了或者衣服开线了，刘师傅会热情地帮助钉上，以避免客人的尴尬。女客人有时突感身体不适，又没有带卫生用品，刘师傅会马上雪中送炭，帮助解决燃眉之急。冬天有的客人手套丢了，刘师傅会将自己的借给客人使用。在公共卫生间的各位师傅还经常在卫生间捡到高额现金、名贵手表、新款手机、手包等，都想方设法还给客人。有的客人不小心将钱包、钥匙等物品掉在恭桶里，他们会立即用手将客人物品捞上来，洗刷干净交给客人。为此，以汤师傅为代表的昆仑饭店公共卫生间的对客服务赢得了各种荣誉，收到了宾客无数封感谢信。

分析：公共卫生间的服务对象非常广泛，客流量大，随机性强。而公共卫生间又是客人最挑剔的地方，如果有异味或者不够整洁，会给客人留下不良印象。同时，不仅卫生要做好，服务也应有特色，这样才能让客人称道。昆仑饭店的公共区域卫生间是闻名京城的服务品牌，服务员不但为宾客做好基本的清洁卫生工作，而且提供了超值服务，他们的服务态度和服务精神值得发扬光大。公共卫生间服务员是一个不起眼的岗位，有些人甚至还看不起这个岗位，不愿意在这个岗位工作，但这又是一个非常重要的岗位，是体现饭店管理水平的岗位。在公共卫生间服务的员工见到客人要微笑问好，主动服务，要能够不怕脏、不怕累，细心观察，热心服务，要能够为宾客解决相关的困难和问题，体现出个性化的特色服务和超值服务。

公共区域作为饭店的重要组成部分，客人往往会依据其对饭店公共区域的感受来评判饭店的服务质量和管理水平。因此，公共区域的清洁保养水准反映了一个饭店管理的专业化程度，直接影响着整个饭店的对外形象。同时，由于公共区域涉及的设施设备众多、投资大、技术性强，其清洁保养工作直接影响到饭店的正常运行和设施设备的使用寿命。所以，做好公共区域的清洁保养工作，对树立饭店良好形象、提高公众美誉度、降低运行成本开支等具有重要意义。

任务一：认识公共区域清洁保养工作

一、公共区域的概念

饭店公共区域(public area，简称 PA)，是指除客房和厨房以外的饭店范围内的公众共有共享的所有区域。通常，人们习惯上把饭店的公共区域分为室内和室外两个部分。室外公共区域又称为饭店外围，包括外墙、花园、前后门广场及停车场等。室内公共区域又分为前台和后台两个组成部分，前台区域是专供宾客活动的场所，如前厅大堂、餐厅和酒吧、娱乐区域、客用电梯、客用卫生间、会议室等；后台区域即为饭店员工划出的工作和生活区域，如行政办公区域、员工更衣室、员工浴室、员工餐厅、培训教室、员工活动室、员工倒班宿舍等。饭店客房部一般都设有公共卫生组，专门负责公共区域的清洁保养及绿化养护工作。

二、公共区域的业务特点

作为统管整个饭店公共区域清洁保养任务的公共卫生组，由于其管辖范围广、社会影响面大、对客服务质量要求高等业务特点，决定了公共区域管理工作的艰巨性和挑战性。

1. 众人瞩目，要求高、影响大

公共区域是属于公众共有共享的空间，也是饭店客流量最大的地方。任何人只要到饭店来，就必然会经过公共区域，可以说公共区域是饭店的门面。很多人对饭店的第一印象就是通过饭店的公共区域获得的，这种印象会直接影响他们对饭店的评价和今后的选择。例如，有些人原计划到饭店住宿或用餐，但如果进入饭店后看到大厅不够整洁，设备损坏，用品摆放凌乱，就有可能联想到客房和餐厅的情境。在这种情况下，除非迫不得已，一般不会选择继续在此住宿、用餐或进行其他消费。所以，饭店必须高度重视公共区域的清洁保养工作，并以此为饭店增光添彩，增强饭店对社会公众的吸引力和美誉度。

2. 范围广，情况复杂多变，任务繁重

饭店公共区域涉及范围广，岗位分散。室内室外、前台后台，除了客房和厨房外，都属于公共区域。而且公共区域宾客活动频繁，环境不断变化，给清扫工作带来诸多不便。因此，公共区域的清洁保养工作任务繁重，工作难度大，工作时间不固定，而且有些工作难以预见和计划，如活动安排和天气变化都可能带来额外的任务，造成清洁保养质量不易控制。

3. 专业性强，技术含量高

饭店公共区域的清洁保养工作，尤其是其中一些专门性工作，与其他清扫活动相比，专业性较强，技术含量较高，工作中所使用的专业设备、工具、用品繁多，员工必须掌握比较全面的专业知识、熟练的操作技能和丰富的工作经验，才能胜任此项工作。而由于各种原因，很多公共区域服务员年龄偏大，文化程度偏低，缺乏专业技术能力，员工流动率过大，给清洁保养工作带来很大困难。

因此公共区域服务员在日常工作中必须有强烈的责任心，工作积极主动，再加上管理人员适时的巡视督导，才能做好清洁保养工作。

三、公共区域清洁保养质量标准

优质的公共区域清洁保养水平，可以营造出饭店整洁、高雅、舒适、怡人的服务环境，不仅可以为宾客创造一个高品质的工作和生活场所，更体现了一个饭店管理专业化程度的高低，所以清洁保养工作的好坏直接影响着饭店的形象、氛围以及经济效益。根据旅游饭店星级标准对清洁保养的要求可以看出，无论饭店星级档次高低，对清洁卫生和维修保养的要求都是比较高的。

公共区域清洁保养并无统一的衡量标准，主要根据各个饭店的星级档次、设施设备配置条件、各区域不同的活动特点等具体状况，列出相关部位，如大堂、餐厅、酒吧、公共卫生间等所有项目各自的清洁保养标准，以便员工操作和各级管理人员对照检查。

知识拓展 2-9

公共区域清洁保养的基本标准

◆ 前厅大堂清洁保养标准

➢ 天花板无破损、无裂痕、无脱落；无积尘、无水迹、无蛛网。

➢ 墙面平整、无破损、无开裂；无污渍、无灰尘。

➢ 地面无破损、无变色、无变形；无异味、无明显污渍及脚印。

➢ 沙发稳固、完好，无变形、无破损；洁净、无污渍，坐垫平整，茶几上无客人遗留的废弃物。

➢ 铜器光亮，无手印、无积尘、无铜锈。

➢ 烟筒、烟缸完好无损；烟筒内废纸等垃圾不超过筒量的1/2，烟缸内不得有两个以上烟头存在。

➢ 盆景、花槽无枯枝败叶，修剪效果好；无烟头，无纸屑，盆架无灰尘。

➢ 电话机(电话簿)完好、有效、齐全、无破损、无污渍。

➢ 地毯完好、无损；地毯上无牙签、纸屑、痰迹，无局部明显污渍；无明显沙砾。

➢ 大堂装饰无破损、无积尘。

➢ 踢脚线无破损、无污渍、无灰尘。

➢ 总台和各种设备有效、无破损；无污迹、无灰尘。

➢ 大堂休息处整齐、布局合理；干净。

➢ 公共阅览处完整、有效、无破损、整齐；干净。
➢ 客用品完好无损；无污迹、无灰尘。
➢ 电脑终端（含打印机）快捷、准确；无污迹、灰尘。

◆ 餐厅和酒吧清洁保养标准

➢ 餐厅标志规范完整、无退色、无变形；无污迹、无灰尘。
➢ 门无破损、无变形、无划痕；玻璃明亮、无灰尘。
➢ 窗户及窗帘无破损、无脱落、无变形、无划痕；无灰尘。
➢ 天花无破损、无裂痕；无污迹、无蛛网、无灰尘。
➢ 楼梯完整、无破损；无污迹、无灰尘。
➢ 灯具完好、有效；光亮、无尘。
➢ 地面平整、无破损；地毯无卷边、无变形、无油渍、无污渍，清理干净；大理石地面保持光亮；木地板定期打蜡保养，保持洁净；地砖地面定期清洗，保持光亮。
➢ 各类花木无枯枝败叶、修剪效果好；无灰尘、无异味、无虫害。
➢ 艺术品、装饰品品味高雅、无破损；无灰尘。
➢ 家具稳固、完好、无变形、无破损、无烫痕、无脱落；家具、餐椅无污迹、无灰尘；铜及电镀制品光亮，无污迹。
➢ 吧台、柜台表面光洁、无污迹。
➢ 空调回风口及通风设备有效、无破损；无污迹、无灰尘。
➢ 空气清新、无异味。
➢ 客用品完好、无破损；无污迹、无灰尘。
➢ 菜单、宣传品规范、美观、清晰；无污迹、无灰尘。

◆ 电梯、楼梯、存衣处、走廊等公共场所清洁保养标准

➢ 电梯平稳、有效、无障碍。
➢ 门无破损、无变形、无划痕；玻璃光亮、无手印、无灰尘；电梯内无废纸、烟头等垃圾。
➢ 天花无破损、无裂痕、无脱落；无污迹、无蛛网、无灰尘。
➢ 墙面平整、无破损；无污迹、无灰尘。
➢ 灯具完好、有效；无污迹、无积灰。
➢ 家具、用具稳固良好，无变形、无破损、无烫痕、无脱落；无污迹、无灰尘。

◆ 公共卫生间清洁保养标准

➢ 地面平整、无破损；干净、光亮、无污迹、无异味。
➢ 镜面完好、明亮、无磨损；无污迹、无灰尘。
➢ 镜灯灯箱无破损；无积尘。
➢ 便池完好、无锈迹；无杂物，无烟头。
➢ 恭桶无污迹；盖板无脱落；水箱开关灵活；水箱无漏水，下水通畅。
➢ 厕位隔板无字迹，无污渍；门锁完好；手纸架完整无锈迹。
➢ 洗脸台完好、无磨损；无水迹、无毛发；水龙头无霉斑；皂盒无污迹。
➢ 皂液分配器完好、有效；无污迹。
➢ 干手器完好、有效；无污迹。
➢ 空调回风口、出风口有效、无破损；无积尘。

➢ 地漏无杂物、无毛发。

➢ 卫生间标志牌无脏迹；镜灯灯箱无灰尘。

➢ 女士卫生间应有专用卫生袋。

◆ **走廊通道清洁保养标准**

➢ 地面、天花、墙面、灯具：走廊地面、天花、墙面、灯具的清洁保养标准与前述电梯、楼梯、存衣处、走廊等公共场所相同。

➢ 烟缸：烟缸每天擦拭、清理，做到完整、无破损、无灰尘、污迹，保持表面光洁、明亮。

➢ 走廊通道上的其他物品，如指示牌、指示灯、楼道门、消防设施等保持完好、有效、无故障、无破损，各种物品上无污渍、印迹、积尘等。

◆ **工作间、茶水间、消毒间清洁保养标准**　有的饭店在客房楼层单独设有工作间、茶水间、消毒间，也有的饭店将茶水间、消毒间合并在一起，而与工作间分开，或将三者合在一起。楼面工作间、茶水间、消毒间应每天清理，做到物品摆放整齐、规范，工具用品良好、有效、安全、无破损，天花、墙面、地面做到平整、无脱落、无裂缝、无灰尘、无蛛网、无水印，亦无积水、堵塞、滴漏现象。

任务二：熟悉公共区域清洁保养规程

一、公共区域清洁保养的准备工作

1. 安排好清洁保养时间

日常清洁可在营业时或客人活动的间隙进行，而彻底的清洁保养则应在营业结束后或基本无客人活动时进行。

2. 领取工作钥匙和有关的工作报表

清扫前，服务员应先到客房中心或客房部办公室签名领取相关公共区域如餐厅、酒吧、商场、康乐场所、行政办公室等处的工作钥匙和有关的工作报表，同时应听取领班对当天工作任务的安排和要求。

3. 准备好清洁剂和清洁器具

(1)清扫公共区域卫生前，应先根据不同的清洁区域和清扫任务，准备好相应的清洁设备和各种清洁工具。

例如：清洁高处卫生，应准备好梯子、高架车等清洁工具或设备，使用前先检查是否完好、有无损坏；清洁地面卫生，应准备好吸尘器、洗地毯机、打蜡机、拖把、尘推等；清洁其他场所的卫生，应根据情况准备好玻璃清洁器、抹布、胶皮手套、扫帚、畚箕等。

清洁器具应保持干净、完好、无故障，若发现机器设备有漏电等异常现象，不得使用并应及时报修。

(2)根据被清洁对象的化学特性及要求，准备好各类清洁剂，并按规定进行稀释，盛放在一定的容器内。

4. 做好清洁区域场地的准备工作

清扫公共区域前，应根据清洁任务的不同要求，对场地做好准备工作。

(1)地毯吸尘前，应先把家具挪开，等吸完尘再复位，以确保吸尘效果。

(2)清洗地面前，应先把家具搬开，等清洗完毕，地面干燥后(地面应吸完尘)，再把家具复位。

(3)若清洗地毯,应先除去地毯上的污渍;若清洗硬质地面,应先吸尘;硬质地面打蜡前应在场地上放好告示牌,告知客人注意行走安全。

二、大厅的清洁保养

大厅几乎没有休息的时候,需要日夜不停地清洁保养。大量的过往客人和短暂停留会不断带来尘土、足迹、烟灰烟蒂、糖果纸屑等,同时又会给每一位新来的客人留下至关重要的第一印象。

1. 大厅日常清洁保养

服务员应准备好当班的各种清洁设备、用品、清洁剂和需补充的客用品,检查清洁设备是否工作正常。通常大厅清洁员必须做以下三件事:倒烟灰、整理座位和除尘。如大厅内有水池,还应及时清除池中的垃圾杂物。服务员应及时且不易为人察觉地不断重复上述工作。有些在营业高峰期间不便做的工作,通常安排在客人活动较少的夜晚或清晨,如:吸尘、洗地、抛光打蜡、清洁立式烟灰筒、彻底清洁家具、墙面去渍、设备维修等。

2. 大厅公共区域每周一次的清洁工作

(1)清洁电话间和电话亭。

(2)木质家具打蜡上光。

(3)清洁窗台。

(4)百叶窗吸尘。

(5)用装有长吸管的吸尘器对天花板通风口除尘。

(6)对装有清洁缝隙设备的吸尘器对踢脚线吸尘。

(7)大厅地面清洁并打磨抛光。

(8)擦拭应急灯等设备。

(9)清理各处卫生死角。

(10)擦拭大门玻璃和门框。

(11)擦拭绿色植物叶面上的灰尘。

3. 大厅公共区域每月一次的清洁保养工作

(1)对软面家具和窗帘进行吸尘,如灰尘堆积快,则根据需要调整次数。

(2)对灯座和各种铜质标牌、路标、指示牌进行打蜡抛光。

(3)干洗休息区的地毯。

(4)窗户每月轮洗一次,平时若有脏迹及时清洁。

(5)对门、柱及门锁进行除尘。

(6)对公共区域墙面进行清洗。

(7)走廊灯、吊灯、顶灯的清洁。

(8)金属、石料的清洁打蜡。

4. 大厅公共区域每季度(或视需要)的清洁保养工作

(1)软面家具的彻底清洗。

(2)窗帘、帷幕灯的清洗。

(3)湿洗地毯。

(4)其他。

以上清洁卫生的间隔周期、项目内容应根据各饭店人员配备、客流频率、环境卫生等因素而定,并非固定不变。

5. 大厅清洁保养注意事项

(1)在操作过程中,应根据实际情况,适当避开客人逗留区域,待客人离散后,再予以补做。客人进出频繁和容易脏污的区域,要重点拖擦,并增加拖擦次数。

(2)遇雨雪天气,要在大堂进出口处放置尼龙防尘地垫,并设置"小心防滑"的告示牌,并适当增加清洁次数,以防客人滑倒。同时及时放置伞架,准备雨伞袋,防止将雨水带入大堂区域,给客人带来不安全的隐患。

(3)门厅及大堂入口区域应设专人除尘,随时擦除人们进入时的脚印、沙砾和灰尘。

(4)门厅及大堂地面多为花岗岩、大理石、水磨石、瓷砖、聚氯乙烯地板材、橡胶类地板材或地毯,应根据不同材质,采取不同的清洗方法。

(5)不锈钢、铜、铝合金等装饰,如柱子、扶手、标牌等,容易受腐蚀,擦拭时要选用专用清洁剂、保护剂,不能留下划痕。

三、客用电梯和自动扶梯的清洁保养程序

与大厅一样,电梯也是使用频繁、需要经常清理的地方。饭店电梯一般有客用电梯、员工电梯、行李电梯及货运电梯几种,其中以客用电梯的清洁最为重要,要求也最为严格。

1. 客用电梯

(1)清洁电梯时要停靠在客人进出较少的楼层,以免影响客人和增加噪声。

(2)用玻璃清洁剂擦拭电梯轿厢内玻璃和镜面。

(3)对电梯轿厢内的墙面进行抹尘和除污。

(4)对电梯的不锈钢门和框进行抹尘和上光。

(5)擦拭电梯内的广告箱牌。

(6)对电梯按钮和楼层指示灯用酒精擦拭、消毒,发现字迹不清或缺少时要及时更换或补充。

(7)对电梯内地毯进行吸尘,对石材地面进行擦拭、除尘和保养。

2. 自动扶梯

大型饭店里自动扶梯的清洁工作一般安排在晚间进行。必须及时除去粘附在楼梯台阶上的油渍与口香糖胶,对自动扶梯缝隙中的油渍和污渍进行清洁。扶手应无灰尘无污迹,玻璃灯罩应擦亮。自动扶梯的金属部分和玻璃墙用专用清洁剂擦净。

四、公共卫生间的清洁保养程序

1. 公共卫生间日常清洁程序

(1)检查洗手间设备有无损坏,如有应及时报修。

(2)倒空所有垃圾桶内垃圾,换上干净垃圾袋。

(3)抹净台面、地面及恭桶上的水迹。

(4)擦亮镜面和水龙头等镀铬件。

(5)补充用品,如洗手液、小方巾、面巾纸、衣刷、卫生卷纸、梳子、针线包等,视情况替换

鲜花盆栽。

2. 公共卫生间彻底清理程序

(1)检查洗手间灯光和换气扇是否工作正常。

(2)倒空所有垃圾桶,换上干净垃圾袋。

(3)放水冲净恭桶、便器等,倒入适量清洁剂。

(4)对高处的物体或表面进行除尘、除渍。

(5)清洁洗手盆。倒上或喷上清洁剂,擦拭洗手盆内壁,然后放水冲净、抹干,不留水迹。

(6)用柔软的平纹抹布擦净、擦亮镜面、金属器件。

(7)清洗恭桶。用长柄刷擦拭恭桶内壁;用经消毒剂浸泡的抹布擦拭恭桶座圈、盖板、外壁、水箱,再洗净、抹干。

(8)配齐物品,如洗手液、小方巾、面巾纸、衣刷、卷纸、梳子、针线包,女用卫生间还应配好卫生袋。

(9)拖净或擦净地面,使地面无水迹,无污渍。

3. 注意事项

(1)服务人员要注意自身保护,作业时必须戴好防护手套或口罩,预防细菌感染,防止清洁剂损坏皮肤;中间休息或工作完毕后,应使用药用肥皂洗手。

(2)清洁卫生间应使用专用的设备用品,使用后应定期消毒,与其他清扫器具分开保管。

(3)作业时应在现场竖立"小心地滑"告示牌,以便客人注意并予以配合。

(4)注意卫生间的通风,按规定开关换气扇或窗户。

(5)五星级饭店的公共洗手间,除了做好清洁保养工作外,还可以配备专职公共洗手间服务员,为客人提供更周到服务。一般要求服务员主动向客人问好,当客人洗手时,为客人打开水龙头,调好水温,并向客人提供洗手液,客人洗完手后及时递上小毛巾。客人用过的恭桶便器应及时冲洗干净,客人离开时帮助拉门,使用适当的告别语言。

五、餐厅的清洁保养程序

1. 工作程序

(1)准备好工作所需的各种清洁设备、用品、清洁剂,检查吸尘器工作是否正常。

(2)吸尘之前,应先将每张餐桌周围较大的碎块捡去,以免损坏吸尘器,再对餐桌周围进行吸尘,并利用吸尘器的附件——扫尘刷吸除餐椅上残留的碎屑、灰尘和食物碎块。

(3)用湿抹布蘸上多功能清洁剂,擦洗窗台或其他物体的表面、餐桌台柱、金属表面、通风口等。

(4)用适当的清洁剂清洗墙面、座位、酒吧的高脚凳和吧台贴面。

(5)擦净餐厅内的柜台和吧台面。

(6)清洁电话机。

(7)将金属质的椅子去尘和擦亮;将油漆过的木质椅子擦净。每晚将若干张椅子上光擦亮,这样一周之内餐厅里所有的椅子就可以轮流上光完毕。

(8)将吧台的搁脚横条和金属装饰擦净、擦亮。

(9)用经过化学方法处理的抹布对椅子上的木质部分的污点予以除去。

2. 注意事项

(1)餐厅每次营业结束后,在确认已无客人用餐的情况下,公共区域清扫员才可以进入餐厅进行清洁保养工作。工作前先检查各种设备,如有问题应及时报修。

(2)吸尘前要先将地面的较大块碎屑、牙签等捡拾干净,以免损坏吸尘器,吸地毯时要特别注意餐桌周围和桌椅下面的情况。

(3)每餐营业结束后餐椅上都会留下用餐者的手印,椅腿上容易留下皮鞋油的油迹,椅面上也会掉上渣物等,清扫员都要擦拭干净。

(4)餐桌附近的墙面,在客人用餐时极易溅上菜汁、油点等,特别是火锅餐厅,墙面更易污染,因此每餐后都要及时擦拭。

(5)对墙面上的纤维织物,用肩背式吸尘器的缝管吸尘特别有效。

(6)及时擦去柜台和吧台上的饮料果汁,保持干净整洁。

六、多功能厅、会议室的清洁保养程序

(1)准备好工作所需的清洁设备、用品、清洁剂,检查吸尘器工作是否正常。

(2)检查多功能厅、会议室的设施设备,有故障及时报修;检查座位等处是否有客人遗留物品存在,如有,及时通知客房中心。

(3)对地毯进行吸尘、除渍,必要时进行清洗。

(4)擦拭墙面、墙沿和灯具。

(5)擦拭所有的桌椅。

(6)擦拭所有的门窗和玻璃,并检查窗帘轨道是否灵活有效,定期清洗窗帘。

(7)定期清洗吊灯、顶灯,保持灯具清洁。

(8)清洁空调出风口。

(9)清倒垃圾。

其他公共区域如商场、歌舞厅、棋牌室、桑拿浴室、网球场、乒乓球室等康乐区域,其日常清洁工作一般由各营业点自行承担,由公共区域组负责其彻底清洁保养,根据其营业时间和地面材质等不同分别进行。

七、走廊、通道的清洁保养程序

(1)白天应不停地循环清扫地面,将地面推擦干净后,将物件按原位摆放好。

(2)倒清立式垃圾筒,擦拭干净并按原位摆放好。

(3)按预定顺序,依次擦拭门窗、窗台、墙壁饰物、镜面、开关盒、消防栓内外、标牌、风口、踢脚线等。

(4)定期在夜间进行全面清洗,并打蜡。

(5)每个班次工作结束前,把垃圾集中后带到指定地点。楼面不准有垃圾过夜。

八、行政办公区的清洁保养程序

(1)查看各办公室的卫生情况,发现有不卫生的地方随时清理。

(2)简单整理办公室台面的文件、报纸、杂志,并擦拭台面及椅子。

(3)倒空纸篓并清洁干净,放回原处。

(4)清洁冷热饮水机。

(5)擦抹窗台、门、装饰画、踢脚线等。

(6)对办公室内地毯及时吸尘。

(7)拖抹办公室外面走廊地面,保持地面干净、无尘。

(8)清洁男女洗手间。

行政办公区域的清洁卫生工作一般由公共区域组在办公人员下班后进行,值得注意的是清扫完毕后一定要及时将办公室门窗锁好。

九、庭院、花园的清洁保养程序

(1)饭店的庭院、花园,应每天用扫帚进行清扫,及时除去地面上的垃圾及落叶等杂物。

(2)对于草坪、盆景、花木等应按规定进行浇水、施肥、修枝整形、除草、杀虫等工作。

(3)庭院、花园的地面一般每周应用水冲洗一至两次。

(4)饭店大门前需不间断地清扫,门前清扫通常应先喷洒适量水再清扫,以防扬起灰尘。

(5)对门前的泥沙、污渍应及时清理,门前的花盆、花槽、防尘地毯下的泥沙每天清理两至三次;地毯应定期换洗,门前的地面也应定期用水冲洗,一般每星期应冲洗一至两次。

十、外墙外窗的清洁保养程序

饭店外墙外窗应定期清洗,确保建筑物外墙外窗完整、美观、干净,符合饭店卫生质量要求。根据饭店实际情况,既可由饭店配备专门的清洁设备自行清洗,也可以委托专门的清洁公司进行。随着服务社会化的不断普及,越来越多的饭店倾向于和专业清洁公司签订清洁保养合同。

十一、饭店外围的清洁保养

这里的饭店外围是指饭店外部、属于饭店负责清洁的区域和地段以及饭店周围。对饭店负责的区域除每天根据需要多次清扫外,还必须定期水洗,以符合门前"三包"的要求。

知识拓展 2-10

辛苦了,可敬的PA!

对PA这个名词,也许是你我再熟悉不过了。大凡酒店、宾馆都有他们的身影,他们是一些从事十分平凡工作的人群。从大堂的保洁到客厕、走道的清洁,从地上一个个立式烟缸到顶上一盏盏吊灯装饰,从楼梯的扶手、栏杆、门窗玻璃到地毯、大理石的地面,凡此等等,到处都留有他们的踪迹。他们如同一群忙碌的工蜂,整天默默无闻地重复着那些看似极为简单的工作。

当有机会长时间地接触PA后,我才深深地感到PA是那样地可敬可爱。因为,他们从不张扬,用他们最为简单的抹一抹、擦一擦,使我们的宾馆内外环境及大堂始终如一地保持整洁明亮,光彩夺人。然而,真正做好的话,并非一件容易的事。在操作时,眼睛注意地面上有否污迹,同时还必须留意自己的操作不能给客人造成丝毫不便,发现地面上有严重污迹时,必须弯下腰来用抹布及时处理干净。就拿宾馆一层大堂来说,用尘推来回做一次保洁,至少得花上三十分钟,也就是说,光做地面保洁的工作,一天就得这么来回走上数十里地。

每个酒店和宾馆都离不开小小的烟缸，然而，就是那些毫不起眼的烟缸，却有着极高的保洁要求，即便客人再多，烟缸内的烟蒂不能超过三只，必须做到及时清洁。我们宾馆从一楼到三楼的大堂、客梯厅和休息区，所放的烟缸大小不下数十只。一位PA就得每天从一楼到三楼徒步做无数次的往返。随着客人的增加，他的往返频率也须相应加快。一天忙碌下来，谁也无法记清究竟走了多少个来回。宾馆三楼的玻璃花栏上那些黄灿灿的铜管，从开业至今已有十余年了，可它们在阳光的直射下，依旧闪闪发亮惹人生爱，谁也说不清有多少次的抹擦。先抹上铜油，再用干布用力抹擦，一圈擦毕汗流一身。有时遇到突发事件，立即赶去处理，如遇到有的客人酒喝多了或身体不适，呕吐一地，地毯上或大理石地面上全是呕吐物，那极其难闻的臭味就会扑面而来，但是，无论是哪一位PA遇到这种情况，都会毫无怨言地及时把所有的呕吐物清理掉。因为，他们都有一个共同的想法：保持宾馆环境美好整洁，让客人每时每刻感受温馨。最让人难忘的还是，去年宾馆更新改造。为了使宾馆能按时开业，全体PA更是团结一心，工程队前脚收兵，PA们后脚赶到，清理杂物垃圾、洗地面、做晶面、擦玻璃。经过几天的日夜奋战，改造的大堂以全新的面貌展现在所有客人面前。而PA又如同平常一样来回忙碌。

当夜深人静人们酣然入睡的时候，PA的机械化部队出动了。此时的大堂已少有人影。大理石地面上磨地机轻轻转动着，先用去污剂磨去白天人们遗留下来的污迹，然后，再用光亮剂使大理石光亮如镜。过道里地毯机在地毯上轻快飞转，那细细的泡沫洗去白日里众人留下的污痕。那些由于客人的原因，白天不能清洁的地方，夜深了PA才得以大展身手。虽说夜里干活特别容易疲劳，但是，谁也没有一声抱怨。清晨，当明媚的阳光照进大堂，展现在你我眼前的是一番全新的景象，那晶亮的玻璃几乎让你无法感觉到它们的存在，你的靓影在如镜子的大理石地面上舞动……这一切的一切，就是那些默默无闻、白天和夜里都在忙忙碌碌的PA，用他们极为简单的抹一抹、擦一擦所做的奉献。我由衷地从内心深处道一声"辛苦了，可敬可爱的PA！"

任务三：地面材料的清洁保养

地面、墙面的清洁保养是饭店清洁保养工作的重要内容。做好这项工作，既可美化环境，又能延长地面、墙面装饰材料的使用寿命，减少饭店装饰材料的投资。因地面材料的性质不同，其清洁保养的方式也不尽相同。因此，我们必须首先了解地面材料的性质，再制定相应的清洁保养方案。

一、地毯的清洁保养

地毯由于具有美观、舒适、安全、保温和降低噪声等诸多特性，成为饭店常用的地面材料之一，尤其在对客服务区域，使用比例非常高。因制作地毯材料的不同，主要有羊毛地毯、化纤地毯和混纺地毯三种。羊毛地毯即纯毛地毯，它以粗绵羊毛为主要材料，具有弹性大、拉力强、光泽好的优点，是高档的地面铺设材料。化纤地毯是以聚丙烯纤维（丙纶）、聚丙烯腈纤维（腈纶）、聚酯纤维（涤纶）、聚酰胺纤维（锦纶、尼龙）等化学合成纤维为原料，经机织或栽绒等方法加工成面层织物后，再与背衬进行复合处理而制成，化纤地毯抗拉强度、抗湿性、抗皱性及耐磨性较好，色彩鲜艳，但化纤地毯的弹性较差、易起球、易起静电、毯面的舒适滑爽感较差。混纺地毯就是将两种或两种以上纤维按一定比例混合，组成新的纤维后再纺织而成的地毯。由于羊毛纤维和化学纤维各自存在优点和不足，将两者按比例混合便可扬长避短。

一般来说，饭店会根据饭店的星级档次、投资额大小、不同营业区域的特殊要求、客源结构与层次以及是否便于清洁保养等因素来选购不同材质、色泽、图案、弹性、密度及耐磨度的地毯。

1. 采取预防性清洁保养措施

地毯污渍80%来自室外。因为环境因素、天气变化（如风沙雨雪）的影响，大量的沙砾、灰尘、水渍通过各种载体带入饭店的服务和生活区域。因此，为了节约清洁保养的时间和费用，降低成本支出，饭店可以采取一系列的预防性清洁保养措施。

首先，在饭店入口处铺设防尘地垫，堵住污染源头。具体可见表2-4。

表2-4 防尘地垫

项目 铺设位置	地毯类型	作用
室外	无底特粗纤维构成	清除大颗粒泥沙，雨天有去除污水功能
进出口处	有底小纤维构成	清除小颗粒泥沙及潮湿水分
大厅内侧	有底特细纤维构成	吸尘、吸水

另外也可以采用二级方法减少污染物进入室内：第一级采用7米长的PVC镂空式沉垢地垫，第二级则采用3米长的尘埃、水分去除棉垫。二级控制方法对室外泥沙控制率可达60%。

其次，在饭店前后台交接处和重要通道处，如餐厅和厨房的连接处、员工餐厅和更衣室门口、靠近楼梯口的地面等，铺设防尘、防水、防油地垫，防止污渍带入服务区域。

另外，要达到理想的清洁效果，一定要采用由高扭曲尼龙纤维和高品质棉织制造的专业防尘地垫，同时应加强对防尘地垫的管理，及时吸尘、更换和清洗。

当然，饭店在建筑设计时，最好能事先考虑铺设防尘地垫的位置，根据防尘地垫的厚度、尺寸，为防尘垫预留凹槽，使其在铺设后与地面持平。这样，不仅可以防止防尘垫的滑动，而且这部分地面施工时只需作简单处理，从而节省了装修费用。

2. 制订并实施清洁保养计划

地毯不同于石质地面、木板地面和其他弹性地面，它是三维地面，除了长和宽以外，还有深浅。地毯的表面有众多的单独纤维或毛线组成，每一纤维又有其本身的表面，所以地毯有比平整地面更大的受污染面积，并且污渍可渗入地毯的第三维深处，使得地毯表面能够黏附更多的污垢，因而对地毯要求用特别的方法进行清洁保养。

不同种类的地毯有不同的清洁方法和清洁周期。要妥善保养好地毯，必须具备良好的专业知识，制订并认真实施一个完整的清洁保养计划。

(1)日常保养。地毯日常保养工作主要分两个方面：

1)吸尘。吸尘是保养地毯最基本、最有效和最经济的一种方法。污染物在地毯上的积聚分三个层次：上面一层是轻一点的污物、灰、有黏性的糖和油性污物；中间一层是稍重一些的灰尘颗粒和有机物；底层是最重的颗粒，如沙石、土砾。尽管沙石、土砾并不一定能看见，但它们对地毯纤维的损害却是最大的。当人来人往时，由于摩擦使地毯纤维与沙砾之间作切割运动，从而割断地毯纤维，使地毯失去弹性。

因此，要彻底吸净地毯纤维底部的泥沙，最好选用直立式吸尘器。这种吸尘器桶体与吸把连在一起，吸盘面积大，吸力强，其内装一组滚刷能进入地毯纤维，作用于地毯纤维的各个部位，做到深度清洁，使地毯纤维得到梳理，操作方便又省力，所以清洁效果比单纯吸尘（即用吸力式吸尘器吸尘）要好。

吸尘频率可以根据客流量而定。一般来说，客房及走廊每天一次；餐厅每次营业结束后一次；电梯厅及轿厢、大堂吧等客流量大的区域，每天两到三次。遇到雨雪天，则应适当增加吸尘的次数，因为地毯湿度越大，温度越高，就越容易滋生霉菌和蛀虫。

2）及时去除污渍。地毯极易受污染。当污渍产生时，去除它并不难（最佳去渍时间在6小时以内）。但若污渍侵蚀时间过久，污渍变干或渗入地毯根部，形成陈旧性的污渍，此时要想彻底清除已非易事。

饭店常见的地毯污渍可分为三类：水溶性污渍、油溶性污渍和特殊性污渍。水溶性污渍主要由茶、饮料、水果汁等污染物所引起；油溶性污渍则主要是由动植物油、工业油、鞋油等污染物形成的；口香糖、烟焦洞、油漆渍等则属于特殊性污渍。

在平时地毯保养中，应正确区分各类污渍，结合实践经验，使用不同的去渍产品和方法，加以针对性处理。一般对水溶性污渍可用地毯除渍剂除渍；油溶性污渍可用化油剂除渍；口香糖、油漆可用口香糖除渍剂……在地毯去渍时，如果没有把握，可先在地毯角落等不起眼处试用，以免出现地毯退色、缩水、腐蚀等现象。

地毯日常保养工作做得好，一方面可保证地毯光洁如新，及时恢复纤维弹性，常保地毯柔软舒适，另一方面也可大大减少地毯洗涤的次数，节省人力、财力和物力。

（2）中期清洁保养。对日常吸尘无法去掉的黏附性较强的残留物和已经粘在地毯上的干燥颗粒，可以采用定期进行中期清洁。中期清洁保养的方法有：干泡清洁法、毛套清洁法及干粉清洁法。

目前星级饭店普遍采用干泡清洁法对地毯进行中期清洁保养，即地毯干泡洗涤剂经电子打泡箱高速打泡后，泡沫通过刷盘中央孔流到地毯上，然后依靠旋转刷的作用，轻轻推入到地毯纤维中间，干泡中的活性剂将污垢微粒团团包围起来，并且把它们从地毯纤维上拉出来，由于浮力作用，脱离纤维的污垢微粒和已干的结晶泡沫残留物，上升到地毯表面。地毯干燥通常需要4个小时左右，待地毯完全干透后，用直立式吸尘器吸除污渍和干泡的残留物。干泡清洁法的特点是快干，又不刺激对水敏感的地毯纤维，适用于自然纤维类地毯，可以防潮、防霉变。

（3）彻底清洁保养。灰尘一旦在地毯纤维深处沉积，必须采用抽洗方法进行深层清洁，使地毯恢复原有的洁净。

1）地毯抽洗。操作程序如下：先用直立式吸尘器全面彻底吸尘，再去除地毯表面点污渍，接着对严重的大块污渍预喷清洁剂，作用10～15分钟后，使污渍脱离地毯纤维，然后用热水或加有清洁剂的热水（约60℃，清洗羊毛地毯水温最高不超过30℃），通过微型喷嘴喷到地毯上，并及时用吸水扒吸干污水。为了加快地毯干燥，保证其尽快投入使用，可用涡轮式地毯风机吹干地毯。这样地毯纤维就从上到下完成了一次冲洗清洁。

每次彻底清洗后，必须让地毯干透，地毯未干前不可直接在上面走动。对营业区无法进行封闭的，可在地毯上铺上旧床单、旧台布，以保证营业的正常进行。所以地毯清洁时间安排应尽量以不妨碍营业为准。

2)补位。地毯干燥后,应做好以下补位工作:吸尘;对未去除的污渍再次去渍;地毯烟洞的修补;对再次去渍后仍有残留的污渍建立地毯清洁保养档案。

抽洗洗涤清洁彻底,但洗后地毯湿度比较大,容易黏附污渍,如未彻底干燥,易导致霉菌和其他细菌的滋生,地毯也可能因此缩小变形、接缝处开裂等。所以,这种洗涤方法不宜常用,半年或一年使用一次。一般中期清洁和长期清洁次数的比例为3∶1。

二、大理石地面的清洁保养

天然大理石地面是由石灰岩经过地壳内的高温高压作用形成的变质岩,属于中硬材料,主要由方解石和白云石组成,主要成分是50%以上的碳酸钙。它具有花纹品种多、色泽鲜艳、石质细腻、抗压性强、吸水率小、耐腐蚀、耐磨耐久性好、不变形等优点,主要用于大厅地面的装饰和高档卫生间地面的铺设。因其含有杂质,碳酸钙在大气中受二氧化碳、硫化物、水汽的作用后容易风化和腐蚀,而使表面失去光泽,故不宜做室外材料铺设。

1. 预防性保养

必须在大厅门口铺设防尘地毯,因为80%的泥污尘垢是从室外带入室内的,如不铺设门口地毯,经过1500人次流量后,便会耗损40%~60%的面蜡。因此,铺设门口防尘地毯,一方面能够节约清洁保养时间及费用,减少成本支出;另一方面在地毯上行走6~7步后,基本可以清除鞋底的泥污尘垢。

2. 日常清洁保养(每日进行)

(1)推尘。推尘是利用尘推与地面摩擦时产生静电,从而将灰尘吸起,达到除尘的目的。推尘时应注意:

1)推尘的正确姿势应是握杆的手靠在腹部,尽量保持直线向前,从一头开始推进,平行地来回往复。行进中尘推必须紧贴地面,不能抬起,以免灰尘飞扬。

2)拐弯时,尘推应做到180°转向,始终保持将尘土往前推。

3)尘土积到一定程度时,应将尘土推至一边,并用吸尘器将其吸去。

4)尘推头积尘过多时应及时更换,以达到较好的推尘效果。

5)尘推用好后应拿到工作间及时清理干净,尘推头向上挂放。

(2)喷磨。喷磨是对推尘去除不掉的蜡面局部脏迹和一些走动较多的、有磨损印或鞋跟印的地面,喷上蜡后,用单擦机加粗细适合的尼龙百洁刷盘所进行的清洁保养工作。它可以将落下的面蜡屑带入百洁刷盘内,而且喷磨后,会在地面上留下一层薄薄的新蜡,起到光洁地面的作用。喷磨时要注意以下的操作技巧:

1)喷磨时,操作人员应先对机器前方地面喷蜡,然后再用机器磨,注意调节好喷嘴,不要将蜡喷得太远,以免机器磨到时,蜡面已经干了;还需注意不要喷到墙上、家具上,一般喷至离墙、家具70厘米左右的地方即可。

2)在进行喷磨时,当百洁刷盘沾满脏物时,应及时更换或翻转刷盘。

3)喷磨完成后,用尘推将被磨散的蜡屑和灰尘拖走。

4)在工作间对刷盘进行彻底冲洗,若刷盘有重污或已变硬,可将其浸泡在起蜡水溶液中洗涤,洗后晾干备用。

3. 中期清洁保养(每周一次)

当蜡面附着有黏附性污渍时,用尘推是无法将其去除的,因此,就要使用中性清洁剂将其清除。

(1)为了工作顺利和行人安全,在工作现场四周必须安放告示牌。

(2)将清洁剂按比例稀释,倒入单擦机水箱中。

(3)用单擦机(175～300 转/分)配喷磨抛光刷进行洗地。

(4)洗完后,用吸水机将地面吸干。

(5)地面干透后,再采用边喷磨边抛光的方式令地面光亮。

(6)注意事项。

1)洗地清洁剂必须采用中性清洁剂。因为中性清洁剂不会损伤蜡面,最好采用含光亮剂和具有清香味的中性清洁剂。

2)用全自动洗地机可节省 50%的时间和人力。

4. 彻底恢复性清洁保养

当推尘和喷磨无法去除地面的脏迹和蜡面磨损,或不能使蜡面恢复光滑的状态时,可进行彻底的清洗和打蜡。地面洗涤周期一般在半年到一年,主要视脏污的程度而定。清洗时间通常安排在夜间 23 时以后至次日凌晨,以不影响客人的活动为宜。潮湿天气不宜进行此项工作。

(1)清洗地面前,将所有物件撤离,准备好适用的清洁设备和清洁剂,并拉上警示线或树立告示牌,提醒行人注意安全。

(2)推尘,除去地面浮尘。

(3)除去旧蜡。

1)用拖把将起蜡水溶液均匀涂在待洗地面上。

2)用洗地机擦洗,擦洗后应迅速用吸水机或拖把将起蜡溶液吸走。否则,地上溶液会很快变干且去除难度与重新起蜡一样大。因此,若洗涤面积较大,可分区域起蜡。

3)注意起蜡水不可过量使用,或停留在地面上的时间过长,以免破坏地面的颜色或因溶液渗入地面使地面受损。

4)旧蜡必须完全去除,可采用侧面对着光线的方法进行查看,若有斑迹,可使用点清洁方式而不必再大面积去蜡,如墙角的陈蜡可以用钢丝绒擦除。

5)旧蜡完全去除后,地面上仍留有一层薄薄的清洁剂,需要用清水反复漂洗过清地面后用吸水机或拖把吸走,从而为打蜡提供真正干净的地面。

(4)打蜡、抛光。

1)待地面完全干透后再上蜡,否则蜡上会出现水泡印,蜡面光泽不好,容易起皮。

2)用干净的棉拖或专用的落蜡工具将第一层蜡(封蜡)均匀涂于地面。操作过程中应避免前后动作,以免使蜡起泡,影响蜡面美观。最好使用榨水机挤榨蜡拖,使蜡面薄而均匀。

3)待蜡层风干 20～30 分钟后,用抛光机轻度打磨,使蜡面平滑牢固。待其完全干透约需 4 个小时。可根据大理石地面的新旧程度决定是否需要上第二层封蜡。

4)上第二层蜡(通常为面蜡)。必须等第一层蜡完全干透后再上第二层,否则可能使第一层蜡再乳化,轻则使地面色泽暗淡,严重时地面会起泡或变成粉状。

5)上第三层蜡并抛光(面蜡)。通常在第二层蜡干透(约 4～8 小时)后再涂上一层很薄的面蜡。刚上过蜡的地面不宜立即踩踏，最好在上完最后一层面蜡2小时后再让人行走，可能的话，最好过12小时再进行抛光处理。

6)地面打蜡后要防止水的溅滴和冲洗，日常清洁保养只能用溶剂型清洁剂。

7)上述工作全部完成后24小时左右，撤除防滑警示牌，将家具物件复位。

8)及时检查并清洗各种清洁设备及器具，妥善存放以备用。

9)大理石、花岗岩地面所用的封蜡和面蜡应为水基蜡。

(5)注意事项。

1)不要用强碱、强酸、去污粉等洗地、摩擦地面，否则会破坏地面的蜡层。

2)打蜡后的大理石地面保养要用含蜡的清洁剂进行喷磨。

5. 晶面处理(仅适用于碳酸钙结构的大理石地面)

大部分饭店对大理石地面的保护都是采用封蜡和日常保养、定期起蜡的做法。广州白天鹅宾馆自1996年开始试行对大理石地面进行晶面处理，用此取代传统的封蜡处理。发展到现在，大多数饭店的大理石地面都采用了此种方法。由于晶面处理后，大理石的光亮度、耐磨性均比封蜡的做法有了较大的提高，而且在人力、费用方面也比以往节省，晶面处理技术已经成为大理石地面日常保养的主要方法。

晶面处理是以化学药剂(晶面处理剂)同石材中的钙产生化学反应，经加热加压之后，在石材表面形成一层坚硬而清澈透明的结晶膜，其最大的特点就是保护膜坚硬、光亮，除此以外，还有如下优点：

(1)不需特别专用设备，只需普通单擦机。

(2)不需每天喷磨抛光及起蜡，且不受环境限制。

(3)不会自然变色，低成本且省时。

(4)具有防滑功能，增加安全性。

知识拓展 2-11

大理石地面晶面处理程序

◆ 晶面处理程序

➢ 先除去地面旧蜡并清洗干净，待地面完全干透。

➢ 将选择好的晶面处理剂倒入处理机的相应装置内，开启机器。

➢ 将处理剂均匀喷涂在地面上，用高速转动的钢丝垫迅即进行抛光，地面即很快形成一层透明薄膜牢固地附着在地面表层，约两小时后即可在上面行走。

◆ 晶面处理时应注意的事项

➢ 必须防止灰尘、沙砾进入工作场地。

➢ 晶面处理剂在使用时须摇匀，如不小心撒在地面上，应迅速擦干净。

➢ 生锈的钢丝垫不能使用。

➢ 地面表层凹凸不平时，应先用特殊的钻石垫对不平处进行研磨和砂磨，在地面恢复平滑后再进行晶面处理。

三、花岗岩地面的清洁保养

花岗岩是一种火成岩，它具有结构细密、性质坚硬、耐酸、耐磨、耐腐蚀、吸水性小、抗压强度高、耐冻性强、耐久性好(耐用年限为25～200年)等优点,多用于外围装饰。由于其硬度较高、耐磨,也常常用于大厅地面铺设。

1. 日常保养

花岗岩日常保养方法众多,每晚清洗一次,或用半湿抹布抹一遍,隔一定周期对它进行翻新处理;还有的饭店喷上喷洁蜡,每天抛光一次,每隔1～2周进行一次彻底清洁;也有的饭店像对大理石一样对它进行打蜡处理,但对于新的花岗岩地面来说,因其孔洞非常小,蜡水很难附着表面,因此可用喷磨的方法加以保养。

2. 石材翻新技术

石材翻新是近年来推出的新工艺。无论在机械设备方面还是在附件的选用上都比传统做法更经济、更实用。其方法是将受损的花岗岩地面用专用的设备经粗磨、中磨、细磨三道工序,磨平磨滑,使石材恢复其天然光泽。费用比更换石材节省80%。在磨垫方面,一改以往需1－6号磨垫才能完成整个工序的做法,只需采用M101－0－2号三种磨垫,节省近半的材料和时间,而处理后的花岗岩表面却更坚硬、更光亮。

四、木质地面的清洁保养

木质地面由软木材料(如松木、杉木等)和硬木材料(如杨木、枫木、榆木、橡木等)加工而成,可做成契口板或拼花板。其特点是自重轻、导热性能低、有弹性、舒适度好、美观大方等。但木质地面容易随空气中温度、湿度的变化而导致裂缝、翘曲、变形,耐水性差,清洁保养难度大,易腐朽。同时,因木材纤维易破裂,故木质地面易磨损,而且它的耐火性很差。现在,新型的复合地板在加工制造中,通过革新传统的加工工艺和添加防腐、防虫、耐磨等物质,来改善其性能,已使之成为很好的地面装饰材料。

1. 木质地面的预防性保养

(1)新的木质地板在使用前先进行砂擦、吸尘、打蜡抛光。

(2)在木质地板上打蜡,一般需上三层,而且每一层都需抛光。

2. 日常清洁保养

(1)在铺设木地板的区域入口处铺放一块尼龙防尘地垫,每天清理更换,以减少客人出入时带来的沙砾。

(2)用喷上静电水的拖把除尘或尘推推尘,也可使用吸尘器吸尘,保持地面光亮无灰尘。

(3)用油灰刀、细砂纸、抹布等去除地面上的小斑迹,并根据情况补蜡。

(4)蜡面局部有脏迹时,可用抛光机喷蜡,局部擦洗,待其干后,进行补蜡并且抛光。

3. 彻底清洁保养

木质地面的彻底清洁保养程序与大理石地面的清洁保养大致相同,但有下述几点区别:

(1)清洗木质地面污垢不宜使用洗地机,只能用拖把和稀释过的中性清洁剂。

(2)在木质地面再次打蜡前,去除陈蜡的方法是:用磨砂机干磨,然后用吸尘器吸去陈蜡。磨砂机可用洗地机和抛光机替代,只需换上钢丝绒软垫即可。

(3)木质地面的表面有气孔,需上封蜡渗透填充来增加地面光洁度,最好上两层封蜡。

(4)木质地面所用的封蜡和面蜡应为油基蜡。

除木质地面外,饭店还有木质墙面,多使用三夹板进行装饰,其清洁保养和木质地面的情况基本相同。

五、水磨石地面的清洁保养

水磨石也称彩色水磨石，是以水泥和彩色石屑拌和，经成型、养护、研磨、抛光等工艺制成。其特点是强度高、美观、施工较方便、花纹耐久、抗风化，耐火性、防潮性都很好，加工精细的地面光洁度也很好。一般用于员工食堂、员工通道、厨房等后台区域。

水磨石地面的清洁保养程序如下：

1. 预防性保养

(1)水磨石地面使用前应彻底封蜡，一般可先施以丙烯酸酯涂料起保护作用，再打上水性蜡以利用日常清洁与防滑。

(2)在最初的几个月里，必须每天拖地以清除地面上的矿物质。

2. 日常清洁保养

(1)每天用尘推推尘或用吸尘器吸尘，保持地面整洁。

(2)隔天对水磨石地面用合成抛光剂进行抛光。抛光时，应使用合成纤维垫，不能用钢丝绒，因为钢丝绒屑可能会损坏地面，并使地面退色。

(3)人流过往频繁处应每天进行抛光。

3. 彻底清洗

水磨石可用湿拖或机器刷擦，其程序和方法与其他石质类地面的清洗基本相同。

六、地面砖的清洁保养

地面砖材料种类很多，可分为陶、瓷两大类。地面砖均以黏土为主要原料，经配料、制胚、干燥、熔烧而制成。地面砖有施釉和不施釉两种，其表面光滑、不吸湿、不透气，主要用于卫生间地面的铺设。但地面砖易破碎、易热胀冷缩、拼接缝较宽，不利于清洁保养工作的开展。

地面砖的清洁保养方法如下：

1. 预防性保养

(1)地面砖铺好后两天内不要粘水，必须让混凝土彻底凝固。

(2)再用无碱合成清洁剂刷洗，要求冲净表面的尘土、垃圾，清除水泥等斑迹，并使其干燥。

(3)地面可以打蜡保养。

2. 日常清洁保养

(1)每天用刷子、抹布或除尘拖把清扫地面。

(2)湿拖地面。每天可用湿拖把或湿抹布拖擦地面。根据地面卫生情况，间隔一定周期后可用清洁剂湿拖或用洗地机清洗，用拖把或吸水机吸取残液，并用清水洗净地面并拖干，以免残留的水或清洁剂留下斑痕。

(3)前台区域的地面砖，应用水性蜡上蜡并抛光。

(4)卫生间的地面砖一般很少需要上蜡或抛光。

(5)地面砖应尽量少用清洁剂清洗，因清洁剂可使水泥浆松脱；亦不能用肥皂清洁，因肥皂往往会形成滑膜。

七、混凝土地面的清洁保养

混凝土地面在饭店内属基础设施性地面，其特点是坚硬、牢固、平整、造价便宜，属耐久性地面，如果加工精细，表面也较光洁平整，只是色彩单一，但可用油漆的方法加以弥补。一般饭店外围、地下室、停车场，都用此为地面材料。

混凝土地面清洁保养方法如下：

(1)水泥地面铺好后除去垃圾、杂物，清除地面上的各种污渍。

(2)水泥地面应用聚氨酯、环氧树脂涂料等进行预处理工作。

(3)每天用扫帚或拖把清除地面上的垃圾、杂物和灰尘。

(4)发现地面有污渍可用抹布、纸巾等擦拭，较顽固的污垢可用小石灰刀轻轻刮去。

(5)彻底清洁时，可用拖把或机器进行，应使用稀释的中性清洁剂，洗涤后用清水冲净，让其彻底干燥后，用水性蜡抛光。

任务四：墙面材料的清洁保养

饭店墙面按装饰材料不同，主要有石质墙面、墙纸墙布、木质墙面、软墙面、油漆墙面、涂料墙面等。

1. 石质墙面的清洁保养

饭店公共区域的墙面多采用石质材料，常见的有大理石、花岗岩和瓷砖等。这些墙面材料的特性与地面材料相同，但在清洁保养的做法及要求上有所不同。墙面平时很少受到摩擦，主要污染物是尘土、水和其他污物。日常清洁保养一般只是对墙面进行除尘除迹，定期清洁保养大多做全面清洁，光滑面层可用蜡水清洁保养。厨房、卫生间的硬质墙面可用碱性清洁剂清洗，洗后需用清水漂净，否则时间一长，表面会失去光泽。

2. 墙纸、墙布的清洁保养

墙纸、墙布的清洁保养主要是除尘除迹。除尘时，可使用干抹布、鸡毛掸、吸尘器等。除迹时，需按清洁规范操作：对耐水的墙纸、墙布，可用中性或弱碱性的清洁剂和毛巾、软刷擦洗，擦洗后用纸巾或干布吸干；对不耐水的墙纸、墙布，只能用干擦的方法，或用橡皮擦拭，或用毛巾蘸少许清洁剂溶液轻擦。

3. 木质墙面的清洁保养

木质墙面的清洁保养主要是除尘除迹，定期打蜡上光，防止碰撞或擦伤。除尘除迹可用湿抹布，打蜡上光则需选用家具蜡，如有破损应由专业人员维修。

4. 软墙面的清洁保养

软墙面的清洁保养主要也是除尘除迹。除尘时可用干抹布或吸尘器，如有污迹，可选用合适方法清除，一般不宜水洗，以防退色或留下色斑。用溶剂除迹时，要注意防火。

5. 油漆墙面的清洁保养

油漆墙面清洁保养时，可用湿抹布擦拭，以清除灰尘污垢，但忌用溶剂。

6. 涂料墙面的清洁保养

涂料墙面的清洁保养主要是除尘除迹。灰尘可用干抹布或鸡毛掸清除；污迹可用干擦等方法清除。目前有不少可清洗的墙面涂料问世，因此此类墙面则可直接进行清洗或湿擦；另外要定期重新粉刷墙面。

饭店是一个小社会，除了宾客之外，前来用餐、开会、购物及参观旅游的人络绎不绝，他们往往只停留于公共活动区域，却把它作为衡量整个饭店专业化管理水平高低的重要场所。相对客房而言，出入公共区域的人更多，故面临的评判者更多，而且公共区域设施设备多、投资大，直接关系饭店整体的正常运行和更新改造周期的长短。因此，做好公共区域的清洁保养工作无疑是至关重要的。

思考与练习

1. 如何理解公共区域清洁保养工作对饭店运行的影响？对目前不少饭店往往将年纪偏大、文化水平偏低的员工安排在公共区域的做法，你有何看法？

2. 试安排饭店公共区域员工的工作内容及清洁程序。

3. 假如你是公共区域主管，你认为从哪些方面抓起可以确保其清洁保养质量？

4. 怎样做好饭店地毯的清洁保养工作？大理石地面应如何保养？

5. 木地板、大理石的清洁保养有何不同？

综合训练

1. 结合本模块的学习，谈谈你对客房清洁保养工作的认知。

2. 某饭店在开业前投资500万元，在客房、公共区域满铺高级地毯，在饭店大厅等处铺设了进口大理石。但在饭店开业不到三个月，就出现大理石变色现象，运行不到两年地毯就出现了大面积的陈旧破损并且发硬。饭店高层不得不考虑重新购置更换地毯和大理石，以保证饭店应有的品质与水准。假设你现在就是客房部的管理者，你准备从哪些方面入手来解决以上的问题？

模块三　洗衣房和布草房的运行

学习目标

知识目标：

1. 了解洗衣房、布草房的功能布局，熟悉洗衣房、布草房设备用品的配置和用途。
2. 掌握洗衣房、布草房运行的基本知识，树立正确的布草管理理念。

能力目标：

1. 掌握布草洗涤、保管等方法。
2. 明确布草收发送洗等工作流程。
3. 掌握客衣服务的方法与技巧，并具备洗衣房、布草房的基本管理方法。

项目一　洗衣房运行

案例导入

盛夏，一批欧美影视明星入住北京某饭店。洗衣房小林跑上跑下，收集客衣，核对客衣数。面对一堆待洗的衣物，洗衣房老王一眼就看出，有一件女式夏装可能难以洗涤整烫。外行人看上去只不过是件普通衣服，但灯光稍暗时，这件夏装的衣襟、下摆、袖口和双肩褶皱处却闪闪发光，因为这些部位分别镶嵌包裹着金属丝、金属片、人工玉片等装饰物，一经洗涤，可能会变形、变质，也难于整烫。经研究，洗衣房主管亲自登门，向客人道歉，说明由于设备缘故，无法洗涤整烫，请她谅解。客人当然不大高兴，但也知道就算自己洗，恐怕效果也不佳。此事引起饭店上下的讨论，这件客衣该不该收？以后碰到此类情况怎么办？在认真分析的基础上，洗衣房采取了以下合理措施：

1. 原来的规章制度只对收客衣的时间、验收、交接、送衣做了规定。现审时度势，酌情修改，收衣时对面料不清、容易损坏、洗涤效果不佳、难以整烫的，或事先说明，或婉言拒收，对有争议的，由部门领导仲裁。

2. 加强调查研究，不断熟悉掌握新型纺织面料的特性和服饰工艺特点，并加强培训，不论技术工、辅助工、勤杂工都要参加，使其逐步掌握纺织服饰知识。

3. 对该收而拒收者，给予必要的处罚。

问题：

1. 洗衣房不就是为客人洗衣服吗，有必要搞得这么复杂吗？有________没有________
2. 你认为洗衣房工作是否需要具备高超的技术与技巧？需要________不需要________

分析：由于国内外纺织品和服装行业的迅速发展，新型面料、缝纫技术不断面世，给饭店的洗衣服务带来了挑战。例如，日本生产的一次性纸质衣服，由于技术先进，外观几乎乱真，稍一疏忽，后患无穷；某些女士的晚礼服、上衣等饰物、挂片众多，洗涤时容易脱落、装配不易；有的皮衣是各种皮毛相间，质地不一，洗涤方法和效果不同。因此，在承接有关客人的洗衣服务时，要根据饭店配备的洗衣设备和洗衣技术来判断，能收则收，不能收的应婉言拒绝，以"诚信"服人。否则既影响饭店声誉，又损害顾客利益。当然，洗衣房应像本案例中的饭店一样，加强对洗衣技术的钻研和设备的添置，力争满足顾客的各种洗衣需求。

任务一：洗衣房的设置与布局

一、洗衣房的设置

1. 设置洗衣房需考虑的因素

不少饭店设有店属洗衣房，负责饭店布草、员工制服和客人衣物的洗涤和熨烫。有些饭店洗衣房设施设备较全，技术力量较为强大，还可以兼营店外的洗涤业务，以提高设施设备的利用率，增加饭店的经济收入。当然饭店是否需要配置店属洗衣房，必须考虑以下几个因素：

(1)饭店的规模。饭店规模大小是考虑是否设置店属洗衣房的一个重要因素。通常饭店规模大，其布草的日常洗涤量就大，如果送到社会上的洗衣公司洗涤，一是洗涤费用高，二是洗涤质量不容易控制，三是布草损耗相对较大，四是布草周转速度较慢。所以，大型饭店一般都设有店属洗衣房。小型饭店由于布草洗涤量较少，考虑到资金、场地、人员、技术力量等多方面的因素，一般不设店属洗衣房，而是和社会上的洗衣公司签订洗涤业务合同。

(2)饭店的场地。洗衣房设施设备多，占地面积比较大。如果饭店场地较大，空间允许，可以考虑设置洗衣房；反之则不予考虑。

(3)饭店的资金。洗衣房设施设备投资比较大，饭店在决定是否设置店属洗衣房时，必须考虑饭店的资金情况，考虑投入和产出的问题。

(4)饭店的技术。洗衣房技术要求较高，专业性较强，饭店应考虑自身的技术力量水平以及有无专业的洗涤技术人才，来确定是否设置店属洗衣房。

(5)本地洗涤业的社会化程度。饭店所在地洗涤业的社会化程度如何，技术水平如何，也是考虑是否设置店属洗衣房的重要因素。如果当地洗涤业社会化程度较普遍，洗涤技术水平较高，饭店可采用与店外洗衣公司签订洗涤合同的方式，由洗衣公司负责饭店的洗涤业务。例如，在香港，由于社会化服务程度高，饭店基本上都不设洗衣房，洗涤业务全部由专业的洗衣公司承担。

2. 洗衣房设计要求

洗衣房是饭店配套服务设施之一，其设计效果不仅直接影响到饭店对客服务质量，还影响到饭店的能耗、排废排污等问题，影响着饭店的效益。洗衣房是饭店能耗大户，如果功能布局设计科学、设施设备安装专业，不仅可以提高布草洗涤质量，而且还可以省水、省电、省汽。经实践证明，水、电、汽的能耗量一般为：洗涤1千克重量的干衣物，需消耗35～40升的自来水、0.7～0.8度电和1千克的蒸汽。如果功能布局设计和设施设备安装存在问题，上述水电汽能耗会增加5%～8%。因此洗衣房的设计有其专业要求。

二、洗衣房的布局

1. 洗衣房位置和面积

(1)洗衣房位置的选择。洗衣房应最大限度地利用空间,节约能源,提高工作效率,减少噪声污染等负面影响。在选择洗衣房位置时,一定要充分考虑能源供应、噪声、排污以及方便运行等问题。因为每天有大量的干净的、脏的布草往返于各营业场所和洗衣房之间,为降低员工的劳动强度,同时提高劳动效率,减少干净布草的污染,洗衣房应设在靠近员工电梯、布草输送槽(通道)、布草房等方便进出的地方;其次,洗衣房有高温、噪声和湿度,应避免其对客房等客人活动区域的干扰和影响;再次,洗衣房的位置最好要靠近锅炉房,这样高压蒸汽管线路就不会过长,不会对环境温度造成太大影响,也有利于节能。

(2)洗衣房面积的确定。在确定洗衣场面积要考虑三个因素:一是饭店规模,洗衣房的面积指标可根据客房数量来确定,一般每间客房(自然间)配比的洗衣房面积为0.7平方米;二是饭店星级高低,高星级酒店(四星、五星、白金五星)可在常规估算的基础上,增加10%的面积;三是洗涤设备的先进性,洗衣房设施设备性能先进、科技含量较高时,在常规估算基础上则可以减少10%左右的面积。

2. 洗衣房功能布局

洗衣房通常可以分为以下几个功能区域:脏布草、脏衣物处理区,水洗区,干洗区,熨烫折叠区,内部办公区等。在进行内部空间布局时要根据其功能及洗涤流程设计,提高工作效率。

(1)脏布草、脏衣物处理区。脏布草、脏衣物与干净布草、衣物,应从不同的出入口进出。送进洗衣房的脏布草首先要进行分类,所以在靠近脏布草入口处应设有分拣堆放的空间,并就近配备打码机和称重装置如磅秤,以便衣物打码、编号、布草称重。

(2)水洗区(湿洗区)。饭店湿洗一般占洗涤量的90%以上,为缩短搬运距离,减轻工作强度,水洗区通常设在脏布草、脏衣物处理区的近旁。一般饭店配有不同容量的大、中、小型洗衣机若干台,以避免"大马拉小车"现象。同时为方便布草机洗前的预去渍,还配有双槽洗涤池。由于各种毛巾类布草在水洗后要进行烘干,所以烘干机应靠近洗衣机放置。

(3)熨烫折叠区。水洗后的大宗布草,如客房的床单、枕套、被套和餐厅的台布、餐巾等布草,还要经烫平、折叠。所以熨烫折叠区域应靠近水洗区和烘干机,以便对洗好、烘干的布草进行熨烫、折叠处理。熨烫折叠区一般配有烫平机、折叠机等设备。

(4)干洗区。通常在洗衣房内单独划出干洗区域,最好用隔墙封闭,并在外墙上安装两个以上排风扇,使干洗区域处于"负压"状态,其目的是减少四氯乙烯(干洗油)对人体的损害。可以将所有与干洗有关的设备放置在一起,如干洗机、万用夹机、光面蒸汽熨烫机、绒面熨衣机、人像精整机、抽湿去渍机等。

机器熨烫和人工熨烫区域应该相对集中,以方便操作,最好靠近出口处。

(5)净衣区。是洗过的干净衣物、布草临时收集存放处,收集到一定量后送布草房,一般靠近出口处。

(6)内部办公区域。通常设在进出口处,办公区域内设有洗涤用品储存室。

上述六个区域必须设置明确,流程通畅,这样不但可以提高运行效率,还便于水电汽能源管道或线路安装,对降低能耗极为有利。

任务二:洗衣房设备用品的配置

一、洗衣房设备工具的配置

饭店应根据自身规模、资金来源、洗涤业务等来配备洗衣房的设备工具,并合理使用设备工具,提高工作效率。

1. 机器设备

(1)湿洗机。主要用于洗涤床单、枕套、被套、毛巾、台布等布草,分全自动、半自动、机械操作三种,容量大小从 30 千克到 140 千克不等。洗衣房最好能同时配备不同容量的洗衣机,这样既能保证大宗布草的洗涤效率,又能满足小件或少量衣物的洗涤需要,节约能源。

(2)烘干机。经湿洗机洗净甩干后的布草及衣物仍含有较多水分,若直接熨烫,耗时耗力。所以洗衣房应配备不同容量的烘干机。烘干机分电和蒸汽两种,饭店应根据自身能源供应情况选择。

(3)烫平机。专门用于熨烫床单、枕套、台布等面积较大的布草。其原理是通过蒸汽高温杠杆滚压,起到平整、干燥、消毒的作用。新一代的熨烫折叠一体机只需人工将甩干后的布草平整送入熨烫机的传送带,机器就会自动熨平、熨干、折叠,有的机器还能在折叠时自动辨别布草的洗净程度和破损情况,不合要求者会自动剔除。

(4)干洗机。干洗机用于洗涤不能水洗的衣物,工作原理同湿洗机,所不同的是除了有主洗机之外,还增加了回收干洗液的装置。另外,现在普遍使用的干洗剂为有毒溶剂,所以还附有安全装置。

(5)人像精整机。人像精整机是根据熨烫原理设计而成的,利用蒸汽和压力共同作用来达到平整、定型衣物的效果,因其外观酷似人形而名。人像精整机主要用于西服、夹克、衬衣、运动衣等衣物的熨平。机器的人形套袋肩膀可以根据衣物肩膀的大小进行手工调节,其胸部、腰、下摆也可以根据需要调节,使用比较方便。

(6)光面蒸汽熨烫机。根据熨烫原理设计,主要用于熨烫一些能耐一定温度和可直接加热的纤维织物,对纯棉、混纺和某些化纤类织物,具有效果好、质量高、省时省力等特点。

(7)绒面蒸汽熨烫机。同样根据熨烫原理设计,可以用于熨烫大部分衣物,因而有万能熨衣机之称,该机器操作方便、熨烫质量好、省时省力。

(8)打码机。打码机专用于衣物的打码编号,是以加热形式将不干胶打压到衣物上,打压的同时将编号印在不干胶正面,快速完成编号。

(9)去渍台。去渍台用于布草衣物的去渍,在去渍台上能对织物的各部位进行检查和去渍,可与真空抽湿机配套使用。

2. 手工工具

(1) 熨斗。几乎可以熨烫所有的衣物,特别适宜熨烫某些特殊的服装或衣物的某些部位,如肩、领等。洗衣房通常选用自动调温型蒸汽电熨斗。根据蒸汽的不同提供方式,这种电熨斗可以分为两类:一是外接蒸汽式,由中央蒸汽系统提供蒸汽;二是内置蒸汽发生器,使用时不断补充水源即可。

(2) 烫床。与熨斗配套使用,可以将整件衣物平铺在上面熨烫。

(3) 烫台板。烫台板的面积只有普通烫床的 1/3～1/4,熨烫西裤、裙子、衬衣等比较灵活方便。

(4)喷水壶。喷雾式塑料喷水器，熨烫衣物时根据需要喷水。

(5)棉枕头。用棉花作枕芯，外包软布缝制而成，作为垫子用在一些不规则形状的衣物部位，如衣物的肩部、胸部、裤腰等。棉枕头一般长15厘米、宽9厘米、厚5厘米。

(6)木手骨。用木板制成，木板以长70厘米、宽12厘米为宜。上层木板垫有棉毯，用软白布包好并缝合，上下两板相隔20厘米左右，熨烫衣物袖子等处时使用。

(7)去渍刷。用于刷除衣物上的污渍，有黑鬃刷和白鬃刷两种。黑鬃刷一般用于干性溶剂，白鬃刷用于湿性溶剂。

(8)刮板。是一种去渍的辅助工具，用来软化污渍，使去渍剂更易渗透到织物中。刮板可用骨头、金属或塑料制成。

(9)地磅秤。专门用来称布草重量，根据布草重量来确定洗衣机的大小和洗涤剂的用量。

(10)折叠台。洗衣房应配有若干张桌子，合并在一起，用于折叠布草、衣物。

(11)其他。如不锈钢挂衣推车、布草运输车、布草篮、玻璃钢小推车、不锈钢洗衣盆等。

二、洗衣房用品的配备

1. 服务用品

(1)衣架。洗衣房应备有一定数量的大、小衣架及裙、裤架，以便挂衣。

(2)包装用品。主要用于包装客衣，以往以塑料制品为多，分别有小包装袋、衬衣包装袋、吊挂包装袋等。当下为了保护环境，减少白色污染，大多饭店用竹编(藤编)的衣筐摆放好衣物，或外衣上架直接送回客房。

(3)各类运行表单。主要是指洗衣房运行的各类表单。

2. 洗涤用品

要保证洗涤效果达到标准要求，洗涤剂的选用是至关重要的。选择或使用不当，非但不能除垢去污，相反会使织物泛黄腐朽，缩短使用寿命。

(1)布草主洗剂。通用的主洗剂均为有机合成类，除含碱外，还含有表面活性剂、过氧化氢、增白剂、泡沫稳定剂、酶制剂和香精等，pH值为10。主洗剂有液体和粉状两种，液体主洗剂含有机成分多、易溶化；粉状除垢效果好(含碱量高)，但不能完全溶化和均匀分布。全自动洗衣机最好使用液体主洗剂。

(2)化油剂。化油剂是专为洗涤餐巾和台布上的油污而配置的，与主洗剂同时使用，也可用于去除衣物上的各种油污。pH值在13～14。

(3)酸粉。一般为柠檬酸和醋酸，pH值为3，有粉状和液体两种，用于中和主洗剂中的碱性成分。因为主洗剂的碱性在漂洗时不容易过清，它不仅会缩短布草寿命，还会使人体皮肤感觉不适。因此，在布草洗涤最后一次过水时，加入适量的酸粉去中和碱，能使布草的pH值降至6～6.7，与人体皮肤相近，增加使用时的舒适度，延长其使用寿命。

(4)氧漂剂。即过氧化氢漂白剂，pH值在3～4。专用于彩色织物，主洗时适量加入，可避免碱对色彩的破坏作用，从而保持布草原有的色彩和光泽。一般彩色布草较易退色，所以在洗涤时还需适当加大剂量。

(5)氯漂剂。有次氯化钠(pH值在8～9)和过硼酸钠(pH值为10)两种，可以起漂白作用，主洗时适量加入。若织物除需增白外，还要去除浅色斑渍，用过硼酸钠效果好；次氯化钠一般用于丝、毛织物效果较好。

(6)上浆粉。上浆粉主要针对台布、餐巾、某些制服等配置，通过上浆，能使被浆织物表面挺括、防止纤维起毛，有良好的观感，同时使被浆织物表面有一保护层面，可延长织物的使用寿命。洗衣房常用的有淀粉和聚乙烯醇两种浆料。淀粉价格低廉，在洗衣房使用广泛。聚乙烯醇的价格为淀粉的数倍，因其对合成纤维及纤维素纤维有良好的上浆性能，所以多用于小批量衣物的上浆，一般不用于台布、餐巾的上浆处理。

(7)柔软剂。洗衣房的布草水洗属于工业形式洗涤，通过洗涤，布草可达到良好的清洁度，但有明显的粗糙手感，如床单、内衣，尤其是毛巾，柔软剂是为解决这一问题而配置的。在洗涤的最后一次过水时加入适量的柔软剂，尤其可使毛巾类织物恢复和保持柔软度，增加其柔顺感，又称软化剂。

(8)干洗剂。专用于干洗织物，现采用四氯乙烯较多。目前饭店使用的四氯乙烯主要是进口的，优点是毒性比三氯乙烯小，溶油点适中，去污能力强，对机器设备腐蚀小且易回收。国产四氯乙烯为工业用料，并非专门为织物洗涤而研制生产，所以杂质较多，对织物的纽扣腐蚀性较严重，不利蒸馏回收，所以一般不用。

(9)领洁净。主要用于清洗客衣污渍，在洗涤前使用，可洗去油斑、色斑和其他脏迹，不影响衣物色泽。

(10)去迹剂。种类很多，常用的有去锈剂、去果汁剂、去蛋白剂、干洗皂液、去油剂、彩漂、干洗喷剂等。

任务三：掌握洗衣房的运行流程

饭店洗衣房每天都要洗涤大量的布草、员工制服及客衣，任务繁重，要达到良好的工作效率和质量，必须科学合理地设计各类布草、员工制服及客衣洗涤的运作流程，加强对洗衣房的控制与管理。

一、洗衣房运行流程设计

每一件布草或衣服从脏到干净，必须经过一系列的过程，这个过程就是洗衣房的运行流程。运行流程的设计要本着省时、省力、提高工作时效的原则，明确每一环节的任务、责任，以保证洗衣房工作正常、有效地运行。

1. 布草运行流程

在此以客房床单、枕套的运行流程为例，做一说明(见图 3-1)。

(1)客人结账离店后，客房服务员必须更换床单、被套、枕套；住客房根据客人需要，适时更换。

(2)将客房撤出的脏布草放入房务工作车的布草袋内。

(3) 在设有布草输送槽的饭店，对脏布草点数后，包扎好放入布草输送槽。布草输送槽设在每一楼层工作间，平时不用时需上锁，以免发生安全事故。若饭店没有布草输送槽，则由楼层服务员或布草房、洗衣房员工将布草送至洗衣房。人工运送要用专门的布草推车，不能将布草在地上拖拉。

(4)布草运送到洗衣房。

(5)对布草进行分类、称重、洗涤脱水、熨烫、检查、折叠(具体见布草洗涤流程)。

(6)根据不同的要求整理床单、枕套。床单、枕套每十条做一个包装捆扎。

(7)送回到布草房存放。

(8)布草房按楼层客房要求的领用数量清点数后派人送到各楼层工作间,由楼层客房服务员点收;或者由客房服务员到布草房领取。通常采用以一换一的方式,即在客房服务员交送脏布草到洗衣房的同时,到布草房领回同等数量的干净布草。

(9)客房服务员按工作车配备要求,将适量布草放在工作车上。

(10)客房服务员清扫整理客房时,补充干净布草进房。

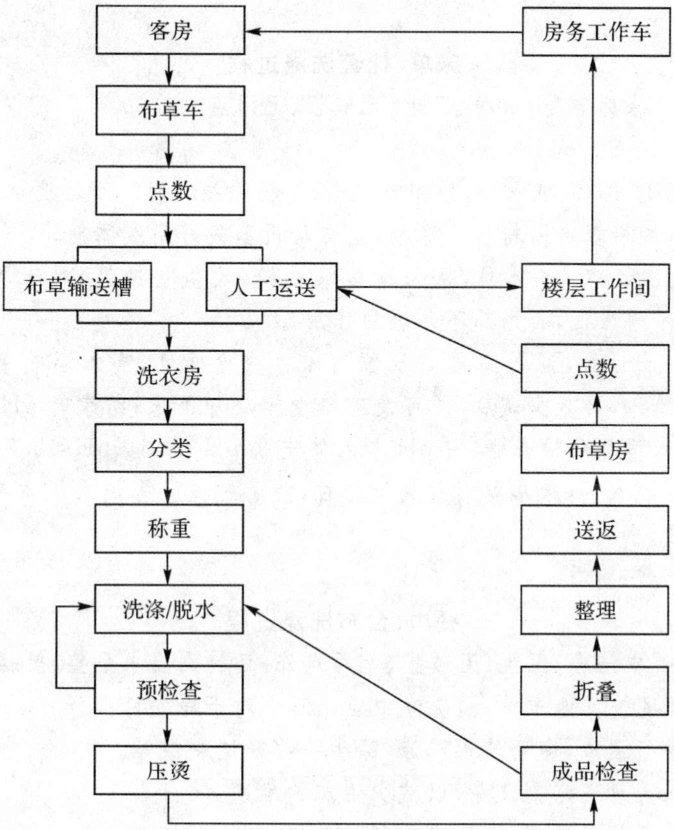

图 3-1 客房床单、枕套洗涤运行流程图

2. 布草洗涤流程

布草水洗程序如下:

(1)做好开机前准备工作。检查机器设备有无异常情况和供水、供电状况。

(2)布草分类洗涤。首先按使用部门将布草分开(客房用、餐厅用、康乐用),再按布单类和毛巾类分开,然后按颜色分开。

(3)清除布草中夹带的骨、渣及其他杂物。餐厅用布草,一般都有油渍、色渍;客房用的布草中也有污渍较重的,洗涤前要进行除渍处理。将特别脏的布草要挑选出单独堆放,分开洗涤。

(4)用台秤称量布草。根据机器的承载能力按允许数量或重量将布草放入湿洗机内。

(5)关紧洗涤门。

(6)根据不同布草特点进行洗涤程序设定，注意洗涤剂用量。

(7)开机。洗衣机自动洗涤、漂洗、甩干。

(8)将甩干的需平烫的布单类布草送至平烫机前规定位置。

(9)对熨烫后的布单类布草和烘干后的毛巾类布草进行机器折叠或人工折叠。

(10)工作完毕后，做日常卫生、物品归类、机器设备保养等工作，并清理烘干机毛尘箱。关闭水、电、气开关。

知识拓展 3-1

床单、枕套洗涤过程

床单、枕套的洗涤标准是：洁净、卫生、无破损、无污点。

◆ 预洗。清水浸润。

◆ 主洗。水温约 60℃，低水位，使用适量碱性布草主洗剂。除垢洗涤须使用较强碱性清洁剂。手工操作的机器可用粉状洗涤剂，全自动机器最好用液体剂。

◆ 漂洗。水温约 50℃，高水位，加入适量漂白粉（次氯化钠等）对床单、枕套增白除斑渍。漂洗时，水位不得太低，否则起不到漂白作用。

◆ 过水。第一次过水，注入高温高水位清水。减少碱度，高水温效果较好；第二次过水，注入中温水位清水，再减少碱度，并可使床单慢慢冷却下来；结束时 $pH \approx 8$，注入常温高水位清水，同时加入适量酸粉或醋，使 pH 与人体皮肤 pH 值（$6 < pH < 6.7$）接近。

◆ 脱水。高速脱水，将床单甩到六成干左右，便于熨烫。当洗衣机本身的功率不够时，可用专门的脱水机。

◆ 送熨烫组整熨、折叠。

餐巾、台布洗涤过程

餐巾、台布除要求洁净、卫生、无破损、无污点外，还特别要求平整、挺括。而且由于其使用特点造成洗涤难度较其他布草大，洗涤中应尤其注意干净完好。

◆ 主洗前须进行浸泡，即用清水洗涤，除去一些残渣剩饭等。

◆ 预洗时加入少量洗涤剂洗涤，以减少主洗的难度。

◆ 主洗时加入适量主洗剂外，还应特别加入化油剂，以彻底除污。

◆ 为使餐巾、台布具有挺括性，增加硬度，在最后一次过水时，也就是第三次过水时，除加入酸粉外，还应加入适量上浆剂（粉），使其在经高温熨烫后能保持一定的硬度。

◆ 其他程序与洗涤床单、枕套基本相同。

毛巾洗涤过程

毛巾的洗涤标准是：洁净、无细菌、柔软、无破损、无污点。

◆ 毛巾在洗涤时一般应加入漂白粉，最后一次过水除加入酸粉外，还要加入柔软剂，以恢复毛巾的柔软度。

◆ 将毛巾甩至六成干后放入烘干机内烘干，注意调节好烘干的时间与温度，避免时间过长或过短造成布草损伤和能源浪费，或达不到烘干效果。

◆ 其他程序与洗涤床单、枕套基本相同。

布草洗涤过程应注意的事项

◆ 若是彩色布草，可使用过氧化氢漂白剂，以保证色彩的鲜艳，方法同氯漂。

◆ 注意洗涤过程中的异常情况，发现问题及时处理。

◆ 对剔出的或熨烫时退回的脏布草，应加大洗涤剂量，延长洗涤时间，进行单独洗涤，保证布草洗涤后达到标准。

◆ 折叠好的布草按规定数量一叠一叠放在布草输送车上，运入布草房。

◆ 做好清点交接工作。

◆ 洗涤不合格的布草应返回重洗。

3. 客衣洗涤服务流程

很多饭店在洗衣房下设客衣服务组，主要负责客衣的收发、清点、打码、检查、核对、叠放、包装、送回等工作，并处理洗衣房日常事务和对外联络。

(1)客衣收取。客衣服务值班员应礼貌接听有关客衣的电话，做好记录，并及时通知楼层服务员收取客衣，集中到楼层工作间，再通知相关人员到楼层将客衣拿回洗衣房。具体要求参见模块四中"洗衣服务"的有关内容。

(2)客衣核对。客衣收发员将客衣收到洗衣房后，首先进行核对检查，如房号、洗衣单、客人姓名、衣物件数等。在点数中如出现客人填写件数与实际件数不符、洗涤要求与服装质料不符、衣服有破损、衣袋内有物品、衣服上染色等问题，要在洗衣单上注明并记录下来，及时与客人进行联系、说明情况，再根据客人的意见进行处理。若客人不在房内，要在客人房内留下相应的"留言单"，写上时间，并酌情处理客衣。

如果客人有特殊要求的，按规定做好标记，并将易被腐蚀的纽扣或珠饰剪下，存放好并在原处做上记号，以备衣物洗好后再缝上。

点数后，在洗衣单上注明总数与自己的代码(或签名)，把衣物和洗衣单放入洗衣袋内，留待打码。

"加快服务"的客衣和贵宾的衣物要优先点数、打码，并督促洗烫服务员及时处理，以尽快送还客人。

(3)客衣打码。客衣核对无误后，再进行打码分类。

1)根据洗衣单上的房号，在打码机上拨号，把水洗、干洗或熨烫方式及自己的代号一同拨上，先打在洗衣单上，核实无误后，再打在客衣上，同一件衣物的号码要一致。

2)打码部位。上衣打在领子上，裤子打在裤袋上(或打在裤腰上)，袜子打在袜底。

3)打码的同时要求再次核对客衣数量，再次检查衣服的质地与所填的干/湿洗、熨烫单是否相符，并按洗烫方式的不同将衣物严格分开。

4)因衣物面料原因不能直接打码的，应用布签或纸号代替，不得损坏衣料。

5)打码后的衣物，如是同一种洗烫方式的，再按衬衣、上衣、长裤、内衣、内裤、袜分开放，手帕与丝巾需另外处理。

6)对标有"加快服务"的衣物要按要求打码分类，及时处理，并保证质量。

7)将客衣交洗烫服务员洗涤、熨烫，并填写客衣交接的表格。对有特别要求和不易烘干的衣物，要和洗烫服务员交待清楚。

8)按规定使用和保养打码机，每天加添药水，擦拭机器，保证打码效果。

(4)叠衣、核对、包装。客衣在洗衣房洗烫完成后,交至客衣组负责折叠、核对、包装。

1)客衣收发员在从洗衣房收取客衣时要仔细检查洗烫后的衣物是否洗净、熨干,是否熨平、挺括、有形,是否有破损、衣扣脱落、被染色等现象。若发现问题应及时退回重新处理。对于无法去除的污渍,需在送衣时留言,一般可使用《客衣服务单》。

2)按照饭店规定的标准或客人的要求折叠各类衣物。

3)按衣物上的号码对照洗衣单上的房号,将衣物放入客衣存放柜的相应木格内。同时检查衣服折叠是否符合标准,有无按客人要求办。

4)在挂衣牌和洗衣单上注明件数,并将水洗和需用衣架挂起的衣物件数记录下来,核查过的衣物按楼层顺序排列好。

5)核对木格内衣物是否同洗衣单上件数、份数和备注要求等相符。相符后,在洗衣单上签名并放在衣物上面。

6)按规定进行装包放置。装包时,大件放两边,小件放中间,手帕和袜子、内裤等应分开放置。一般衬衣折叠要用衬衣板、领结板,然后再用塑料薄膜包装封好,西服、中山服、裙子和其他质料好的衣服要套上薄膜衣罩并在衣架上挂好。衣物包装好后把洗衣单叠好钉在封口处,在装包记录上签上自己的代号和衣服的件数。并把衣物按楼层顺序排列好,不得挤压,以免影响客衣质量。

随着绿色环保理念的推广,有许多饭店为减少塑料制品的使用,不再对衬衣等进行折叠包装,而是直接挂在衣架上,送入客房。当然,对常客和贵宾,也可征求客人意见,提供个性化服务。

(5)送回客衣。

1)客衣洗烫完后,通常于每天下午由客衣收发员送回。也有的饭店规定水洗、熨烫衣物当日送还,干洗衣物第二日送还。送回前再次查看客衣包装是否符合要求,将客衣按楼层和房号顺序整齐地放进洗衣车里,将挂件有序地挂到车上。客衣多时,必须分批送上楼层。

2)到楼层后请客房服务员开门,按房号把客衣送入房间。一般需用衣架挂起的衣物放进衣柜里,袋装客衣放在桌上或床上。放进壁橱的衣物应在房内醒目处留言说明。在送衣记录上注明干洗、水洗、熨烫洗涤方式、挂件数和包数,并签名。

3)若客房挂了"请勿打扰"牌,一般将客衣放在楼层工作间,并从客房门缝放入"衣服已洗好"的说明,并请客人与客房服务员联系。若客衣有其他问题,可根据需要,送上相应留言单。

4)送完客衣后,应做好记录,以备核查。

知识拓展 3-2

客衣洗涤服务特别事项的处理

◆ 客衣送错

➢ 客衣服务员应首先向客人道歉并了解客衣的数量、颜色和特征。

➢ 与原有洗衣单进行核对。

➢ 如果是整份搞错,应考虑是否写错房号或送错房间,然后检查当日送入其他客房的衣物。

➢ 如是单件弄错,应先查看楼层其他房间客人有无反映送错衣服,再酌情处理。

◆ 由于洗衣房处理不当造成客人衣物损坏或遗失

➢ 首先向客人道歉,并征求客人的处理意见。

➢ 若客人提出赔偿，应通知大堂副理与客人协商解决。

➢ 按照国际惯例，一般饭店规定任何衣物的丢失损坏，其赔偿额不超过洗熨费的10～15倍。为显示对客人公平，同时饭店亦不会有太大损失，现有人提出保值洗衣的方法，即根据衣物价值提高洗衣费，若有意外，其赔偿额也相应提高。

◆ **客人离店时，客衣还未洗好**

➢ 不管是何原因，客衣服务员都应向客人道歉。

➢ 将正在进行的客衣清洗情况告知客人。

➢ 若来得及，应立即洗熨处理好送还客人。

➢ 如来不及，一般应包装好送到客人房间，并视情况给客人减免洗衣费。

4. 客衣、制服水洗程序

(1)做好开机前准备工作。检查机器设备有无异常情况。

(2)洗涤前严格检查客衣有无损坏，是否会掉色、染色，是否适宜水洗，是否可用机器洗涤等。对不宜用机器洗的衣物，要注意挑出进行个别洗涤处理，如手洗。仔细查看有无特殊斑迹，对有较严重污迹的衣物，使用专用去迹剂，先处理再洗涤。

(3)将快洗的衣物和普通洗的衣物分开，优先快洗客衣。

(4)按衣物的质地、颜色及种类分开洗涤。由于服装工艺的不断改进和消费水平的日益提高，在洗涤前应仔细检查客衣的洗涤标志，明确服装面料和洗涤要求。

(5)洗涤前，应将长裤的拉链拉好，小物品如手帕、袜子应装在网袋中以免洗涤时遗失。丝织物一般亦要装袋洗涤。

(6)根据不同织物的特点进行洗涤程序设定，注意洗涤剂用量。

(7)洗涤过程中要注意机器运转状况。注意水压、气压、温度等情况，发现异常应及时处理。

(8)洗涤时一般要先过一遍清水，再放洗涤剂，要严格控制好温度和洗涤剂的用量，衣物洗涤后过水必须过清，无洗涤剂残留。

(9)对丝绸、毛衣类衣物，洗涤甩干时要特别小心，不要撕破。脱水时丝绸、绒缎、羊毛衫、薄料、旧料等，不应高速脱水，应采取挤干、压干的方法。

(10)衣物洗好后，将不宜烘干的衣物挑选出来晾干，并根据衣料的厚薄、质地及其对烘干温度不同要求进行分开处理，并严格控制温度和时间。如牛仔裤、衬衫、内衣、内裤等客衣可进行高温烘干，而袜子等织物则进行低温烘干，温度要控制在70℃以下，一般为60～65℃。

(11)在烘干时应注意烘衣量不要超载或过少。衣物烘干后要降温(排风)三分钟，以增强衣物质感。

(12)除不需熨烫的衣物，其他衣物均送至熨烫组进行熨烫整形，使之符合标准。

(13)制服水洗的程序与客衣水洗的程序基本相同。

(14)做好日常卫生、物品归类、机器设备保养等工作，清理烘干机毛尘箱。工作完毕后，关闭水、电、气开关。

知识拓展3-3

衣物的常见污渍及其处理方法

◆ **机械油**　可先将污染部分浸在汽油内用手轻轻揉搓，取出后用旧布或旧毛巾在污渍处稍稍用力擦拭。如有残迹再用软牙刷蘸少量汽油顺衣料的纹路轻轻刷擦，最后用温洗涤液去除残痕。

若用米糠擦洗，效果也很好。方法是取米糠少许(50克)，用水淋湿，涂到沾有油污的地方，用力揉搓，然后用清水洗净即可去除。

◆ **食用油** 选用较优质的汽油，面积小的油渍可用软毛刷或干净的旧布蘸少量汽油轻轻擦拭，如有汽油圈痕，可用喷壶在较大面积上喷少量汽油，再用干毛巾或布稍用力擦拭圈痕即除，如果用沾有汽油的潮毛巾擦拭圈痕，也可去除。但擦后仍要用干毛巾擦拭。用三氯乙烯去除，效果也很好。

◆ **水果、瓜汁渍** 新沾上的水果、瓜汁渍，可马上浸入食盐水内揉洗，如有痕迹，再用稀释20倍的氨水洗，最后用洗涤剂洗，也可用双氨水洗。

白色布草还可用5%的次氯酸钠漂白，然后投洗干净。

◆ **汗渍** 除去的方法很多，一般有以下三种：

- 把衣服上有汗渍的地方浸入较浓的食盐水中约三小时，然后用洗涤液洗去。
- 用5%的醋酸溶液和5%的氨水轮流擦拭汗渍处，然后用冷水投洗干净。
- 用生姜汁或冬瓜汁擦洗。

◆ **铁锈** 用1%～2%的温草酸液洗，清水漂净。白色布草或与棉交织的白色织物沾上铁锈，可在污渍处放一小粒草酸，滴少许温水，不停地来回拨动。污渍去掉后，即用清水漂洗干净。注意操作时间不要过长。

◆ **乳汁渍** 刚沾上的乳汁渍，立即泡入冷水，约5～10分钟后，在污渍处擦些肥皂轻轻揉搓即可去除。较陈旧的用小刷蘸汽油涂擦污处，去其油脂，然后把污渍浸泡在用一份氨水、五份水配成的溶液内轻轻揉搓。污渍去除后用温洗涤液洗一遍，再用清水投洗干净。菜汤汁亦可参照此法去除。

◆ **烟油渍** 刚滴在衣服上的可立即在汽油内揉搓。如有黄色斑痕，再用2%草酸液除去。注意操作要快些，污渍不要在草酸液内停留时间过长，以免影响衣服颜色，去除后，还要用温洗涤液洗净。较陈旧的烟油，取一份(约含10%)柠檬酸溶液和草酸溶液，加入10份水制成混合溶液，加热后涂在油污上，略等片刻(时间不要过长，以免织物脱色)后，用清水投洗干净即可。

◆ **霉斑** 新渍先用刷子刷净，再用酒精搓擦，然后清水洗净。陈渍可在淡氨水内浸泡几分钟，用高锰酸钾(即灰锰氧)溶液处理或用绿豆芽加水揉搓。

丝绸织品可用柠檬酸液洗涤；白色布草上的霉斑，还可在含有10%次氯酸钠的冷溶液内浸泡，一小时左右后即可去除。

◆ **血渍** 血渍中的主要成分是蛋白质，遇热就凝固，所以去除时要在冷水内进行。先浸泡，再擦些肥皂反复揉搓即除。遇留有残痕的白色布草，还要用漂白剂漂白。用温的加酶洗衣粉洗涤血迹，效果也很好。

◆ **咖啡、茶渍** 先用冷水浸泡半小时左右，再用温的洗涤液洗除。如还有残痕，可用水、几滴氨水和甘油制成的混合液洗涤。丝、毛和丝毛混纺织物不用氨水，可用10%的甘油溶液洗除。

◆ **酱油渍** 冷水浸泡后，在污渍处擦上肥皂，反复揉搓即可去除。也可在温洗涤液内加2%氨水或硼砂洗涤，然后投漂干净。

◆ **蓝墨水渍**　新渍立即浸泡于冷水内，擦肥皂后反复轻轻揉搓即除。陈迹可用2%的草酸液浸洗(温度为40～60℃)，然后用洗涤液洗净。也可用鲜牛奶搓洗。

◆ **墨渍**　新渍先用温洗涤液洗，再用米饭粒涂于污处轻轻揉搓即除，也可浸在冷水内用枣肉或灯芯草洗除。陈渍也是先用温洗涤液洗一遍，再把一份酒精、2份肥皂和2份牙膏制成的糊状物涂在污处，双手反复揉搓便可除去；若用4%的大苏打水刷洗，效果也很好。

◆ **圆珠笔油迹**　将污渍用冷水浸湿，用苯或四氯化碳擦洗。也可先用冷水浸湿，涂上些牙膏加少量肥皂轻轻揉搓，如有残迹，再用酒精洗除。忌用热水。

◆ **胶渍**　将污处浸在香蕉水内泡几分钟，取出后反复揉搓或用小刷刷洗，直至干净。最后用洗涤液洗去残痕。如仍有残痕不掉时，可用一片维生素，蘸少些水在黄褐色污渍处反复涂擦，便可退色(以维生素E效果最好)。

◆ **唇膏印**　先用小刷蘸汽油轻轻刷擦，去除油脂后，再用温洗涤液洗除。严重的可先在汽油内浸泡揉搓，再用洗涤液洗除。

5. 客衣、制服干洗程序

干洗又叫化学清洗，高级面料的服装，不太脏而无需下水洗涤的衣服，或形状较大又无法下水洗的装饰物都可以干洗。干洗的优点是能把衣物油污洗得干净，而且洗后衣物不易走形，易熨烫；其缺点是水性污染不易洗净(如米饭渍等)，浅色衣物洗后也显得不太清净。

(1)打码分类。使用打码机对每件衣物都做上标号。

(2)预检去渍。使用专用清洗剂清洁特殊斑迹。有的水溶性污迹可事先去除掉。

(3)外套、套装、天然纤维、高档织物通常都应干洗，但须根据颜色深浅(浅、中、深)分开洗涤。对衣服上的扣子要认真检查，不能洗的扣子一定要剪下来包好，并标上衣服号码，以便熨烫后交客衣组人员还原。

(4)干洗过程。先将衣物冲洗一下，把漂浮污垢冲走，然后过滤循环3～5分钟，排去蒸馏，再用清净的油投洗3～5分钟，然后将油排到箱底，高速脱油3分钟后烘干，再将衣物放在干洗机内循环加热8～9分钟，将衣服上的溶剂烘干。

(5)冷却系统及油水分离。冷却系统把容器中的干洗油经过泵→过滤器→冷凝器，冷却到所需要的温度，以防溶剂温度过高使衣服缩水、脱色。经过烘干的衣服中的溶剂变成气体，冷却后转化为液体，然后通过油水分离器把水、油分离，分离器中的干洗油排入油箱内可再次使用。

(6)绒布袋清理。衣服干燥时，风泵把热风通过衣物吹入绒布袋，漂浮的脏物随之吸浮在绒布袋内。如长时间不清理绒布袋会使加热循环的排气系统发生堵塞，同时延长干燥时间，因此应每天清理干洗绒布袋。

(7)熨烫整形。

知识拓展 3-4

常见的洗涤符号(标志)

手洗须小心	只能手洗	可用机洗	可轻轻手洗不能机洗30℃以下洗涤液温度	水温 40℃机械常规洗涤	水温 40℃机械作用弱常规洗涤	水温 40℃洗涤和脱水时强度要弱

水温 50℃洗涤和脱水时强度要逐渐降弱	水温 60℃机械常规洗涤	水温 60℃洗涤和脱水时强度要逐渐降弱	不能水洗在湿态时须小心	可以熨烫	熨烫温度不能超过 110℃	熨烫温度不能超过 150℃

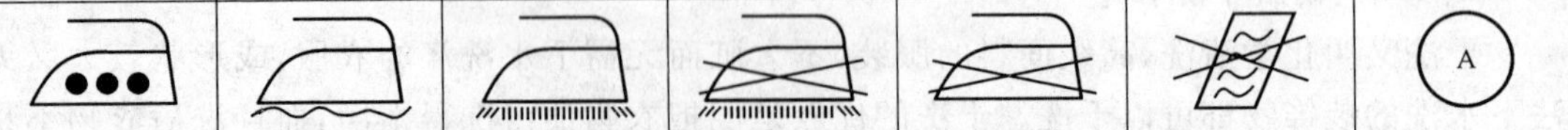

熨烫温度不能超过 200℃	须垫布熨烫	须蒸汽熨烫	不能蒸汽熨烫	不可以熨烫	洗涤时不能用搓板搓洗	适合所有干洗溶剂洗涤

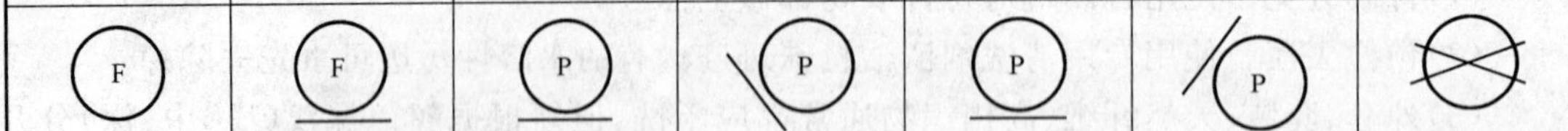

仅能使用轻质汽油及三氯三氟乙烷洗涤,干洗过程无要求	仅能使用轻质汽油及三氯三氟乙烷洗涤,干洗过程有要求	适合四氯乙烯、三氯氟甲烷、轻质汽油及三氯乙烷洗涤	干洗时间短	低温干洗	干洗时要降低水份	不能干洗

可以在低温设置下翻转干燥	可在常规循环翻转干燥	可放入滚筒式干衣机内处理	不可放入滚筒式干衣机内处理	可以用洗衣机洗,但必须用弱档洗	不能使用洗衣机洗涤剂	悬挂晾干

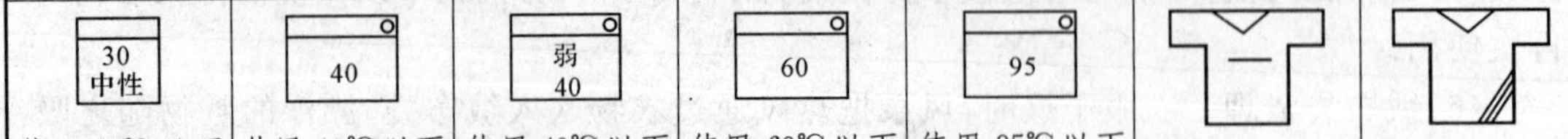

使用 30℃以下洗涤液温度,机洗用弱水或轻轻手洗,用中性洗涤剂	使用 40℃以下洗涤液温度,可机洗也可手洗,不考虑洗涤剂种类	使用 40℃以下洗涤液温度,机洗用弱水流,也可轻轻手洗,中性洗涤剂	使用 60℃以下洗涤液温度,可机洗也可手洗,不考虑洗涤剂种类	使用 95℃以下洗涤液温度,可机洗也可手洗,家用洗衣机不可承受	平摊干燥	阴干

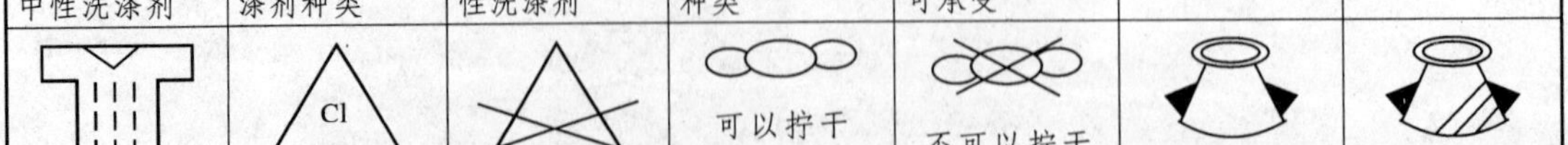

滴干	可以氯漂	不可以氯漂	可以拧干	不可以拧干	衣物需挂干	衣物需阴干

6. 平烫程序

布草平烫要求：熨后平整、折痕清晰；无湿润感并剔出破损或未洗干净的布草。平烫程序如下：

(1)检查机器设备运转是否正常，确保工作区域卫生，没有灰尘、污迹。

(2)抖布草时，要抓住有折边的方向，抖松，对折，一侧平整，同时把未洗干净的布草剔出，重新进行水洗。抖布草的过程中，要把枕套、口布剔出单独摆放。注意布草不要抖落在地面上。

(3)将抖开的布草拖至烫平机前。首先检查烫带是否完好，然后开机打蜡，放蜡布三次，然后放床单。

(4)工作中应剔除脏布草重新洗涤，如发现脏布草已放入机器可折一个角表示；如破损的可折两角表示，并分别放置，由布草房主管决定是否报损。

(5)放入时要拉平，对准中线，两人动作要协调一致，避免折叠不齐现象。随时注意传带、皮辊有无错位。掌握机器在运转的速度，使布草达到熨干的标准。

(6)把折叠好的布草及时装入布草车，送到布草房。装车时应摆放整齐，点好数，并做记录。

(7)做好结束工作，将报损的废旧布草按要求包扎好送到布草房；与布草房收发员做好交接工作。

(8)做好工作区域卫生，关闭电源开关。

7. 手工熨烫程序

(1)检查衣物是否洗涤干净，有无破损；如有，应退回重新处理。

(2)在熨衣前必须正确识别每件衣物的质料，并注意衣物上的熨烫标志。

(3)根据衣物的质料或熨烫标志确定熨烫温度(选择高温、中温、低温)。

(4)为保证衣服不被烫坏，在确定温度后，还必须在衣服的反面、底边、领子、袖口等不醒目处，用电熨斗温度从低至高试烫，待掌握适合该质料的温度后再熨烫。

(5)如电熨斗烫在衣服上发粘、变色，说明温度过高；如电熨斗在衣服上滑爽，熨烫自如，说明温度适中。

(6)丝绸、棉、的确良三类衣料可以直接熨烫，不需盖垫布。

(7)熨毛料衣服时，应用八成干的湿布盖在衣服上，切勿直接烫，也不能盖着干布烫，否则会使衣服发亮，甚至烫黄。

(8)熨衣服时应先烫领子、口袋，后烫前片、后片；烫西装时应先烫里衬、口袋、袖子、前片、后片，最后烫领子；烫西裤时，先烫口袋、腰、前后片、后烫裤腿；烫裤腿时，必须对齐中线，如有原缝，就照原缝烫。

(9)经熨烫过的衣服要求挺括、平整、美观，用衣架挂好，防止挤压。

(10)熨烫好的衣服送交客衣服务员或布草房服务员，做好交接记录。

(11)下班前关掉电源和蒸汽开关，物品清理归位，搞好清洁卫生工作。

知识拓展 3-5

洗涤过程中特殊情况处理

◆ 熨黄的棉纱、丝绸、尼龙、化纤的处理

➢ 棉纱织物——熨黄时可及时撒上少许精盐，然后用手轻轻揉搓，再放在阳光下晒一会儿，用清水漂洗干净、熨干，焦痕可以减轻以致完全消失。

➢ 丝绸织物——可用少许苏打粉(医疗用的碳酸氢钠片也可)，掺水调成糊状，涂在焦痕处，待水蒸发后，再垫上湿布熨烫，即可消除焦黄斑。

➢ 尼龙、化纤织物——熨黄后立即喷上少许水或垫上湿毛巾，再熨烫一遍。

◆ 毛料服装极光的处理　毛料服装在穿着过程中，经常摩擦的部位，如膝、肘、臀部等，很容易产生极光，影响服装的外观。产生极光后，进行蒸汽干洗，极光一般就会消失。如果衣服不太脏不需要整件干洗，可以进行局部处理。用一块干净的白棉布经水浸湿(水中放几滴食醋效果更好)，覆盖在有极光的部位，再用熨斗熨烫。由于熨烫过程中产生蒸汽，使羊毛纤维膨胀，除去织物沟槽中的污垢，使织物清洁，这样极光即会消失。

知识拓展 3-6

各类面料常见洗涤保养方法

面料	洗涤保养方法
棉、麻	1. 用洗涤剂洗涤时，最佳为40～50℃，漂洗时，可掌握“少量多次”的办法，即每次清水冲洗时不一定用许多水，便要多洗几次，每次冲洗完后应拧干，第二次冲洗，以提高洗涤效率。
	2. 不可漂白。
	3. 不宜曝晒，建议晒反面，通风晾晒的方法较为理想。
	4. 勿久浸泡，30分钟以内为宜，与浅色衣物分开洗涤。
	5. 有线头勿用手拉，用剪刀剪掉。
	6. 贴身内衣不可用热水浸泡，以免使汗渍黏附在服装上，且会出现黄色汗斑。
毛	1. 适宜干洗。
	2. 不可氯漂。
	3. 最好悬挂于衣柜内，勿叠压。
	4. 收存时，要在衣物的口袋、里袋内放入用纸包好的卫生球或樟脑片，以防虫蛀。
	5. 洗涤温度不宜超过40℃，通常用室温25℃水配制洗涤剂水溶液。
	6. 洗涤时切勿用搓板搓洗，即使用洗衣机洗涤，也应该轻洗，洗涤时间不宜过长，以防止缩绒。
	7. 洗涤后不要拧绞，用手挤压除去水分，然后沥干，用洗衣机脱水时不超过半分钟。
	8. 应在阴凉通风处晾晒，不要在强日光下曝晒，以防止织物失去光泽和弹性及强度下降。

续表

面料	洗涤保养方法
丝	1. 一般采用手工洗涤方法或干洗。手洗时，不要用力过猛，切忌拧绞。
	2. 洗涤时速度稍快些，随浸随洗，不要在冷水内浸泡时间过长，5分钟内为宜。
	3. 选用专用丝绸洗涤剂或同性质的洗涤剂，勿用漂白剂、洗衣粉、肥皂。
	4. 选择通风阴凉处晾衣物反面，切忌曝晒。
	5. 中温或垫布熨烫。
	6. 收藏时不要放入卫生球或樟脑片。
	7. 忌用碱水洗，可选用中性肥皂或皂片、中性洗涤剂。
涤纶，腈纶	1. 不可漂白。
	2. 不宜长时间日晒。
	3. 深浅色衣物要分开洗涤。
	4. 穿着时不要与硬物摩擦。
	5. 不宜烘干，以免因热生皱。
	6. 先用冷水浸泡15分钟，然后用一般合成洗涤剂洗涤，洗液温度不宜超过45℃，领口和袖口较脏处可用毛刷刷洗。
	7. 洗后，漂洗净，可轻拧绞。
锦纶，氨纶	1. 游泳前，应把泳衣用清水淋湿，游泳后，马上用清水冲洗泳衣。回家用清水轻按清洗，切勿搓洗或用洗衣粉等洗涤剂。
	2. 避免潮湿的衣服长时间放在不通风的胶袋内或与其他衣物混在一起。
	3. 小心使用防晒化妆品。
	4. 只可手洗，不可拧绞。
	5. 洗后置于阴凉通风处晾干，勿曝晒。
	6. 不穿时应平放在透气的地方，勿用胶带封死。
	7. 30℃以下水温手洗，不可漂白，深浅衣物分开洗涤。
	8. 收藏时不宜放卫生球。
粘胶纤维织物	1. 粘胶纤维缩水率大，湿强度小，水洗时要随洗随浸，不可长时间浸泡。
	2. 遇水发硬，要轻洗，以免起毛或裂口。
	3. 用中性或低碱洗涤剂，温度不超过45℃。
	4. 忌拧绞。
	5. 洗后置于阴凉通风处晾干，勿曝晒。
维纶织物	1. 在室温下洗涤，忌开水，以免变硬和膨胀。
	2. 用一般洗衣粉即可。
	3. 洗后晾干，勿曝晒。

思考与练习

1. 饭店是否配置店属洗衣房，主要考虑哪些因素？
2. 洗衣房的常用设备用品和洗涤剂有哪些？
3. 布草洗涤的程序是怎样的？
4. 客衣洗涤的服务程序是怎样的？客衣服务中发现问题应如何处理？
5. 实地参观饭店洗衣房，了解其功能设计、空间布局及设备用品配置情况。

项目二　布草房运行

随着洗涤业社会化程度的提高，洗衣房已经不再是每家饭店必配的设施，但在饭店经营活动中，无论有无店属洗衣房，布草房都是必须设立的。其主要功能是负责饭店所有布草、制服的贮存、缝补和洗涤后的交换业务，保证饭店布草、制服的及时供应。这项工作虽与客人接触较少，但其服务和管理水平的好坏会直接影响饭店的声誉。因此，饭店应加强布草房的管理工作，力求减少费用、降低成本，为饭店提供良好的后勤服务。

任务一：布草房的布局

一、布草房的布局

布草房通常分为布草房和制服房。为利于布草的运送，布草房一般设在洗衣房附近；制服房则设在邻近员工更衣室、员工浴室之处，以方便员工交换制服。

布草房主要包括收发区、贮存区、加工区和内部办公区。饭店要根据不同区域的功能，合理地进行内部布局，以方便运转，提高效率。

(1)收发区应设在邻近布草房门口的地方，有些饭店设有开放式的收发台，且收发台设计成可活动式的，以便于布草的交换。收发区应备有布草分拣筐。

(2)贮存区是布草房的主要功能区，配有布草架及制服架，设在收发区的内侧。

(3)加工区一般设在布草房的里侧，靠近窗户、自然采光比较好的地方，或室内灯光比较明亮之处。加工区配有缝纫机和工作台。

(4)内部办公区通常设在收发区附近，以便控制管理。

二、布草房的基本要求

布草和制服应存放在合适的环境中，方能延长其使用寿命，减少损耗。其基本要求如下：

1. 库房条件

(1)具有良好的温湿度条件。布草的特点有吸湿后会霉变。霉变的环境条件有湿度、温度、蚊虫等。而防霉的必要条件是通风情况要好，通风良好可防止微生物繁衍；相对湿度不大于50%，最好在40%以下，当环境湿度过大时可使用去湿机；温度在20℃以下为宜。一般在这种环境下存放的布草质量相对比较好。

(2)墙面材料须经过防渗漏、防霉蛀处理；地面材料以PVC地板为佳。

(3)保持整洁。

2. 消防安全设施及要求

布草、制服皆为易燃物品，所以消防要求较高，布草房必须符合消防安全方面的法规。一般布草房内不得存放其他物品，特别是化学物品、食品等。

另外，布草房应有一系列库房管理制度，如定期进行安全检查、库房内不许吸烟、闲杂人员不得入内等。

任务二：布草房设备用品的配置

为满足布草、制服存放要求，布草房应配有相应的设备物品。

1. 布草架

布草架用于存放床单、枕套、毛巾等布草，应设计成开放式的，以利布草通风散热。布草架上需贴有标签，注上分类号，以方便上架和查找。为节约库房的占地面积，充分利用立体空间，布草架应设计成多层次架。

2. 挂衣架

用于挂放洗烫后不宜折叠的衣物，一般为不锈钢管制，高低不同，以充分利用空间。饭店制服房需配有若干挂衣架，衣架杆上最好有固定挂钩并标有工号或姓名，以利制服对号上架。工号或姓名可按数序或姓名拼音字母顺序排列，以方便存取，提高效率。

3. 衣架

洗衣房衣架应和客房衣架有所区别，如衣架上标明洗衣房字样，或颜色和客房衣架不一样，这样可防止衣架的流失。

4. 缝纫设备及物品

布草房配有若干台缝纫机、锁边机等缝纫设备及各色线、扣、剪刀、软、硬尺等设备物品，以供缝补加工布草、制服之用，也可满足一些客人衣物的简单织补要求。

5. 工作台

布草房及制服房应配有若干工作台，用于收发、登记、临时放置布草。

6. 布草分拣筐

用于分拣布草及制服，一般是塑料制品，也可用竹制或柳编制品。

7. 叉衣杆

制服房应配有叉衣杆若干个，长短可灵活调节，用于挂取制服。

8. 包装袋

制服房应备有大小不同的包装袋，用于存放制服。

9. 其他

根据需要还应备有一些适用的物品，如记号笔、盘带等用于给制服编号，使其在洗涤中不会弄混；各类收发、交接表格，以及有关账目的记录本，用于记录布草房的运行情况。

任务三：掌握布草房的运行流程

布草和制服的质量、清洁程度、供应速度是布草房服务和管理水平的最好体现，在很大程度上会影响到饭店尤其是餐饮、客房的正常运转。因此，饭店应对布草房的运行进行严格管理，在保证质量的前提下力求减少费用、降低成本。

布草房每天需收发大量的布草、制服，工作任务比较重，为保证运行效率和效果，必须科学合理地设计布草房各项工作的运行流程。

一、布草的收发送洗流程

1. 客房布草收发

客房布草收发一般有两种方式，一是布草房收发员到楼层收发布草，二是客房服务员到布草房送领布草。

(1)布草房收发员到楼层收发布草。

1)客房服务员将清扫客房时撤下的脏布草送至本楼层指定地点。

2)布草收发员到各楼层指定地点收取脏布草，收取时应仔细清点数量、品种，破损布草剔出另放，核对无误后，客房服务员在“楼层布草每日收发记录表”上签名认可。

3)使用布草车将脏布草运至布草房。

4)根据收取的脏布草的数量、品种，将干净布草送至楼层，交客房服务员清点无误后签字，并将布草车留在楼层备用。

也有的饭店规定布草收发员根据前一日从楼层收取的布草数量、品种送干净布草至楼层，再收取当日撤换下来的布草，其数量、品种又作为次日送干净布草的依据。

(2)客房服务员到布草房送领布草。

1)各楼层客房服务员将本楼层每日撤换下来的布草集中清点、分类，并记录其数量、品种，将破损布草剔出另放。

2)分类打包后用布草车将布草送至布草房。

3)将布草交布草房收发员清点无误后，填写“楼层布草每日收发记录表”。

4)根据脏布草数量、品种，发放干净布草，交由客房服务员清点无误后在收发记录表上签名认可。

无论采用何种方式，其关键是要保证布草的供应，不影响客房的正常使用。

2. 餐厅布草的收发

(1)接收。

1)餐厅服务员将每日换洗的台布、口布、毛巾等布草定时送到布草房，由布草房收发员逐一点收品种、数量，并填写“餐厅布草每日收发记录表”。

2)收布草时，要求餐厅服务员事先抖净布草中的垃圾。

3)布草房收发员对餐厅送来的污损布草进行鉴定登记后填写“布草报损表”，交主管签字后报损。

(2)发放。收发员按核实的品种、数量逐一清点发放，保证所发放的布草洁净无破损，并由餐厅服务员签字验收。餐厅布草一般采用“以一换一”的发放方法，即以脏布草换回同等数量的干净布草。餐厅服务员在领取干净布草后，要在表单上签字。

3. 其他各营业点布草收发

其他各营业点布草包括游泳池、健身房的客用毛巾、医务室的床单等。相对而言，其数量较小，所以多采用送、领的方法，具体做法与客房、餐厅布草的收发相同。

4. 布草送洗和验收

(1)使用布草的各营业点将使用过的布草送布草房后，除需报损的布草外，布草房将脏布草再次清点过数，进行分类。

首先按客房用品和餐厅用品分类，然后按布单类和毛巾类分类，再按颜色分类。因为不同类的布草在洗涤时有不同要求，如餐厅用的台布、口布一般都有油渍、色渍，要用漂白剂洗涤。而彩色台布、口布，则选用防止掉色的洗涤剂洗涤。布单类洗涤后，有些需要上浆，而毛巾类则不用。

(2)布草房收发员将已分类的脏布草分送水洗组，由其按布草分类进行水洗。

(3)对洗衣房洗涤好送回的布草进行检查，查看有否破损，是否洗涤干净。不合格的退回重洗，有破损的挑出报损。

(4)将符合洗涤质量要求的布草分类折叠整理后上架存放备用。

二、布草的使用管理

1. 布草的修补加工

(1)检查。从洗衣房返回的所有布草和制服，都要彻底检查是否有破损。

(2)修补。能够修补的布草、制服，都要交缝纫工做必要的缝补。

(3)鉴定。所有低于标准的布草，都要经客房部经理鉴定后，才能决定是否继续使用或作报废处理。

(4)加工。将可再利用的报废布草进行再加工，改制成婴儿床单、枕套、洗衣袋、抹布等。

2. 布草的盘点

(1)通知。预先通知有关部门及人员做好准备。

(2)清点。对所有布草进行清点，包括贮存在楼层工作间、工作车、餐饮部和洗衣房、布草房的布草。根据不同的规格，在同一时间段内对所有项目进行清点。清点时，需停止布草的流动，防止漏盘和重盘。

(3)记录。将全部盘点结果填写在盘点表上。

3. 布草的报废与再利用

(1)提出申请。因下列情况布草可以申请报废：布草破损或有无法清除的污迹；使用年限已到；统一调换新品种、新规格等。通常由布草房主管核对需报废的布草，并填写报废单。

(2)审批。布草的报废由洗衣房经理或客房部经理审批。

(3)报废布草的处理。报废布草应洗净、做上标记，捆扎好集中存放。

(4)报废布草的再利用。报废的布草如果可以再利用，可由布草房缝纫工加工，改制成其他用品。

4. 布草的添补与更新

(1)申领。根据布草的报废情况，确定需申领的种类和数量。

(2)填写申领单。将布草申领单上各栏目填写清楚，如：数量、规格、颜色等。申领单交客房部经理审批。

(3)领取与核实。凭申领单到总库房领取所需补充的布草。提取布草时，应仔细检查布草数量、种类、规格等是否与领用单相符，质量是否合乎标准要求。

(4)洗熨。领回的布草需全部拆封，送洗衣房洗熨后再使用。

三、制服收发与送洗流程

1. 制服的领发

(1)申领。由申领部门填写“制服申领单”,注明员工部门、工种,并经部门经理审批。

(2)发放。制服房根据员工身材准备制服,视需要加工或改动制服的肥瘦、长短。员工试穿合适后,将号码标记在制服上,并将配套的其他物件按规定统一发给员工。一套制服交员工自己保管,另一套由制服房保存。

(3)记录。将发放制服情况登记在“员工制服登记卡”上,并存档。

2. 制服的收发送洗

(1)一般每位员工应配备两套制服,厨师、工程维修人员可多配一、两套。为保证员工制服的整洁,衬衣、外套以及配套服饰均应包括在洗涤范围内。

(2)制服的收取和发放均在布草房的专用窗口进行,一般采用以脏换净的方式。员工将脏制服拿到布草房,制服收发员在收取制服时,必须检查制服上的编号或姓名有无脱落,以免混淆不清。

(3)制服收发员将收取的脏制服清点登记后交洗衣房查验、洗烫,洗净后再由制服管理员验收入库。

(4)由收发员拿出另一套已洗净的制服交给员工,干净制服与脏制服号码须一致,员工领用时,再次核对。

(5)布草房制服收发员将员工换下的脏制服进行检查、分类,放入不同的布草分拣筐内。

(6)根据制服上的号码、种类、件数填写制服洗衣单,一般分为三联,一联存根,另两联随制服一起送洗衣房。

(7)洗衣房将洗净后的制服与洗衣单进行核对,核对后的洗衣单一联和制服一起送回布草房,一联留存。

(8)布草房人员根据洗衣单验收,对熨烫洗涤质量有问题的制服送回洗衣房重烫或重洗。对有破损或掉扣子的制服交由缝纫工修补。对洗衣房未能及时送回的制服应做好记录,并迅速查明原因。

(9)将符合标准的制服上架或挂放备用。

思考与练习

1. 布草房的主要功能有哪些?
2. 简述布草送洗和验收的运行流程。
3. 制服收发与送洗的程序是怎样的?

综合训练

走访调查当地2~3家不同星级和类型饭店的洗衣房和布草房,了解洗衣房和布草房的结构布局、运行模式和工作流程,结合该饭店的星级档次、客源结构等实际情况,提出合理化建议。

模块四　客房对客服务

学习目标

知识目标：

1. 了解饭店不同类型客人的需求特点、服务方式。

2. 了解饭店服务尤其是客房服务的发展新趋势。

3. 了解不同对客服务模式的职责及其运行过程中的优缺点，熟悉客房服务项目，掌握各项对客服务工作的主要内容与操作标准及要求。

能力目标：

1. 树立科学的对客服务意识，在掌握对客服务基本操作规范的同时，能够有针对性地为客人提供个性化服务，并能在工作中不断提升自己的沟通能力、应变能力与创新能力等。

项目一　对客服务特点与模式

案例导入

有一次，王先生入住了某城市一家四星级饭店，该饭店为高层建筑，地处市中心，交通十分方便。当时正值5月，闷热的天气使人喘不过气来。刚刚下榻，他就急于想喝到冰水，但在房间找了半天，也没找到冰块。电话打到客房服务中心，对方热情地说："请稍候，服务员马上就到。"遇到这么有礼貌的服务，王先生心情顿觉凉爽了许多。不一会儿，一名服务员敲门进来，询问是否需要冰块，他说："是，请马上送来，一会儿我还要出去。"服务员进房巡视一周，问道："您的冰桶呢？"王先生一愣，马上回答说："我不知道，可能进来时就没有冰桶。"服务员转身出去了。王先生心里想，房间里有没有冰桶你不知道，反倒来问我？过了大约10分钟，没有任何动静，王先生又给服务中心挂了电话，对方说："服务员已派去，还没到吗？"王先生说："刚才来了个服务员又走了，已经10分钟过去了，没有再来。"对方说："请别着急，我马上为您催一下。"又过了10分钟，还是不见人影，王先生真的有点急了，这是什么四星级饭店？连这么简单的服务都做不到。越想越生气，他拿起电话给客房服务中心员工讲："找你们客房部经理。""对不起，经理现在不在办公室。"他没办法，只好下楼找到大堂经理投诉。大堂经理先是抱歉，后是保证，说马上就送到。不一会儿，那个服务员提着盛满冰块的垃圾袋送到了王先生的房间。看着垃圾袋，别说吃冰块，连喝热水的心情的都没有了。事隔多年，王先生每次想起此事仍记忆犹新。

问题：

1. 假设你是住店客人，碰到类似情况，你会________________。

2. 假设你是客房服务员，应如何为客人服务？

分析：本案例反映出的问题有：客房用品不到位，物品配备不全，查房不仔细，无冰桶服务员也不知道；服务的预测性不强，天气炎热时应想到备好一些冰块；信息的沟通反馈不及时，服务中心通知服务员服务指挥不灵，服务员无法快速完成服务时不反馈，沟通不畅，信息脱节，造成客人长时间等候，最终导致投诉；无服务质量标准，客房质量标准可分为视觉标准和生化标准两方面，用垃圾袋装冰块既影响了视觉标准，又影响了生化标准。

任务一：了解对客服务特点与要求

一、宾客类型与服务方式

饭店的客源来自世界各地及社会的各阶层，他们的旅行组织方式及旅行目的不一样，有着不同的背景、不同的生活习惯、不同的兴趣爱好以及不同的宗教信仰等。以下即根据不同的划分方法来探讨一下客人的类型及特点。

1. 根据旅行的组织方式划分

(1)散客。主要是指个人、家庭及15人以下自行结伴的旅游者。其中，大部分是因公出差的商务客人，少部分是旅游观光客人。这类客人在饭店滞留时间较长，平均消费水平较高，对客房的硬件和软件的要求都较高。

在客房的硬件方面，他们多选择大床房，要求客房内有电脑接口及不间断电源、办公设备及用品齐全，还要有电热水壶、变压器、国内国际直拨电话、小酒吧等。在客房软件方面，他们要求客房的服务项目齐全、服务快捷高效，客房清扫整理的时间安排要合理且水准要高，并且不希望经常被打扰。

客房部员工在接待这些客人的过程中应注意：当客人到达楼层时，服务员应笑脸相迎，热情问好；主动接过客人的行李，当然为客人提供行李服务时要注意观察客人的态度，不要抢夺；对老弱病残的客人，要主动搀扶，服务要周到，照顾要细心；然后手拿钥匙，引领客人到达所住的房间，进房后根据客人的要求适当介绍饭店情况。

(2)团队。团队客人大多数以旅游观光为目的，也有为执行公务、商务、专业考察、会议、访问及参观比赛或演出而出行的客人。他们一般有组织、有计划、日程紧，一次出租的房间数量多，活动时间统一。除在饭店参加会议的客人外，一般店外活动多，店内停留时间少。饭店虽然给团体客人的折扣较大，但由于出租的房间数量多，因此，其客房收入对饭店来说还是很可观的。

在接待中应注意对旅游团每一位客人要一视同仁，不要谈及有关房价、餐费等问题，不介入他们之间的矛盾，遇到问题时，与接待单位或旅行社的领队联系，要充分做好团队进店、离店前后的各项工作。为更好地为他们提供服务，可以根据接待单位或旅行社通知的预计抵达时间，提前调好室内温度。这些客人一般对卫生要求较挑剔，尤其注重卫生间的清洁。因此，在清扫客房卫生时，口杯、洁具一定要按标准进行严格的清洗消毒。

2. 按旅游目的划分

(1)观光客人。这类客人的主要目的是游览中国风光，了解风土人情，进行文化交流，品尝地方风味。他们游览参观的项目多，一般每日行程安排较紧，在饭店逗留的时间较短，白天在外观光体力消耗大，希望回饭店能得到很好的休息，尽快消除疲劳。他们喜欢购买旅游纪念品、拍照留念等，对于邮寄信件或明信片等委托服务的需要量较大。因此客房服务员应努力为这类客人创造一个安静、温馨的居住环境，使他们有充足的精力、愉悦的心情完成旅行活动，同时应及时准确地为其提供叫醒、问询、购物等服务。一般叫醒服务由前厅总机负责，但如果需要客房服务员配合时，在提供叫醒服务时一定要听到客人的应答，以免耽误客人的活动。

(2)商务、公务型客人。此类客人占饭店客源的大多数。据统计，全世界饭店客源中，此类客人占53%，其中支出至少占全球旅游观光消费的2/3强。因此，他们对饭店的经营至关重要，要好好接待他们。这类客人对饭店要求较高，其中国际旅客要求享受高级生活待遇和优良的服务，因工作关系对自身形象也较注意，要求饭店能够提供高质量的洗衣服务、擦鞋服务及其他委托服务。国内公务旅游客人的消费水平以能够报销账目为限度，夜间往往需要娱乐活动，同样要求有较好的服务。通常，这类客人都较忌讳服务员挪动他们的办公用品、办公资料。因此，服务员在处理此类客用品时要特别小心，严格保密，不得随意翻动，同时也不得随意拔掉电源插头，以免给他们造成损失。

(3)疗养、度假型客人。此类客人以国内客人为主，他们多选择度假型饭店。此类型的客人与观光客人的区别在于，他们的目的地一般只有一个，且逗留时间较长。因此，他们对客房的要求较高，如24小时有热水、外景较好、室内冷暖适度等。同时，对其他一些辅助服务也有要求，如送餐、小酒吧、委托代办、托婴服务等。通常，他们喜欢有丰富多彩的娱乐项目，喜欢同服务员打交道，希望得到热情随和的服务。另外，此类客人对饭店的建筑格局也有特定的喜好如园林式、别墅式建筑，对客房的安全也很在意。

(4)蜜月旅游客人。此类客人一般对房间有一定要求，如大床房、外景佳、房间整洁等。如果为他们做特别布置，效果会更好，比如向新婚客人赠送礼品，增加欢乐气氛，做到既庄严、隆重，又热情礼貌。与客人见面时要讲祝福的话，平时多介绍景色优美的旅游点、旅游纪念品商店和风味餐馆的所在位置，方便客人游玩和购物。他们比较反感被打扰，因此在服务上要特别注意时间的安排。

(5)会议旅游客人。此类客人人数多、用房多、活动有规律，且时间集中，因此客房服务任务重、要求严格。客房部在服务时要注意服务人员的灵活调配及会议室、客房、公共场所的合理布置和利用，并随时留意房间内信封、信纸、笔等文具用具的配备。

(6)文艺、体育代表团客人。这类客人以参加当地比赛或演出为目的，一般以团队的形式出现，生活规律强。此类客人服务需求通常较集中，客房部要做好妥善调配工作。文艺代表团成员对服饰比较注重，对客房洗衣服务的要求较高。

3. 按宾客身份划分

(1)政府官员。此类客人对服务及接待标准要求很高，重视礼仪，店内逗留时间短。客房服务人员应避免过多进入客人房间，做客房卫生时尽量在客人外出时进行，要特别注意不要动客人的文件，注意尊重客人的隐私，严格按照有关部门和接待单位的要求做好保密工作。对客房的所有设施设备及电器进行检查，对各种安全隐患要立即消除。他们对服务效率也有更高的要求。

(2)新闻记者。由于职业关系，此类客人生活节奏快，因此要求有较高的服务效率。他们把房间既当卧室又当办公室，各种稿件、传真件、复印件较多，东西摆放比较杂乱，希望房间有完备的通信设施、齐全的办公用品，希望准时得到当天的报纸等。这类客人一般都比较敏感，服务方面要特别留意。

(3)专家学者。此类客人多喜欢清净的客房及舒适周到的服务。

(4)体育、文艺工作人员。文艺演出和体育代表团中的明星，很容易引来一大批的“追星族”，要及时发现和劝阻来自店内和店外的追星族，以免影响客人的正常生活。同时，作为服务员不要找客人索取签名。为他们保密及在安全上的服务尤为重要。必要时，可向保卫部汇报，请求协助。

(5)长住客人。通常视为贵宾来接待。客房的清扫时间可与客人协商，定期征询客人的意见，注意与客人之间的关系。房间内物品供应齐全，提供足够的衣架及其他用品。

4. 按宾客国别划分

(1)外国客人。在生活习惯方面，外宾习惯于晚睡晚起，对窗帘的遮光效果要求较高；对客房的卫生设施、设备非常敏感，喜欢淋浴，24 小时热水供应对他们来说是一种必须；对室内温度要求较高，大多数外宾夏天喜欢把室内温度调得很低，很多人一年四季食用冰块；在消费方面，习惯于享用饭店提供的洗衣服务、房内用膳服务、房内小酒吧服务等。从事外宾接待工作，对客房服务员的语言有一定的要求，同时还要求服务人员尊重客人的不同文化。

(2)国内客人。一般以公务散客为主，观光旅游团队也占有一定比例。他们习惯于随叫随到的服务方式。相当一些内宾有午睡习惯，不希望在中午被打扰。此外，内宾喜欢在客房内会客，访客较多。

(3)港、澳、台地区客人。接待中要注意保持热情的态度、周到的服务，可适当地介绍当地的风土人情、购物场所等，给他们以宾至如归的感觉。

二、对客服务的特点与要求

1. 对客服务的特点

客房服务与饭店的前厅、餐饮等服务既有相同之点又有不同之处，对其特点进行研究有利于服务的针对性。客房服务的主要特点是：

(1)体现出“家”的环境和气氛。既然饭店的宗旨是为客人提供一个“家外之家”，因此，能否体现出家的温馨、舒适、安全、方便，就成为客房对客服务成败的重要因素之一。在对客服务中，我们的客房服务人员扮演着“管家”、“侍者”的身份，因此要留意客人的生活习惯，以便提供有针对性的服务，给客人“家”的感受。

(2)对客服务的表现形式“明”、“暗”兼有。客房服务是有形服务和无形服务的综合体现。客房一旦被客人租用，就成为客人的私人领域。客人进入房间后，是通过床铺的整洁、地面的洁净、服务指南的方便程度等感受到客房服务人员的服务。客房对客服务的这一特点，使客房服务人员成为饭店的幕后英雄，但这并不表示没有面对面的服务，如送、取客衣，客房清扫，输送物品等往往又是“明”的，是面对面的。因此，服务人员在对客服务时要讲究礼节、礼貌。客房服务“明”、“暗”兼有的这一特点对客房服务人员的素质提出了很高的要求。

(3)服务工作的随机性。客房服务项目众多，工作十分琐碎，各服务项目之间没有非常明显的直接联系，且客人没有固定需要某项服务的时间，随机性很强，给服务工作带来了较大的难度。服务员滞后的服务会使客人感到服务不周，但过度热情的服务又会使客人产生惧怕，在一定程度上造成对客人的干扰。

(4)服务工作的不可重复性。客房服务大多是“生产”和“销售”同时进行，这就导致了客房服务工作的不可贮存性。有些服务项目看似不与客人面对面接触，但从其服务项目的开始，一直到完结都需要服务员与客人进行沟通，服务的任何环节出了问题都会给客人留下不好的印象，既使返工重做也无法挽回已经产生的不良印象。为此，客房服务工作必须认真细致，绝不允许有任何错误。

(5)质量的不稳定性。服务人员因生活、学习、工作的环境不同，素质也各不相同；受不同的环境影响，每天的心情也不一样，因此在一定程度上造成了服务质量的波动。随着社会的发展，人民生活水平的不断提高，使得饭店的客源十分复杂，客人与客人之间既有经济上的差别，地位上的悬殊，又有文化程度上的差异、风俗习惯的不同等，再加之旅行目的不同，对服务的需求与期望也存在很大的差异，即使对相同的服务也会有不同的评价，造成服务质量的不稳定。

2. 对客服务的要求

客人在下榻期间，逗留在客房内的时间最长，客房部对客房服务水准的高低，在很大程度上决定了客人对饭店产品的满意程度。这就要求客房部的对客服务要以与其星级相对称的服务程序及制度为基础，以整洁、舒适、安全和具有魅力的客房为前提，随时为客人提供真诚主动、礼貌热情、耐心周到、准确高效的服务，使客人“高兴而来，满意而归”。

(1)真诚主动。员工对客人的态度，通常是客人衡量一个饭店服务质量优劣的标尺。真诚是员工对客人态度友好的最直接的表现形式。因此，客房服务首先要突出真诚两字，实行情感服务，避免单纯的任务服务。我们通常所说的提供主动的服务，是以真诚为基础的一种自然、亲切的服务。主动服务来源于细心，即在预测到客人的需要时，就把服务工作做到客人开口之前，如客人接待朋友时主动送上茶水。这些看似分外的工作，却是客房服务人员应尽的义务，更是优质服务的具体体现。客房服务人员要把客人当作自己请来的朋友一样对待，这是提高服务质量的有效方法。

(2)礼貌热情。礼貌待客主要通过服务员整洁的仪容仪表、自然亲切的语言、悦耳动听的语音语调、端正得体的举止、落落大方的态度等方面表现出来。热情待客会使客人消除异地的陌生感和不安全感，增强对服务员的信赖。

(3)耐心周到。客人的多样性和服务工作的多变性，要求服务人员能正确处理各种各样的问题，必须经的起委屈、责备、刁难，要摆正心态，把“对”让给客人，耐心的、持之以恒地做好对客服务工作。服务人员要掌握客人在客房生活期间的心理特点、生活习惯等，从各方面为客人创造舒适的住宿环境。通过对客人方方面面的照顾、关心，把周到的服务落到实处，充分体现出“家外之家”的真正含义。

(4)舒适方便。客房是客人入住饭店后长期逗留的场所，因此，对客房的舒适性、方便性也最为重视。如服务员应定期翻转床垫，以保证床垫不会产生局部凹陷；应留意客用品的摆放，以方便客人的使用。

(5)尊重隐私。作为饭店工作人员，特别是接触客人时间最长的客房部员工，有义务尊重住店客人的隐私。服务员应该做到不打听、不议论、不传播、不翻看客人的书刊资料等，要为客人保密。

(6)准确高效。为客人提供快速而准确的服务。效率服务是现代快节奏生活的需要，是优质服务的保证。饭店服务质量中最容易引起客人投诉的就是等待的时间太长。客房部应对所提供的服务在时间上进行量化规定，制定切实可行的标准。速度和质量是一对矛盾，在制定标准及具体服务工作中，要正确处理两者之间的关系，切忌只求速度，不求质量。

任务二：熟悉对客服务基本模式

案例导入

"是房务中心吗？你们那儿有果盘吗？请你们送两个果盘来，我是6012房间。"房务中心的小文接到电话后立即答应道："请稍等，马上送来。"小文打电话到水果房请服务员提供两份果盘，服务员则问："果盘通常有五款，分别为158元、88元、58元、38元、10元，客人要的是哪一款？"一时可把小文问住了，因为刚才小文压根儿就没问要哪一款的。"这样吧，就选58元的，做好后请你们服务员送到客人房间。"小文回答道。

水果房服务员端着两份已做好的果盘敲开了6012房门，出来迎接服务员的是一位戴眼镜的中年男性顾客。他一看面前的果盘，立即皱紧眉头，掠过一丝诧异的眼神，随即笑道："彼果盘非此果盘也。你们搞错啦，我要的只是空果盘，我要送给隔壁房间的领导。你们怎么不问清楚就送水果来了？"说完又哈哈大笑。水果房的服务员也觉得有点尴尬，不由自主地也笑了，然后说："对不起，是我们搞错了。您要的两个空果盘，我们马上送来。"说完只好将两份水果端走。为了这两份水果有人"买单"，水果房领班按酒店规定，请服务员把这两份水果送到房务中心，以成本价"卖"给了接听电话的小文。在场的同事听完小文讲述的水果的来历后，一个个都乐了——下班后可以分享小文"买"来的水果啦！

问题：

1. 宾客与饭店之间只是通过电话联系，对服务是否有影响？有________没有________

2. 对此存在的不足能否用其他的方式加以弥补？能________不能________

分析：小文之所以"买"下这"苦果"，缘于工作马虎，如果小文能够多问一句"你需要哪一价位的"，我想就不会发生这种离奇的事情了。因此，服务员接受客人服务要求，切不可漏了"确认"这一环节。类似于这种缺乏确认而铸成错误的事件不胜枚举。这里要特别提醒管理人员注意的是，在许多的服务程序中一定要设立确认这一环节，尤其是涉及与金钱相关的工作，而服务员在服务过程中也要特别注意严格执行这一确认环节。

一、服务模式之一——楼层服务台

在客房楼层设立的服务台称为楼层服务台或楼面服务台，配备专职对客服务人员，服务台后面设有供客房服务员使用的工作间。楼层服务台一般设在靠近电梯口的位置，提供24小时对客服务。楼层服务台具有服务中心的功能，受客房部经理和楼面主管的直接领导，同时在业务上受总服务台的指挥，如同前台互通信息、核对房态等。这种模式是我国饭店客房服务中最基本的传统模式。

1. 楼层服务台的职能

(1)服务中心。楼层服务台是为本楼层客人提供服务的基地。服务内容主要有：①迎接客人，楼层服务台负责欢迎住店客人的到来，向客人介绍客房设施设备及酒店服务项目；②

欢送离店客人，并为客人安排行李员协助运送行李；③客人住店期间应其要求，随时为客人提供服务，如回答客人问询、为客人送茶水、收取客人待洗衣物、处理客人的委托代办事项、电话留言及其他有关事宜、为客人提供叫醒服务等。

(2)联络中心。楼层服务台是客房部与饭店其他部门的联络中心。因工作需要，楼层服务台经常要与饭店其他部门发生联系。这些部门主要有：

1)总服务台。一般情况下，客人办理住宿、离店手续时，要与总服务台互通情况。当客人办理住宿登记手续时，总台要通知楼层服务台做好接待准备。当客人离开时，楼层服务台要进行查房，看看客房物品有无丢失、损坏，是否有客人的遗留物品，同时查看房内小酒吧的使用情况，并将这些信息电话通知总服务台。总台接到这些信息后，方可为客人办理结账离店手续。另外，楼层服务员要立即通知客房清扫员，尽快将离店客人的房间打扫干净，并及时通知总台以备再次出租该房。有些饭店客房的楼层服务台设有房间指示器，直接与总服务台相连，显示客房是否已经清扫的状况。此外，客人住宿时间、住宿条件、住宿人数等的变动以及行李的进出等情况都要与总台取得联系。

2)工程维修部。当客房设施发生损坏或出现故障，如恭桶不灵、电灯不亮、空调失控、电视图像不清等问题时，可由楼层服务台通知工程部维修。

3)餐饮部。客人需要饮食服务时，有时会与楼层服务台联系。这时楼层服务台会通知餐饮部门，协助餐饮部做好饮食服务工作，特别是房内用餐服务。

(3)安全中心。安全工作是饭店管理工作的一项重要内容。饭店安全事件大都出现在客房楼层。在楼层设立服务台有助于消除不安全因素。楼层服务台应妥善保管客房钥匙，随时掌握客人的动态，记住客人的姓名、特征、房号，密切注意楼层动静，及时消除不安全因素。

2. 楼层服务台模式的优点

作为一种传统的接待服务组织形式，楼层服务台有其弊端但也有其特有的优势。

(1)有利于客店沟通，人情味浓。这是楼层服务台最突出的优点，也是最能体现、最能代表“中国特色”的优点。楼层服务台加强面对面的对客服务，突出人情味，利于情感交流，使客人产生亲切感。试想每当风尘仆仆的客人一步入楼层就受到服务员热情的欢迎、亲切的问候与关怀，一缕温情必将涌上心头，更容易产生“宾至如归”的感觉。

(2)提高服务的时效性和主动性。客人一旦有疑难问题需要帮助，一出客房门就能找到服务员，极为方便，使客人心里踏实。同时服务员还能够根据自己时时捕捉到的信息，预见客人的需求，主动及时地向客人提供服务。在以接待内宾会议客人为主的饭店里，甚至在一些豪华饭店里，楼层服务台仍受到客人们的欢迎。

(3)有利于保障客房安全。设立楼层服务台还有利于对楼层安全管理。由于每个楼层服务台均有服务人员值班，因此对楼层中的不安全因素能及时发现、汇报、处理，尤其适合于车站等人流量大、治安较乱的地区。

(4)有利于客房销售。对于有关客人入住、退房、客房即时租用的情况，楼层服务台能及时掌握，有利于前台客房销售工作。

(5)能加快退房的查房速度。这样能避免使结账客人等候过久。

3. 楼层服务台模式的缺点

(1)劳动力成本较高。由于楼层服务台均为24小时值班，要随时保证有人在岗，因此仅值台一个岗位就占用了大量人力，由此给饭店带来较高的劳动力成本。在劳动力成本日益提高的今天，不太适合现代饭店“开源节流”的趋势。

(2)管理点分散，难以控制服务质量。楼层服务台的专职服务员必须具备很好的素质，才能胜任楼层各项服务工作。因为，员工作业的独立性很强，业务的随机性也很大，分布在每个楼层的服务台势必造成管理幅度的加大，每个服务台上的服务员的素质多少又有些差异，这对保障客房服务的质量带来很大的困难。一旦某个服务员出现失误，将会直接影响整个饭店的声誉。

(3)易使部分客人产生被“监视”的感觉。住店客人总希望有一种自由、宽松的住宿环境，尤其是一些西方客人对自身的各种权利非常重视，特别是个人的隐私权。再加上有些饭店的值台服务员对客人的服务缺乏灵活性和艺术性，语言、表情、举止过于机械化、程序化，更使客人容易产生不快，这些都有可能使部分客人感觉不自在，从而产生被“监视”的感觉。

二、服务模式之二 ——客房服务中心

为了使客房服务符合以“暗”的服务为主的特点，保持楼面的安静，尽量减少对客人的干扰和降低饭店的经营成本，从 20 世纪 80 年代初期开始，随着国际饭店管理模式的引入，越来越多的饭店采用客房服务中心的服务模式。

客房楼层不设服务台，而是根据每层楼的房间数目分段设置工作间。工作间在形式上是不对外的，也不承担接待客人的任务。客人住宿期间需要找客房服务员时，可以直接拨内线电话通知客房服务中心。服务中心实行 24 小时值班制，在接到客人要求提供服务的电话后，联络员进行详细记录，并迅速通过饭店内部的呼叫系统通知客人所在楼层服务员上门为客人服务，从而完成对客服务工作。

这种模式具有减少人员编制、建立专业化对客服务组织及强化客房管理的特点。作为从国外引进的一种服务组织形式，服务中心在实际运转中也有其利弊，研究其利弊对提高客房管理水平，同时进一步完善这种形式，使之更适合我国旅游饭店的客房管理工作都具有重要的意义。

1. 客房服务中心职能

(1)信息处理。凡有关客房部工作的信息，包括工作信息、服务信息、宾客信息等，如通知维修、通知客人某些事情，几乎都要经过客房服务中心的初步处理，以保证有关问题能及时得到解决或传递。

(2)对客服务。客房服务中心，顾名思义，其最主要的职能就是对客服务，通过配备人力、物力满足客人的各种合理需求。住客通过电话将服务要求通知客房中心，联络员进行详细记录，并迅速转接有关楼层的服务员，从而完成对客人的服务。客人住店期间所需的各种日常零星服务，如送水、借用物品、送冰块、房内物品修理等都可以通过客房服务中心来迅速完成。客房中心 24 小时运行，联络员必须反应敏捷，善于协调，能妥善处理各种情况。

(3)员工出勤控制。所有客房员工的上、下班都要到客房服务中心签到、签离，这不仅方便了考勤的统一管理和对客服务工作的统一调控，还有利于加强员工的集体意识。

(4)钥匙管理。客房部所使用的各种钥匙都集中于客房服务中心，由中心统一签发、签收和保管，各班组每天必须到中心领取和交回钥匙，履行签字手续，这是客房服务和安全的重要保障。

(5)失物处理。整个饭店的客人遗留和遗失物品的处理和保存都由客房服务中心负责登记造册、储存保管、招领送还客人，使失物的招领和返还工作做到统一管理。

(6)档案保管。客房服务中心负责保存客房部所有的档案资料，并必须做到及时补充和更新整理，以保证有关档案资料的完整和详细，使管理和服务具有连续性。

(7)投诉处理。接受客人投诉，并及时进行处理和汇报。

(8)协调与其他部门的关系。

2. 客房服务中心模式的优点

(1)降低了劳动力成本。由于采用服务中心的形式，减少了台班的班次，原来在楼层值台的人员就可以省去，如每个楼层一天 3 个班次可省去 3 名员工，10 个楼层就可省去 30 名，加上休息替班的人员就会超过这个数字。因此大大减少了客房部的人员编制，降低了劳动力成本。这在劳动力成本日益提高的今天尤其重要，是减员增效的有效方法之一。

由于客房中心联络员以电话服务为主，人数不多，所以招聘、培训及管理工作相对来说要容易得多。

(2)营造了宽松、自由、和谐、温馨的住宿环境。从对客服务的角度看，客房服务中心最突出的优点就是给客人营造了一个自由、宽松的入住环境；同时，使客房楼面保持安静，减少了对客人的过多干扰。楼层没有固定的服务员，突出"暗"服务为客人的隐私心理提供了空间。让客人感到饭店处处都在为自己服务却又看不到服务的场面，如同在自己家里一样自由自在、无拘无束、方便舒心。

另外，由于客人的服务要求由专门的服务人员上门提供，能让客人感受到更多的个人照顾，符合当今饭店服务行业"需要时服务员就出现，不需要时就给客人多一些私人空间"的趋势。

(3)实现了客房对客服务管理的专业化。从客房管理工作的角度来看，采用服务中心的模式加强了对客服务工作的统一指挥，加强了领班的监督检查职能，强化了服务人员的时效观念，提高了工作效率，实现了客房对客服务工作的专业化，服务质量也更容易控制。

除了提供电话服务以外，客房中心还承担着客房部与其他部门、客房部内部的信息传递、工作协调、出勤控制、钥匙管理、遗留物品管理、资料汇集等工作，这样便于信息、人员、物品等的集中管理和调配，有利于部门的专业化管理。

3. 客房服务中心模式的缺点

(1)亲切感较弱。由于楼层不设专职服务员，服务中心与客人之间也不是直接面对面的服务，弱化了服务的直接性，因此给客人的亲切感较弱。

(2)服务缺乏预见性。由于客房服务中心是根据客人的需求提供服务，因此，服务员往往缺乏对客服务的预见性，如果有些客人出现一些急需解决的困难，服务的及时性必将受到影响，使客人感到不便。遇到一些会议客人、团体客人时，他们的服务要求一般比较多，让客人不停地拨打服务中心的电话，必定会让人不耐烦。

(3)缺乏安全性。采用服务中心的模式对楼层上的一些不安全因素无法及时发现和处理，在某种程度上影响了客房产品的安全性。

(4)对人员和设施要求较高。由于客房楼层不设服务台，楼层上不安排专门的对客服务员，对客服务沟通方式由客人找楼层服务员转变为打电话给客房服务中心联络员，因此联络员必须具备良好的沟通能力、反应能力和协调能力，能妥善处理各种情况，这对他们提出了较高的要求。同时对客房部的通信设施、服务设施和安全设施也有了更高的要求。

4. 设立客房服务中心应具备的条件

由于客房服务中心管理方式不是面对面的对客服务，为此采用此种方式的饭店必须具备以下几个方面的条件：

(1)饭店必须有比较先进的通信设备和服务设施。为了保证服务工作的效率，客房中心要有先进的通信联络设备，以保证信息的通畅。一般来说，应具备同时接听四个电话的能力，一部对客，一部对内联系，另两部电话与前厅接待和收银保持热线联系。同时，还要有快速灵便的传呼手段，因而需要建立一个独立的寻呼系统。

(2)饭店必须有较高的安全保障。饭店必须有比较先进的安全设备，有较高的安全系数。一方面饭店客人住的楼面与其他区域严格分开，职工通道与客人通道分开；另一方面楼层出入口等关键部位应有安全监控设施。

(3)饭店必须有有较完备的服务项目。服务项目多数在客房内设立，使客人能自己动手，满足起居生活的需要。例如，热水供应、可饮用的冷水、电热水瓶、服务指南、游览图等用品，都要一应俱全。

三、服务模式之三 ——客房服务中心与楼层服务台并设

由于饭店的组织机构设置不同，经营管理方式各异，饭店受不同设施、设备和人力条件的限制，会采取不同的对客服务模式。国外饭店多采取客房服务中心的模式，楼层服务台模式较少。在我国，以前绝大多数都是楼层服务台模式，但随着改革开放，客房服务中心模式也逐渐被我国饭店采用。随着饭店业的不断发展，不少饭店在设立楼层服务台和客房服务中心的过程中，逐渐感觉到这两种模式的不足，因而有越来越多的饭店采用既设立客房中心又设立楼层服务台的综合模式，以吸取两种模式的优点而克服其部分缺点，在工作中扬长避短。当白天楼层事务以及对客服务工作任务较多，楼层服务员的工作量较为饱满时，楼层服务台配有专职服务员；而到夜间，大多数住客都休息，对客服务的工作也较少，一般可不安排专门值台。如果客人需要服务，可由夜班服务员负责落实。夜班服务员一般在客房服务中心待命，当客人打电话要求服务时，夜班服务员立即前往提供服务。当然具体情况应在服务指南中向客人说明，以方便客人。而有些饭店在某些楼层(如商务楼层)设服务台，其他楼层则采用客房服务中心提供服务的模式。

思考与练习

1. 试根据不同的标准对饭店宾客类型进行科学梳理，在此基础上对不同类型宾客的特点、客房服务需求进行分析，并提出有效的服务对策。

2. 常见的客房对客服务模式有哪些？试对这些模式进行分析和比较。

3. 结合实际谈谈您对某一客房对客服务要求的理解。

项目二　对客服务项目与规程

案例导入

凯利饭店刚刚开业就住进一位程姓客人。他享受了第一批客人的优惠价格,但程先生对什么都不满意,还经常找借口拖付饭店的房租,饭店对程先生的一些无理要求都婉言谢绝了。饭店还提示各部门对这位客人要十分小心,不要让他抓住任何把柄,以免引起无谓的投诉。果然不出所料,有一次程客人要洗一条裤子,服务人员帮助客人填好洗衣单,送到洗衣房。这是一条需要干洗的裤子,干洗员洗涤以后,检查发现,裤子右腿下部有一小块污渍没有洗干净,他用常规方法进行处理,效果不好,又添加了一种比较强的去污药剂,用高压蒸汽喷嘴进行处理,污渍很快除去。当日下午由客衣服务员送到客人手里,客人对裤子进行了仔细检查,发现裤子右腿下部被处理的地方光泽有些异常,便问服务员员是怎么回事,服务员回答说:"原有一块污渍,我们给您做了特殊处理。"客人一听就火了,大叫:"谁让你们处理的,叫你们经理来!"服务员一看客人火了,一句话也不敢说,赶快打电话给洗衣房。洗衣房经理来到客人房间,等待他的是同样的质问。洗衣房经理解释,客人不听,要求饭店按原价进行赔偿,赔偿价格达7000元人民币,这是一条登喜路牌的裤子。饭店本想赔偿洗衣费的10倍,但客人不接受这个解决方案,并威胁说:"解决不了,我就向报界曝光。"为了减少影响,饭店经过多次交涉,做了妥协,给他减免了部分房费,并赔偿现金3000元,才平息了这场风波。

问题:

1. 程先生是一位比较挑剔的客人,在服务过程中,应注意工作方法与技巧,如果你是客房服务员,你会____。

2. 从此事中应吸取什么经验教训?

分析:在这次纠纷中客房部员工有三个方面失误:①帮客人真写洗衣单后应让客人签字确认,并仔细检查有无脱扣、污渍等情况,如有也一起写到洗衣单备注栏内,向客人说明尽量清除;②干洗员在洗涤前也应再次检查,确认污渍类别以作处理;③洗涤后发现污渍无法去除时应向客人说明,征求客人意见,不应擅自加大药剂处理。如客人要求除渍时,可下一个去污通知单,注明:我们将小心处理,确保质量效果,但出现问题,将不负担赔偿责任等内容。此通知单客人签名后,洗衣房方可进行除渍或修补处理。

随着宾客需求的不断变化,饭店客房部的服务项目和服务内容在饭店业的发展进程中得到不断调整,不同星级档次的饭店在服务项目的设立和服务标准要求上也有一定的区别,但基本的对客服务工作仍包括以下的方面。

任务一:宾客迎送服务

一、宾客迎接服务

1. 迎客准备

客人到达前的准备工作是客房接待服务的序幕,要做到充分、周密和准确,并于客人到店前完成。具体要求做到以下几点:

(1)了解客人情况。楼层服务台接到总台传来的接待通知单后,应尽可能详细地了解客情,包括客人的人数、国籍、抵离店时间、宗教信仰、风俗习惯、接待单位、客人生活标准、付费方式、活动日程等信息,做到"七知道、三了解":知道接待单位、人数、国籍、身份、生活特点、接待标准、健康状况;了解客人到(离)店时间,了解车、船、航班时间,了解客人宗教信仰,做好各项准备工作。

(2)布置房间。按饭店规定对客房进行布置,补齐日用品,补充小冰箱的食品饮料。如客人或接待单位有特殊要求的,应尽可能予以满足,以示对客人的尊重。房间布置完毕,还要对室内家具、水电设备及门锁等安全设施再进行一次全面检查,发现有损坏失效的,要及时保修更换。在客人到达前,应根据气候情况调节好客房室温。如果客人预计到店时间较晚,可提前做好夜床服务。

(3)准备迎接。做好各项准备工作后,服务员应根据客人抵店时间在指定地点迎候。

2. 迎接服务

客房服务员一般只在楼层迎接入住客人,因此客房服务的迎接工作一般是在客人乘电梯上楼进房间时进行的。客人经过长途跋涉,抵达后一般比较疲惫,需要尽快妥善安顿,以便及时用膳或休息。因此,这个环节的工作必须热情礼貌、服务迅速、分送行李准确、介绍情况简明扼要。

(1)迎接宾客。当客人步出电梯时,服务员应微笑问候,并作自我介绍,然后问清客人房号,引领客人进房。若无行李员陪同时,服务员还应帮助客人提拿行李。

(2)引领客人。客人抵达客房楼层时,服务员应引领客人到其入住的客房,特别是第一次入住的新客人。服务员在引领时应走在客人的斜前方,与客人保持1米左右的距离,行走速度以客人的速度为准,转弯时应停住,面向客人伸手示意,待客人到所住房间时,按规程为客人开门,插上取电卡,请客人先进房间。

(3)介绍情况。进房后服务员可向客人简单介绍饭店的服务设施、营业时间、收费标准和房内设备使用方法等情况。如客人面带倦容或是再次入住则可不作介绍,只要告诉客人客房服务中心的电话号码即可,祝客人住店愉快,然后退出房间面向客人轻轻关上房门。

(4)记录。回到工作间按要求做好工作记录。

二、宾客送别服务

在得知客人的离店时间后,客房服务员要帮助客人做好离店前的各项准备,使其感受到临行前的热情关照。包括三个环节:客人行前的准备、离开楼层时的送别和离开后的检查工作。

1. 行前准备工作

服务员应掌握客人的离店时间,检查客人洗烫衣物是否送回,各种账单及各项委托代办事项是否办好。提醒客人收拾好行李物品并仔细检查,不要遗忘在房间。问清客人是否需要行李搬运服务,如果需要的话,应问清具体的搬运时间及行李件数,而后及时通知前厅行李组,早做准备。送别团体客人时,要按规定时间集中行李,放到指定地点,清点数量,并协同接待部门核实件数,以防遗漏。临行前,还应主动征求客人的意见。

2. 离开楼层时的送别

客人离房时要送到电梯口,主动为客人按电梯,协助行李员将行李送入电梯、放好。当电梯门即将关闭时,面向客人,微笑告别,并向客人表示欢迎再次光临。对老弱病残客人,要护送下楼至大门或上车。

3. 善后工作

客人离开楼层后,应迅速进入房间仔细检查衣柜、床铺、卫生间等处有无客人遗留物品,如有立即派人追送,如追送不到应做好记录上交,以备客人查找时归还。同时检查房内物品有无丢失,设备有无损坏,有无消费项目,如有立即通知总台收银处请客人付账或赔偿。最后做好客人离房记录,更新房态。

知识拓展 4-1

客人离店查房的特殊情况处理

◆ 接前厅收银处通知退房,客房服务员应尽快查房,但发现客人的房门挂有"请勿打扰"牌,服务员不能进房打扰客人,应将此情况及时通知前厅收银员,并注意该房情况。若房内有客人,应等客人出来后再查房;若该房客人已不在房内,则应通知领班一起进房查看。

◆ 服务员查房时发现床罩、地毯有烟头烫痕或其他设备物品有损坏或遗失,应保持该区域原状,然后通知大堂副理查看现场并与客人协商赔偿事宜(是否需要赔偿、赔偿标准等往往因饭店而异、因客人而异)。等索赔后服务员再进行清扫或修理。

◆ 处理客人遗留事项。有的客人因急事提前退房,委托服务员代其处理未尽事宜。服务员承接后要做记录并履行诺言,不要因工作忙而丢在一边。

任务二:宾客住店服务

一、清扫服务

宾客住店期间,任何饭店都有责任为其提供清扫服务以保持房间的整洁。此项工作一般采用日常清洁保养与周期性清洁保养相结合的方式进行。客房服务人员不仅要按规程定时进房整理房间,而且还要根据客人的要求,随时进房提供清扫整理服务,做到定时与随时相结合。至于哪些内容安排为日常清扫项目,哪些安排成周期性清洁保养项目;是采取二进房的服务规程即白天的大清扫和晚间的夜床服务,还是一进房的服务规程,各饭店应根据自身的实际情况而定。

二、代客开门服务

饭店有时会出现客人不小心把房间钥匙落在房内或其他地方,又或者因为饭店计算机系统问题而导致客人的房间钥匙失灵不能打开房门等无法进入房间的情况,这时需要服务人员为其提供开门服务。

(1)客人在楼层要求服务员开门时,应请客人到前台办理开门手续。注意不能开任何房间给客人打联系电话。

(2)若客人坚决不肯去办理手续的,需查看客人的身份证、护照等有效证件,核对身份和照片。

(3)服务员接到客房服务中心通知为客人开门的通知后,应先了解客人姓名,待客人到时核对无误后方可帮客人开门。

(4)帮客人开门时也要注意操作规程,不能直接将房门打开,以防另有客人在房内。

(5)开门后做好记录。

(6)公安人员因办案要求服务员开门时,应由饭店保安人员陪同并同意开门。若无人陪同又因时间紧迫必须立即开门的,服务员应验明来者的有效证件后方可开门。同时应立即向上级报告。

(7)服务员应灵活处理开门事宜,注意语言技巧。如果遇到长包房客人和常客要求开门,必须经准确判断后方可开门。

三、洗衣服务

我国旅游饭店星级评定标准要求二星级以上的饭店为住店客人提供洗衣服务,当然不同星级的饭店在提供这项服务的程度和要求上会有所不同。洗衣服务是客房日常服务中一项比较细致的工作,所以工作人员应该特别注意,不能因缺乏常识和粗心大意而出现差错。洗衣服务的主要内容为:

1. 为住客提供洗衣袋和洗衣单

客房的写字台抽屉内或壁橱内放有洗衣袋和洗衣单。以前使用的洗衣袋多为一次性塑料袋,考虑到环保和降低费用的需要,现在很多饭店都改用布袋。布袋可多次使用,只要洗净、熨平,保持清洁即可。洗衣单有干洗、湿洗、熨烫三栏,客人可根据需要填写。洗衣单的内容包括不同衣物洗烫价格、要求提供此项服务的一些注意事项,如加快洗衣的收费,衣物遗失或损坏的赔偿,以及客人的姓名、房号、送洗日期、送洗衣物的件数等。为方便客人填写,洗衣单采用无炭复写,一般一式三联,第一联和第二联送至前厅收款(一联作为记账凭证,一联在客人结账时交给客人),第三联供洗衣房留底。

2. 收取客衣

住客如果有衣物要洗,都必须填写洗衣单并签名。然后将填写好的洗衣单连同需洗衣物放进洗衣袋,送交客房服务员,或直接打电话通知服务员上门收取客衣,也可以将洗衣袋放在门边或房内显眼位置。

一般饭店都规定了正常洗衣的截止时间,要求服务员每天在饭店规定的收取客衣时间之前,去客人房间确认是否有客衣要洗,确保不漏收客衣(但不能打扰客人)。如发生客人未作交代,放在洗衣袋内未填写洗衣单的情况,不能交到洗衣房洗涤,需征求客人意见后再作处理。收到的送洗衣物均应记录在《客衣收取记录表》上。

3. 检查

无论是谁将客衣收出,都应认真核对洗衣单上房号、姓名、送回时间等项目,然后仔细清点数量和种类，最后在《客衣收取记录表》上注明时间。具体要求如下：

(1)检查衣物有无破损、特殊污点，检查纽扣有无脱落，如有，应询问客人是否需要织补或配扣，如需要，要在洗衣单上注明；客人不在时，可给客人留一份相应的"客衣服务单"，并在洗衣单上注明情况。客人回来后，再向客人说明。

(2)注意掏清口袋，检查有无遗留物品，如有要及时交还客人并登记。

(3)按客人填写的洗衣单，核对客人姓名、房号、日期、衣物种类、件数是否相符，如有偏差，应向客人说明后纠正。

(4)按客人填写的洗衣单，清楚客人的洗烫要求：是洗还是烫，是干洗还是湿洗，是加快洗衣还是普通洗衣，是否需要修补等。如加快洗衣，应尽快通知洗衣房，同时要检查衣物能否按客人的要求洗烫，如客人要求水洗，但根据衣物质地判断可能会退色、缩水时，应向客人说明；若衣物较贵重，还需客人在相应的"客衣服务单"上签名确认。

(5)有特殊要求的客衣，应在洗衣单上注明，并按饭店规定时间交洗衣房。

(6)填写收洗客衣记录，尽快将洗衣单传至总台入账。

4. 送客衣

(1)洗衣房送回衣服时，应按洗衣单逐件进行清点(不能折叠的衣物需用衣架挂放)，并检查洗涤质量：衣物有无破损、缩水、有无退色等。

(2)送客衣进房间。若客人在房内，应请客人检查验收，征求客人意见后摆放在合适的位置。若客人不在房内，应按程序进门，按规定放在固定位置。一般用衣架挂起的衣物放进壁橱，袋装客衣放在桌上或床上。若客房挂了"请勿打扰"牌，一般将客衣放在楼层服务台或工作间，并从客房门缝放入"衣服已洗好"的说明卡，并给客人做留言，注意记下客人的房号。

5. 送完客衣后，做好记录，以备查核

知识拓展 4-2

洗衣服务

有平洗服务和快洗服务之分。

◆ 平洗服务是指在上午 10 点前收洗的衣服将于当天晚上送回，上午 10 点后收洗的衣服则在第二天下午送回；

◆ 快洗服务是指收洗的衣服将在 4 小时之内送回，但最后服务时间的规定各饭店不尽相同，有的为下午 3 点，有的为下午 5 点，有的则无最后时间的规定，但都要收取加快费用，一般为洗衣费的 50%。

客衣服务中的一清、二准、三查

◆ 一清，收费内容和手续清楚。

◆ 二准，收取和送回客衣的时间和数量准确。

◆ 三查，检查有无遗留物品、有无破损，检查房号、姓名，检查有无其他要求。

四、客房小酒吧服务

1. 小酒吧配备

客房小酒吧的设立既方便了客人，同时又能够增加饭店的收入。中高档饭店的客房必须配备小冰箱或小酒吧，存放一定数量的软、硬饮料和小食品。配套用品包括酒杯、饮料杯、调酒棒、杯垫、开瓶器等物品。还要在吧台的显眼处放置"客房小酒吧账单"(表 4-1),账单上应列出饮料及其他物品的品种、数量、价格及有关注意事项。目前,饭店所用账单多为无炭复写纸,一式三联。所有上述物品都应按固定的位置摆放整齐。客房部还应研究客人的消费情况,根据客人的需求定期调整小酒吧的品种。

表 4-1 客房小酒吧(Mini Bar)饮料单

Dear Guest:

The Mini Bar is supplied for your convenience. The contents will be checked and replenished daily by our Room Attendants. Kindly tick off the items consumed on the Mini Bar check for inclusion onto your personal account. To avoid unnecessary delay when checking out, please take the Mini Bar check down to the cashier for settlement on departure. Thank you.

尊敬的宾客:

为了您的方便,特备此客房小酒吧供您使用。客房服务员将每日记录并补充各类饮品。请在消费栏上记录您所饮用的数量以便结账。为避免延误,当您离店结账时,请携带此单到柜台出纳。谢谢您的合作。

Room No. 房号		Date 日期		
Stock 数量	Item 项目	Unit Price 单价	Consumed 消费	Total Amount 合计
1	Imported White Wine 进口白葡萄酒	60.00		
1	Imported Red Wine 进口红葡萄酒	60.00		
1	J. W. Black Label 黑方	60.00		
Room No. 房号		Date 日期		
Stock 数量	Item 项目	Unit Price 单价	Consumed 消费	Total Amount 合计
1	Remy Martin V. S. O. P 人头马	30.00		
1	Goldon Gin 金酒	30.00		
1	Bacardi Rum 朗姆酒	30.00		
1	Vodka 伏特加	30.00		
2	San Miguel 生力啤	30.00		
2	Tsing Tao Beer 青岛啤酒	15.00		
2	Coke Cola 可口可乐	15.00		
2	Sprite 雪碧	15.00		
2	Mineral Water 矿泉水	15.00		
1	Nuts 果仁	15.00		
2	Chocolate 巧克力	15.00		
1	Cookies 曲奇饼	15.00		
Room Attendant 客房服务员		Guest Signature 客人签名		
All prices are subject to 15% surcharge(加收 15%的服务费)				

2. 酒水检查

(1)对离店客人房间的检查。客房服务员接到客人结账的通知后,应立即进房查核小酒吧,并在房内拨打电话,将该房客人饮用的饮料品种及数量及时通知前台收银处。若是团队客人结账,客房服务员应根据“团队客人离店通知单”,在团队客人离店前半小时,将该团队所有客房内的小酒吧查核一遍,开好饮料账单。客人离开楼层后,应再复查一遍,以防漏查。也有的饭店在接待团队客人时,根据接待单位或旅行社的意见,将酒水全部撤出或锁起,当客人有要求时再提供酒水或打开冰箱,酒水费由客人自理,不入团队总账。

(2)住店客人的房间则每日检查,发现客人用过小酒吧,则核对客人是否填写清单。如果没有填写,应帮助客人填写;如果客人填写有出入,应向客人说明,并更正。

(3)客房部应每月对客房小酒吧、楼层饮料柜内的饮料检查一次,如有接近保存期限的,应立即撤出与仓库调换。

3. 领取

不少饭店客房小酒吧由楼层领班统一管理,酒水等在服务中心领取。领取时应将客人消费单客房联交于服务中心,并按要求填写酒水领取登记表,客房服务中心根据登记表进行发放,并注明发放时间及发放人。

4. 补充

小酒吧应根据当日客人消费情况及时进行补充,按要求摆放好,并检查酒水质量和保质期。

5. 小酒吧的损耗控制

客房小酒吧设立的最大困难在于酒水流失和报损的控制。这既有内部的原因如管理不善、员工责任心不强、查房不仔细或私自饮用等,也有外部的原因,如客人的逃账造成。解决的方法一般有:

(1)客房服务员与前台收款密切配合,做好沟通联系工作,尽量使逃账率控制在最低范围内。前厅收款要求结账快,但应给予楼层服务员查房的时间,所以应在得知客人结账的第一时间通知楼层服务员或客房中心,并通过细致的服务如请客人查看账单等方式使客人略为逗留,客房服务员一般须在接到通知后三分钟内报账到前台收款。

(2)酒水逃账、漏账,若是客人原因,应作报损处理,由大堂副理签字认可。

(3)酒水控制应与员工考核相联系,以增强员工责任心。

五、托婴服务

托婴服务一般是高星级饭店向客人提供的一项服务。饭店根据婴儿托管时间的长短来收取一定的费用。该服务可为携带孩子的客人提供方便,使其摆脱孩子的拖累而不致影响外出活动。饭店一般不设专门的人员负责托婴,此项服务大多由客房服务员在班后承担。兼职的服务员须接受照料孩子的专业培训,懂得照看孩子的专业知识和技能,有照看婴幼儿的经验并略懂外语。

在接受客人托婴服务时,客房服务员应请客人填写“婴儿看护申请表”(见表4-2),包括:年龄、性别、国籍、饮食生活习惯,了解客人的要求及婴幼儿的特点,并就有关注意事项向客人说明。具体服务要求为:

(1)请客人填写“婴儿看护申请表”。

(2)根据具体情况安排合适人员提供看护服务。

(3)看护者严格遵照家长和饭店的要求在规定区域内照看婴幼儿，严格遵照家长和饭店的要求看护，不随便给婴幼儿食物吃，不将尖利物品及其他危险物品充当玩具，不托付他人看管。在照看期间，若婴幼儿突发急病，应立即报告上级，请示经理，以便得到妥善处理。

(4)服务结束时，看护人员应主动向客人汇报看护过程及婴儿情况，交接完毕方可离开。

(5)完成任务后，及时通知客房中心，由服务中心处理相关费用。

表 4-2　婴儿看护申请表

		AGORA GARDEN					
	BABYSITTER REQUEST						
Date Guest's Name Room No.							
Dear Guest:							
As requested by you we have arrange for:							
Name of babysitter to report to you from			to	on			
Kindly note that there is a minimum charge of for the first 2 hours of babysitting. A fee of is chraged for each additional hour. If you release the babysitter after 10:00 pm, please if notice is given less than 4 hours prior to commencement time							
All payment should be made directly to babysitter under no circumstances shall AGORA GARDEN be liable to compensate the tenant fr any accident, negligence, willfully of otherwise, caused by the babysitter.							
Thank you							
				I fully accept the above term and conditions			
				Signature:			

六、遗留物品处理

客人在住店期间或离店时，可能会遗忘或丢失物品。因此，饭店应有相应的遗留物品控制与处理的规程，以协助客人寻找、领回自己的物品，感到饭店服务的真诚。

(1)客人离店后留在客房内的一切有价值物品，均属于客人遗留物品。比如：护照、身份证等证件；钱币、支票、信用卡、各种票券；名贵字画、金银首饰等贵重物品；照相机、手提电脑等。

(2)如服务员在检查走客房时发现了客人遗留物品，应及时跟总台联系，将物品交还客人；如客人已经离开，则应及时上交。在客房范围内，无论何地拾到客人的物品，都必须尽快交到客房服务中心。

(3)客房服务中心服务员在收到客人遗留物品时，都应按照物品分类填写“客人遗留物品登记表”(见表 4-3)，写明日期、房号、拾到地点、物品名称、规格、颜色、牌号、式样、件数、拾物人姓名和班组等。

(4)遗留物品管理。服务中心对遗留物品要尽可能进行分类、标码、估价、包装,按物品保管价值确定保管期,入专库保管。对高值与重要物品尽量与客人联系。贵重物品存放时间为一年,非贵重物品保留时间为半年,开启的食物、饮料及药品保留时间为2～3天。超过保留期的物品,由客房部经理会同有关部门统一处理。

(5)遗留物品的认领。失主本人或携带失主签名便条的家属、朋友来认领失物时,由客房服务中心负责办理认领手续,经核实失物类别、特征、遗失时间、失主姓名、房号、离店日期和认领者的有效证件后,由认领者填写"认领单",填清认领者的有效证件号码,然后取走失物。客房服务中心人员在登记本上注明处理结果。

(6)违纪处理。凡因私贪占客人遗留物品引起不良影响的人员,除追回私占物品外,要酌情给以严肃的纪律处分。

表 4-3　遗留物品登记表

日期	时间	地点	拾得物名称及数量	拾交人	编号	联络员	保管员	领取人签名及证件号码	领取时间	备注

七、擦鞋服务

当客人长途跋涉,尤其是在雨雪天抵达饭店时,或者将去参加重要的仪式、活动之前,往往需要擦鞋服务,饭店客房内一般都为客人放置擦鞋器或擦鞋纸。为了提高服务水平,还需为客人提供擦鞋服务,方法如下:

(1)在客房壁橱内通常放置鞋篮和鞋样,鞋样上写明进行擦鞋服务的方法以及联系电话,同时在房内的"服务指南"中告知客人。也有的饭店使用专用的擦鞋袋,袋上印有房号,可防止将鞋送错房间。

(2)及时收取。服务员接到客人要求擦鞋服务的电话,或发现客人将鞋子放在指定位置时,均应及时收取拿到工作间,并在纸条上写好房号放入鞋内,防止弄混客人的皮鞋。

(3)皮鞋收出后,要在报表上记录房号、颜色、款式。

(4)擦鞋前,在地面铺上报纸或报废的床单,防止尘土或鞋油将地面弄脏,并备好合适的鞋油及擦鞋工具。

(5)按规范擦鞋,要擦净、擦亮。特别注意鞋带、鞋底和鞋口边沿要擦干净,不能有鞋油,以免弄脏地毯和客人的袜子。不知如何处理的鞋面,勿硬擦,若鞋有破洞,应提示客人。

(6)在规定的时间内将擦好的皮鞋送回。一般在一个小时之内,应将擦好的鞋送入客人房内,放在饭店规定的地方。对于急用的客人,应尽快将鞋送回。

(7)以下情况即使客人没有通知，服务员也要主动提供擦鞋服务：放在鞋篓中的鞋；留有字条要求擦鞋的；房间内摆放着沾满泥污的鞋。

我国旅游饭店星级评定标准要求三星级以上饭店都必须向住店客人提供免费擦鞋服务。

八、物品租借服务

饭店提供的服务不可能完全满足每一位客人的需要。为了方便住店客人生活起居，饭店一般备有电吹风、电熨斗、万能插座、婴儿床等物品，供客人临时借用，并在“服务指南”中明示客人如何获得此项服务。服务程序如下：

(1)电话铃响三声内接听，仔细询问客人租借用品的名称、要求以及租借时间等，复述一遍并进行记录。

(2)填写“租借用品登记单”(见表4-4)，将客人所需用品领出，迅速送至客人房间或按约定时间送至客人房间，并请客人在登记单上签名。

(3)当客人归还用品时，服务员应做详细记录，按规定进行处理后将用品归位保管，并在“租借用品登记单”作记录。

(4)下班时若客人未将物品归还，则应在交接记录上做好记录，以便下一班服务员继续服务。若客人离店时，还应特别检查客人租借的用品及有无归还。

表4-4 租借用品登记表

日期	房号	用品及序号	经手人	借用人	归还时间	接收人

知识拓展4-3

租借物品应注意的事项

◆ 详细登记租借物品的名称、编号、借出时间、客人房号、经手人、归还时间等。

◆ 客人租借电器用品时，应提醒其注意安全(电熨斗)。

◆ 服务员在交接班时，应办理有关客人租借物品的移交手续。

◆ 注意收回租借物品。对于过了租借时间仍未归还的物品，在客人离店前主动询问客人，但要注意询问方式。

◆ 借用物品收回后，要及时取消借用记录。检查完好程度并清洁消毒，方便下次使用。

◆ 常客借用物品时，可编入客史档案，在其下次入住前先放入。

◆ 如客人需要租借麻将这些物品时，应事先向客人讲明租借价格标准及收取押金标准。客人同意后，将租借物品登记，客人签字，服务员将物品送入房内。

九、加床服务

接到加床通知后，服务员应随即提供该项服务，一般是在客人未入住时完成，当然也有的是在客人入住后才提出加床的要求。如果客人直接向楼层服务人员提出加床的要求，服务员应礼貌地请客人到总台办理有关手续，不可随意答应客人，更不得私自向客人提供加床服务。服务中心接到总台的加床通知后，必须在房间报表上记录加床的房号并及时通知楼层服务员做加床服务，客房服务员接到有关加床服务的通知后应在工作单上做好记录。

加床前先要将备用床擦拭干净并检查是否牢固稳当，准备好床上用品，按规程进房铺好床，同时为客人增加一套客房布草、杯酒具及其他用品。如客人在房内，应主动询问客人，按客人要求铺好床，加床后应及时做好记录。客人退房后，床铺要尽快收好归位，备用枕头、棉被等检查无问题后，折叠整齐放回原位。

十、会议服务

有些饭店的客房服务员还负责为在客房楼层举行的会议、会见、会谈及签字仪式等提供服务。会议服务主要包括两个环节：根据活动的具体内容、客人身份、人数以及客人的习俗等因素，对会场进行精心的布置；按照不同的活动要求提供热情周到的会场服务。

1. 会前准备

根据“会议通知单”了解并掌握会议的有关情况，了解会议主办单位、会议名称、参加会议的人数、会议时间、茶水、水果、主席台等要求，做好会议服务的各项准备工作。

2. 会议室布置

(1)清洁。布置会议室前首先应按要求做好会议室、公共洗手间、衣帽间的清洁卫生工作。

(2)准备场地、设备。按会议规格要求布置好主席台人员的会前休息室，按主办单位要求悬挂布标、布置好主席台、排好会议桌及座椅或沙发，准备好话筒、投影仪等设备及盆景、花草等装饰物。

(3)准备用具。会议室内应根据会议人数准备足量的热水瓶、茶杯、茶叶、毛巾、毛巾篮、烟灰缸等用具，并按规定整齐摆放。如会议需用矿泉水等饮料，应准备相应的水杯或吸管。准备好会议主席台人员会前休息室的茶水、毛巾、水果等。卫生间内的各种卫生用品应供应充足，视情况可备小方巾、梳子、擦鞋工具等，衣帽间应备足衣架、存衣牌等物品，并留专人守候存放客人衣帽。会议材料、文具用品、主席台名卡等应按主办单位要求事先制做并摆放好；如会议需用水果，应按主办单位要求的标准进行准备、摆放。此外，还应在会议开始前调好会议室内温度，一般控制在22～24℃。

3. 会议服务要点

(1)会前半小时，服务员应检查茶杯、杯垫、便笺、圆珠笔或铅笔等物品是否已备齐，检查横幅、绿化、洗手间卫生等情况，音控人员是否已到位，并打开空调，调节室温，保证会议按时进行。

(2)会议即将开始时，会场播放轻音乐，服务员站在会议室门外，面向客人来的方向保持微笑。客人到会场外时，服务员应问候客人“您好，先生/小姐”，并伸手示意大门的方向：“这边请。”

(3)客人陆续到会后，服务员应热情为他们沏茶，操作时尽量不要发出声音。如意外打翻杯具，应诚恳地向客人道歉，然后赶快收拾台面。

(4)会议开始时，服务员将大门关上。会议期间要提供续水、换烟缸、换方巾等服务。服务间歇，服务员也应随时做好为客人服务的准备。

(5)会议中场休息，及时补充和更换各种用品，注意不要翻动桌面资料。条件许可，会场外可设一个临时休息厅，供客人小憩。

(6)会议结束时，服务员打开大门，站在门内一侧，保持微笑，身体略微前倾，欢送客人。目送客人离场后，应及时检查会场，如发现客人遗留的物品，要及时交还。

(7)迅速撤出茶饮用具，清理卫生，关闭照明和空调，恢复正常状态，以便再次出租使用。

知识拓展 4-4

会见厅布置

◆ 规模较小的会见，如十几人参加的，可用沙发摆成马蹄形、凹字形，沙发后摆放扶手椅，供翻译和记录员就座。

◆ 规模较大的会见，可用桌子和扶手椅布置成"丁"字形。

会议室布置

◆ "O"形布置或使用椭圆形会议桌——通常用于规格较高，人数不多，不具备谈判性质，与会者身份不相同，又差别不大的会议。

◆ "U"形或"山"形布置——适合与会者身份不同，但又差别不大，会场气氛带有相互讨论的性质。

◆ "T"形布置——通常用于主持人身份明显高出其他人的会议，带有发号施令性质；主席台只设主持人席位，最多不超过2人。

◆ 授课型布置——通常用于小型报告会、学术讲座或培训，只面向主席台摆放扶手椅或靠背椅，这种布置能在有限的空间内尽量容纳更多的人。

会谈厅布置

◆ 圆桌或方形桌布置——多边会谈较适合采用。

◆ 长条桌一字形布置——商务洽谈比较适合，宾主相对而坐，主人座位背向正门，译员位置在主人和主宾右侧，记录员一般在桌后侧另行布置桌椅。

签字厅布置

会议室正面墙壁上挂大幅挂画作为照相的背景，画前两张长条桌并排摆放，上铺深绿色台布作为签字台，台上摆放鲜花，两个座位前摆上待签文本，右上方放文具。较隆重的国际性项目签字仪式还要准备两国国旗和旗架放在签字台中心；后面摆放两把高靠背扶手椅，两椅相距1.5米，在椅后1.5米处摆放照相梯式架，两侧放置常青树。签字厅两侧可布置少量沙发供休息用。

知识拓展 4-5

会见、会谈服务要点

◆ 主人一般提前半小时到达，服务员应热情为其上茶。

◆ 当宾客抵达时，宾主双方要合影留念，趁此机会，服务员迅速撤走用过的茶具。

◆ 宾主入座后，按“先宾后主”的顺序依次上茶或饮料——杯把要一律朝向客人右手侧，上茶时要热情说“您请”。

◆ 用夹子送上香巾。

◆ 如果会见时间较长，服务员应适时为客人递送香巾和续茶水。

◆ 在会见进行中，要注意观察厅内的动静，宾主有事招呼，要随时回应，及时协助处理。

◆ 会见结束后，礼貌送客，及时检查有无客人遗留物品。

知识拓展 4-6

会议服务技巧

◆ 续水技巧：用左手的小指和无名指夹起杯盖，用大拇指和食指、中指握住杯把，将茶杯端起，侧身，腰略弯曲。注意续水时，不要倒得过快、过满，以免开水溢出，烫伤客人或溢到茶几上。续水进入会议室不宜敲门。

◆ 会议进行中，为避免干扰客人，除必要的服务外，服务员一般不应该频繁进出会场。

◆ 会议服务过程中应做到“四不”：不听、不问、不说、不评，做好保密工作。

◆ 当有人找客人时，服务员应问清需见客人的姓名及来访人的姓名、单位。如认识的人服务员可直接去找，如不认识，服务员应找到接待联络人员，向其讲明情况，由联络员视情况处理。

◆ 在会议服务中，服务员在做到规范服务的前提下，应注意随时观察会场气氛和客人表情。如客人不介意在会议当中提供续水、上香巾等服务，续水就可以勤一些；如果客人不希望在会议进行中有服务员在场，可为其准备充足的物品，尽量不进入会议室，以免影响会议的正常进行。

十一、特殊客人服务

1. 贵宾服务

贵宾（VIP）是指饭店客人中，有较高身份地位或因各种原因对饭店有较大影响力的客人，在接待中应得到饭店较高礼遇。对贵宾的接待，从客房布置、礼品的提供，到客房服务的规格内容，都要高出普通客人，使其感到饭店对自己的特别关照。

(1)迎客准备。客房部接待贵宾要提前做好充分准备：

1)接到贵宾接待通知书后，了解客人国籍、到房时间、人数、性别、身份、接待单位等。

2)选派经验丰富的服务员，按照接待规格将房间进行彻底的清扫、布置；检查房间设施设备是否完好，各种客用物品是否齐全、摆放是否整齐得当；客人到达前还应检查房间温度是否得当，并提前开好空调。

3)按规格配备其他物品，如在客房内摆放有总经理签名的欢迎信、总经理名片，摆放好水果（配有洗手盅、水果刀、果叉、口布等）、鲜花，做夜床要放置夜床赠品。

4)房间准备完毕后要由相应的管理人员进行严格检查、确认。

(2)迎接客人。

1)贵宾在饭店有关人员陪同抵达楼面时，客房部管理员、服务员要在梯口迎接问候。当电梯门打开时，即用礼貌服务用语对客人表示欢迎，最好能提供叫名服务（应符合礼仪规范），使客人感到亲切。

2)引领客人进房时要落落大方地介绍客房情况,使客人熟悉住房,有宾至如归感。

3)尽快送上热毛巾、迎客茶。

4)服务员为不打扰客人休息,要尽快离房,离房前要说“请休息,如有事请打××电话”。

5)记录客人入住日期。

(3)住客服务。

1)周到、主动地为客人提供服务,一般客人离房一次,跟房一次,要求恢复客人进房时的状况,但不得移动客人自行放置的物品。

2)客人洗熨的衣服要专人负责。

3)送给客人的传真、信件等物品要用托盘送上。

(4)客人离店。

1)离店时,楼层管理人员、服务员要在场送行,并致离别祝愿。

2)客人离店时清点酒水消耗情况,报给总台结账。

3)检查房间有无遗留物品,及时归还,并做好记录。

知识拓展 4-7

贵宾(VIP)的界定

贵宾就是指饭店的重要客人,即 very important person。各饭店对于贵宾的界定不尽相同,但大致都包括:

◆ 对饭店的业务发展有极大帮助,或者可能给饭店带来业务者。

◆ 知名度很高的人士,如政界要人、外交家、艺术家、学者、经济界人士、影视明星、社会名流。

◆ 本饭店(集团)董事会高级成员。

◆ 本行业本系统有关单位的经理及高层职员。

贵宾(VIP)接待技巧

◆ 协助前厅选好客人用房。

◆ 及时、准确传递信息,做好各环节的沟通。

◆ 注意细节,精益求精,有效提供针对性服务。

◆ 注意服务要周到但要适度,尽量不打扰客人。

◆ 注意服务礼仪。

◆ 注意做好安全保密工作。

2. 醉客服务

醉酒客人的破坏性较大,轻则行为失态,大吵大闹,随地呕吐;重则危及生命及客房设备酿成重大事故。对醉酒客人的服务,既要耐心、周到,又要注意安全,包括客人的安全、饭店的财务安全和员工自身的安全。客房服务员在为醉酒客人服务时,应做好以下几个方面的工作:

(1)及时发现醉酒客人。

1)当服务员发现客人在房内不断饮酒时,便应特别留意该房客人动态,并通知领班,在适当情况下,与其他服务人员或领班借机进房查看,但切忌单独进房。

2)客房服务人员在楼层发现有醉酒客人,首先应证实其是否为住店客人。若证实为外来游荡的醉客,应请其离开,或通知安全部人员将醉客带离楼层,并控制醉客的行为。若是住店客人,应通知领班或请同事帮忙,安置客人回房休息。

在客人醉酒状态下,一般服务员不能单独扶醉酒客人进入房间,帮助客人解衣就寝,以免客人酒醒后产生误会。

(2)视客人醉酒的程度予以适当的服务。

1)若客人已饮酒过量,难以自理,但尚清醒,应扶客人上床,征求客人意见后,泡一杯热茶给客人,备好面巾纸、漱口水等放于床头柜上,并将纸篓放在床边,以防客人呕吐。对呕吐过的地面要及时清理。

2)安顿好客人休息后,房间要留灯,如夜灯或廊灯,然后轻轻退出房间,关好房门。

(3)注意安全。密切注意房间动静,以防房内物品受损或发生意外。

1)对因醉酒而大吵大闹的客人要留意观察,在不影响其他客人的情况下一般不予以干涉。但若发现客人因神志不清而有破坏行为,则应通知安全部、大堂副理处理,若已造成设备物品损坏,应做好记录,等客人酒醒后按规定赔偿。

2)若遇到客人倒地不省人事和有发生意外的迹象,如酒精中毒的客人,应及时通知大堂副理,同时通知医务室医生前来检查,以保证客人安全。

3)对醉酒客人纠缠不休要机警应对,礼貌回避,必要时可请求安全部帮助。

(4)做好记录。在"服务员工作日报表"上填写醉酒客人房号、状况及处理措施。

3. 病客服务

如遇到住客生病,服务员应给予特殊关照,并体现出同情、关怀和乐于助人的态度,将会令住店客人倍感温暖和满意。

(1)发现住店客人生病要表示关怀并主动帮助,提醒客人饭店有医务室或附近有医院可前去就诊。

(2)如接到客人需要就诊的电话,应询问客人姓名、房号、性别和病情。一般疾病,请客人自己去饭店医务室就诊,告知客人医务室地点、电话号码。如客人行动不便,服务员应通知饭店医生到客房来为客人诊治。同时,做好记录(从发病开始,每天做好护理记录)。

(3)如发现客人患有传染病,应采取有效的防范措施。病人在饭店留住期间或离店后,要对其使用过的各种物品和房间、卫生间按规范严格消毒。凡在本区域接触过病人的饭店工作人员要在一定时间内进行体检,防止传染病扩散。

(4)客房服务中心对客人生病情况进行交接班,以便对客人做好针对性服务。

(5)客人在生病期间,楼层主管要代表饭店送鲜花慰问客人,祝客人早日康复。必要时客房部经理应亲自慰问客人,并送鲜花、水果,祝客人早日康复。

知识拓展 4-8

客房对客服务项目

根据国家技术监督局发布的《旅游饭店星级的划分与评定》,不同星级的饭店客房部应提供以下服务:

◆ **一星级**　客房、卫生间每天全面整理一次,隔日或应客人要求更换床单、被单及枕套,并做到每客必换;24 小时供应冷水,16 小时供应热水,16 小时提供冷热饮用水。

◆ **二星级** 客房、卫生间每天全面整理一次,每日或应客人要求更换床单、被单及枕套;提供一般洗衣服务;可拨打国际、国内长途电话;24 小时供应冷水,18 小时供应热水,24 小时提供冷热饮用水。

◆ **三星级** 客房、卫生间每天全面整理一次,每日或应客人要求更换床单、被单及枕套,客用品和消耗品补充齐全;24 小时提供冷热饮用水及冰块,免费提供茶叶或咖啡;有小冰箱,提供适量饮料和价目单,备有饮酒器具和酒单;客人在房间会客,可应要求提供加椅和茶水服务;可拨打国际、国内长途电话,可提供国际互联网接入服务;提供叫醒服务和留言服务;提供衣装干洗、湿洗和熨烫服务;有送餐菜单和饮料单,18 小时提供早餐或便餐送餐服务,有可挂置门外的送餐牌;提供擦鞋服务。

◆ **四星级** 客房、卫生间每天全面整理一次,每日或应客人要求更换床单、被单及枕套,客用品和消耗品补充齐全,并应客人要求随时进房清扫整理,补充客用品和消耗品;提供开夜床服务,放置晚安致意品;24 小时提供冷热饮用水及冰块,并免费提供茶叶或咖啡;客房内设微型酒吧(包括小冰箱),提供适量酒和饮料,备有饮用器具和价目单;可拨打国际、国内长途电话,可提供国际互联网接入服务;提供留言及叫醒服务;客人在房间会客,可应要求提供加椅和茶水服务;提供衣装干洗、湿洗、熨烫及缝补服务,可在 24 小时内交还客人,16 小时提供加急服务;有送餐菜单和饮料单,24 小时提供中西式送餐服务,送餐菜式品种不少于八种,饮料品种不少于四种,甜食品种不少于四种,有可挂置门外的送餐牌;提供擦鞋服务。

◆ **五星级** 在四星基础上,对洗烫客衣加急服务提出了更高的要求,即要求 18 小时提供加急服务;在提供叫醒、留言服务的基础上要求提供语音信箱服务。

任务三:了解客房服务的发展趋势

案例导入

住在 1004 房间的华先生非常喜欢聊天。一天,楼层服务员在为其打扫房间时,华先生便不时地与其说话,但是饭店规定服务员在对客服务时,不能与客人闲谈,可是又怕冷落了客人,服务员还是与客人交谈了起来。服务员的言语不时地使客人哈哈大笑,此时,巡视楼层的主管,见到此情景,给予了服务员批评和处罚。第二天,客人离店时写了一封表扬信说:"这里服务员的服务使我非常满意,服务时在随意中带着规范,这种超值的服务,使我认可了这家酒店,我会经常光顾。"饭店及部门领导给予了服务员奖励,并鼓励广大员工学习这种灵活的服务技巧,锻炼自身的语言技巧,提高自身的素质。

分析:饭店的服务是坚持普遍性为主,还是提倡个性化为主,这是在饭店服务质量上经常争论的问题。当注重服务规范时,就强调服务的普遍性,当强调服务的个性化时,就偏向于服务的个性化。事实上,饭店服务质量是普遍性与特殊性的结合。服务的规范化与个性化并不矛盾。规范化服务来源于每个个体的共同点,而个性服务,强调的是个体差异性。所以构成服务质量组合的,既有需求服务的规范化、标准化、制度化要求,又有个性服务、超常服务的需要,两者结合才能真正满足客人的需求,提供优质的服务。一般情况下,服务员在清扫客房时是不允许与客人聊天的。但少数客人由于性格、爱好等因素决定,特别喜欢与服务员聊天,因此,个别情况应个别处理。

客人来自不同的国家和地区，其民族、宗教、风俗习惯方面有较大差异，在年龄、性别、文化素养、职业、消费水平等方面也有区别，因此，每位客人在饭店入住过程中，对客房的大小、风格、氛围、用品功能、休闲娱乐等方面的需求和喜爱程度各不相同，对客房服务的基本需求也许相同，但往往会有不同的个性需求。

标准化、程序化和规范化的服务是饭店服务质量的基本保证。但是，只有标准化，而没有个性化的服务是不完善的，是不能够真正满足客人的需求令客人完全满意的。因此，在饭店业竞争日趋激烈的今天，个性化服务已经成为饭店之间竞争的有力措施，成为服务的发展趋势之一。客房服务尤其如此。为了提供有针对性的服务，获得客人的忠诚，客房服务员在工作中要善于观察，善于分析客人的需求特点，对老顾客要建立完善的客史档案，并根据客人需求的变化不断调整服务的规程和标准。如提供夜床服务的饭店要能够保证为客人开喜欢的那张床，放客人喜爱的水果、茶水等物品，不再强求所有客人看同一份报纸，而是根据客史档案将客人喜爱看的放进客房，等等。

一、个性化服务的定义

个性化服务就是有针对性地满足不同客人合理的个别需求的服务。个性化服务起源于西方发达国家，称之为 personalized service 或 individualized service。之所以提出这样一个服务新概念，主要是因为西方饭店业在近百年的发展过程中发现，在真正面对客人提供服务时，仅有规范化的服务仍然不能使不同的客人完全满意，造成这种状况的最主要原因就是服务对象——客人的需求实在是变化莫测，标准化的规范服务只能满足大多数客人表面上的基本需求，而不能满足客人更深层次的尚未表达的个别需求；标准化的规范是死的，而这些深层次的需求却是即时的、灵活多变的。这就是为什么有时服务员完全按照规定为客人提供服务不但没有让客人高兴，反而会使客人感到别扭甚至大发脾气的原因。在这种背景下，饭店经营者开始认识到，服务必须站在客人的角度、随客人之需而随机应变，因此个性化服务由此产生。所谓个性化服务即以顾客需求为中心，在满足顾客共性需求的基础上，针对顾客个性特点和特殊需求，主动积极地为顾客提供特殊服务，这是对顾客采取“量体裁衣”的定制式服务。服务员要以强烈的服务意识去主动接近客人，了解客人，设身处地地揣度客人的心理。

二、个性化服务的内容

饭店如何在满足客人住宿与服务基本需求的同时，同时满足客人的个性需求，让客人感受到客房的温馨，并有“家”的感觉呢？通常体现在服务员发自内心的与客人之间的情感交流，以及设身处地地揣度客人心理。个性化往往取决于员工的主动性。个性化服务的内容很广泛，有时甚至显得很零乱、琐碎，归纳起来，体现在五个方面。

1. 更具灵活性的服务

这是最普通的个性化服务。概括地说，不管是否有相应的规范，只要客人提出要求，并且是合理的，饭店就应尽最大可能去满足他们。比如，在许多情况下，我们可以经常听到这样的对话，客人说：“小姐（先生），还是让我（们）自己来吧。”服务员说：“小姐（先生），对不起，我们饭店有规定，还是让我来吧。”此时，无论服务员的语气多么委婉，态度多么热情，可对客人来讲，他（她）的最初合理要求没有得到满足，甚至被拒绝。这种情况在我们今天的饭店服务中时有发生。更具灵活性的服务应该是可以让客人根据个人的喜好来自行选择，给予客人更多的自主权。例如，绝大多数客人晚上休息时，喜欢将客房的遮光窗帘拉合好，才会睡得香甜，因而客房服务程序中规定对住客房间开夜床要求关闭遮光窗帘。但是，很多客人由于劳累了一天，在漆黑的环境中可能会睡过了头，为了不影响第二天的繁忙工作，希望将遮光窗帘中间留出一条缝，这就需要细心的服务员发现、分析、判断，在夜床服务时提供客人满意的服务，而不是一定要按照饭店的规定来做。

2. 能满足特殊癖好的服务

这是最具体、最有针对性的个性化服务。前面我们谈到客人的需求千差万别，有些客人的有些需求更是独特。例如以优质服务闻名于世的泰国曼谷东方酒店，往往会不遗余力地满足客人的需求。一次美国纽约交响乐团访问曼谷，酒店得知该团的艺术大师朱宾·梅特酷爱芒果和蟋蟀，便派人遍访泰国乡村，为他找来早已落市的芒果。接着又不惜通过外交途径，弄到了不久前刚刚举行的蟋蟀大赛的录像带。这样一来，就不难理解为什么梅特一行106人，竟会谢绝曼谷其他高级酒店的免费住宿的美意，宁肯花钱下榻"东方"的原因了。所有这些癖好事无巨细，可能涉及方方面面，这就需要我们仔细观察，并做好记录存储起来，建立规范化的需求档案，满足客人这些非常有"个性"的需求。

3. 意料之外的服务

严格来讲，这不是客人原有的需要，但由于种种原因难免发生意外变成了客人急需解决的问题，在这种情况下，雪中送炭式的个性化服务必不可少。它的内容包罗万象，如客人患病或受伤、贵重物品丢失、修鞋补裤、充当导游、助客理财、提供无烟客房、客房用餐、商务秘书、旅游信息等。此时，急客人之所急，在客人最需要帮助时服务及时到位，将会给客人留下深刻的印象。这就需要饭店能够事先预测到客人各种各样的需要，并对此作出全方位的反应。

4. 自选服务

随着电脑技术的发展，发达国家的许多个性化服务通过电脑来实现，只要客人点击鼠标就可以很直观地通过网络进行客房产品与服务的定制。许多饭店已经把各种定制内容及项目输入电脑，无论是个人留言、查询消费账目、叫醒服务、影视节目点播都可以由客人在房间内通过客房电视电脑系统自由选择并处理。客人定制完成后，电脑系统会报出综合标价，客人若不满意，还可以及时更改定制内容及项目。同时，为确保客房产品与服务定制化策略的顺利实施，饭店势必要努力去创造实施的前提条件，满足定制化策略实施的各种硬件设施和软件服务的要求。在这个过程中，饭店的服务质量和管理水平会得到较大促进和提高。

5. 超越期望的服务

凡是能满足客人心理需求的任何个性化服务都将为客人带来极大的惊喜，这要求饭店服务人员有强烈的服务意识，主动揣摩客人心理，在客人向你提出之前为他想到并准备好。服务人员只有把自己的感情投入到服务中去，重视顾客的心理感受，真正把客人当作有血有肉的人，真正从心里理解他们、关心他们，才能使自己的服务更具有人情味，让客人倍感亲切，从中体会到饭店的服务水准。

三、个性化服务的要求

1. 态度到位

客人到饭店接受服务，他接触的服务人员的态度在很大程度上影响着他对整个饭店服务的印象，并成为他评价饭店服务质量的重要因素。态度到位要求服务员提供客房服务时必须重视客人，尊重客人，充分了解客人的心态和需求，想客人所想，急客人所急。态度到位还强调服务时态度要诚恳，这是一种自然心态的流露。美国的喜来登饭店提出了"谦恭誓约"——对于每一位来到饭店的客人，都应用眼睛正视客人，面带微笑，眼带微笑，通过眼神向客人表达谢意。

2. 技能到位

服务到位仅有态度还不够，还必须有娴熟的技能技巧作保证，比如对外宾服务，就要求饭店员工有较高的外语水平。技能技巧体现于饭店服务的各个方面和各个环节，如沟通能力、协调能力、投诉处理能力、语言表达能力、预见能力、记住客人的能力、排除客房设备简单故障的能力、分析客人爱好的能力等等。有了这些能力，服务员在服务时才能较好地满足客人对饭店所期望的基本要求和某些特殊要求，从而使服务到位在实际工作当中得到有效落实。

3. 效率到位

效率到位在很大程度上体现于服务人员对服务节奏的把握上。随着人们生活节奏的加快，客房服务都在强调速度快，效率高，以减少客人等待时间，提高客人的满意度。但服务节奏快慢也要根据客人的实际要求来进行调整。

4. 方式到位

一般来说，饭店都有自己习惯的提供服务的方式，但是，客人也有自己习惯的接受服务方式。因此，服务方式到位就要求饭店尽量按客人习惯接受的方式提供服务。

5. 细节到位

高质量的饭店服务都非常关注细节。细节到位往往能给客人留下深刻的印象，为客人口口相传打下较好的基础。比如确定客人中有人过生日时，就送来一个生日蛋糕，带上温馨的祝福；有客人肠胃不舒服时，服务员马上把一碗清淡的面条或稀饭送至房间；发现客人喜欢"高枕无忧"时，主动为客人增加枕头等，这些都是细节到位的表现。

随着饭店市场竞争的升级、服务对象的成熟，需要有一种新的、更加适应饭店发展需要的服务形式来代替传统的标准化服务形式。即从饭店生产什么客人消费什么，以一种模式面对所有客人，向客人需要什么就生产什么、提供什么转变。这是一种真正以客人为中心的服务形式。这种服务形式要求员工既要掌握客人的共性，基本的、静态的和显性的要求，又要分析客人个性的、特殊的、动态的和隐性的需求。

思考与练习

1. 参观有关饭店不同的会议室，了解会议服务的基本规程与技巧。

2. 观看影视节目中国际会议、会见等的布置形式。

3. 假如你是一家五星级饭店的客房部经理，请你设计一份本部门的 VIP 接待方案。客人档次可自行设计，但工作内容、标准、要求等要详细具体。

综合训练

1. 以寝室为单位，分别扮演客人和客房服务员进行模拟练习，熟悉、掌握宾客到店、住店、离店环节各项对客服务的操作规程与质量要求，并由其他寝室学生交叉对其进行考核评分，作为教师平时考核的一部分。

2. 以规范化服务与个性化服务为题材，写一篇相关的小论文。（字数在 3000 字左右，按小组完成）

模块五　客房产品规划设计

学习目标

知识目标：

1. 明确客房产品规划设计的前瞻性和重要性，树立正确的产品设计观念。

2. 了解客房产品规划的工作思路及基本原理，掌握客房色彩搭配、灯光照明、室内布置的基本理论与一般知识。

能力目标：

1. 初步具备在客房产品功能布局、客房设备及用品配置、客房室内装饰等方面进行规划设计的、技巧，并能根据饭店的实际情况灵活运用。

案例导入

杭州萧山国际饭店目前刚刚装修完毕的新客房给人带来耳目一新的感觉。所有的家具都从人性化、个性化、简约化的角度出发进行设计和摆放。房间的主色调呈乳白色，地毯为淡青色，配以灯光、空间的整体专业设计，使整个房间显得格外宽敞、明亮、简洁、柔美。房内所有开关、插座在设计上都独具匠心，充分考虑了各种不同类型客人的需要。每间客房的门框上都安装了隔音条，防止外界噪声传入，衣橱也从原来的门后背“搬”入了卧室内，改变了以往的“隔墙有耳”，杜绝噪声互扰，从细部为宾客着想，体现了现代客房的设计和布局理念。更值得一提的是，床靠背上方的床幔设计更是画龙点睛，给整个房间的休闲风格添上了浪漫而又唯美的一笔，明快、温馨在这里再一次得到了体现。另外，卫生间的变动也很大，侧面墙壁由实墙变成了隐约朦胧的玻璃砖块墙，一改以往卫生间开门见恭桶的弊病，恭桶位置被移到了侧面，打开门满眼是晶莹透绿，原来是梳妆镜镶嵌在墙纸上。谁又能说卫生间里只能用瓷砖？更大胆的是，浴缸墙面安装了大幅的防水雾镜子，前卫而又朦胧，且很好地延伸了卫生间的空间，给人以无限的遐想。玄关处全身镜旁安装了干身器，可供宾客沐浴后悠闲地坐着干发爽肤，打破了干身器只有装在卫生间内的观念。体重秤也从卫生间内移到了全身镜前，避免了以往需从洗脸台台板下拉出来，使用后还得推回去的麻烦，只需往上一站即可，同时也方便了清扫，避免了卫生间各种水迹、污迹的沾染。人性化的布置既方便了宾客，又保护了设施，更是一种新观念的拓展。装修后的新客房吸引了无数的商务客人，杭州萧山国际饭店尝到了突破旧观念，走特色化、个性化的“甜头”。

分析：客房是宾客住店期间的主要活动空间，客房收入是饭店收入的主要来源，在宾客需求不断变化、崇尚个性化的时代，饭店产品的设计就显得极为重要，客房产品的设计也不例外。饭店客房设计在很多人看来是一件简单的工作，不就是地面地毯、墙面墙纸吗？其实不然。客房产品的设计不仅要适应和满足宾客卫生、安全、舒适等生理功能的需要，还要满足宾客的心理文化需求，包括宾客至上的服务理念的体现、饭店文化氛围的营造、客房档次的确立、客房设施设备用品及室内环境的设计与选择等等。

项目一 客房产品设计理念与原则

如今饭店的经营管理者已越来越注重对饭店客房产品的设计与更新改造，目的就是让住店宾客感觉常住常新。因此，经营管理者必须具备客房产品设计的科学理念，懂得并掌握客房产品设计基本原则，了解目前客房产品的发展趋势。

任务一：树立科学的设计理念

客房产品设计的目的是为住店宾客创造一个良好的住宿环境。作为客房管理人员除了掌握部门日常运营与管理的基本知识和技能之外，还必须树立正确的客房产品设计理念，把握好科学的设计原则。同时，及时了解客房产品的流行格局，研究客房装潢用料、家具及其他装饰品的创新趋势，只有这样，饭店才能规划设计出受顾客欢迎的客房产品。

一、客房产品与客房产品设计

1. 客房产品

客房产品是饭店之所以成为饭店而不是餐馆、酒楼的重要标志之一，是饭店为客人提供的核心产品。现代客房产品由硬件设施与软件服务两方面构成。硬件主要是由客房的设施与装饰组成，软件服务主要由客房对客服务以及客房与饭店内其他部门的服务连接而成。

2. 客房产品设计

客房产品设计内涵非常丰富，包括在产品设计中如何体现饭店宾客至上的服务理念，如何营造饭店的文化氛围、凸显饭店的特色，如何确立客房档次、风格，如何选择客房的设施设备、用品，如何设计客房的室内环境，等等。本模块介绍的客房产品设计主要是指客房硬件设施与装饰设计方面，具体包括客房功能设计、客房设施设备及用品配置、客房类型设计、客房室内设计与装饰等内容。

二、客房产品设计理念

1. 体现个性特色

客房是饭店重要的部门，与客人的联系也最密切。脱离了客房，饭店的一切运作都失去了意义。可以说除了前厅以外，客房是饭店给客人留下第一印象的主要场所。随着社会的发展和科学技术的进步，饭店行业也得到了快速发展，同时也使得竞争越来越激烈。因此如何根据自身的实际情况，通过创新形成自己的特色，增强自身的竞争力，是饭店经营管理者应着重考虑的一个问题。特色、创新同样也是客房产品生产的必然趋势。客房产品的创新首先就应在规划设计阶段以“个性化”为导向，树立“人无我有，人有我新，人新我优”的设计理念。

2. 体现以人为本

对旅游饭店来说，客房产品的各个方面都必须是尽善尽美的。为此，饭店在设计装修之初，在每一个环节上都应该注重“以人为本”，根据自身的情况，在宾客的舒适感受与使用方便上下功夫，充分体现人性化，为客人营造一个舒适的“家外之家”。

3. 有利于饭店服务与管理

客房设计具有完整、丰富、系统和细致的内容，客房设计并非只是设计师的工作，作为饭店管理者也必须参与进去，从饭店运营的规律和客房产品的质量要求出发上去分析问题、理解问题，只有这样才能营造出为客人提供至尊服务的客房产品。同时，随着时代与技术的进步，饭店面临着不断变革与创新的需求，因此在客房设计上必须既体现创新与特色，又有利于饭店服务与管理的原则。

任务二：遵循适用的设计原则

一、影响客房产品设计的因素

客房产品设计是一项完整的、系统的工作，涉及许多方面，也受到多种因素的制约。

1. 饭店定位

饭店的定位是影响客房产品设计的首要因素。饭店定位的内容包括饭店的类型、规模、档次和目标市场等方面。客房产品设计应针对饭店定位的需要，为顾客提供品质卓越的现代生活场所。比如，旅游度假型饭店，在客房产品设计上就要考虑到宾客的休闲娱乐需求；商务饭店一般应具有便利的商务办公条件，以满足客人的商务需要。

2. 饭店的经营效益

饭店客房产品设计必须从经营管理的角度出发，充分考虑投入产出的关系问题，为消费者设计出“价有所值”、“价超所值”，为饭店经营者设计出富有效率、别具特色的客房产品，充分体现设计师与饭店管理者的共同智慧。

3. 宾客需求

宾客需求是影响客房产品设计的关键因素。宾客入住饭店后，他在餐厅用餐的时间可能会有 2 小时，在康乐区域娱乐的时间可能会有 4 小时，而他在客房内逗留的时间会远远超过在其他场所逗留的时间。所以，客房的室内装修、装饰会对客人产生深远的影响，是顾客选择再次入住的重要因素。

考虑到上述主要影响饭店客房产品设计的几个因素以后，优秀的客房产品设计就具有了先决条件。

二、客房产品设计的原则

1. 安全原则

安全性是“健康、舒适、效率”的前提。饭店客房的安全总是主要表现为防火、治安和保持客房的私密性等方面。

(1)防火。根据资料统计，城市公共建筑中以饭店的火灾率最高，造成死亡人数也很大。饭店火灾很大比例是由客人在床上吸烟引起的。客房空间小，失火易充满烟雾而使人窒息。因此，客房产品设计的安全原则首先要把重点放在预防火灾上。

(2)治安。饭店客房治安的重点是加强门窗的安全控制。在门窗设计时既要考虑饭店整体建筑风格、通风采光、客房节能减耗、保护客人隐私的需要，还必须考虑安全的需要。如窗户的设计要考虑大小尺寸、形状，并要配备合适的窗帘装饰；房门配备电子暗码锁及其相匹配的电子磁卡钥匙、房门闭合报警装置。同时客房应配备的其他各种安全设施必须加以周密的设计。

(3)客房私密性。饭店客房是客人住店期间的私人场所，要求安静，不受人干扰。因此，在设计时应采取一些手法增强客房的私密性，以提高宾客的心理安全感。如走廊上客房房门错开设计，也可采取葫芦型走廊的手法，拉大客房门之间的距离，使客房门前形成一个较安静的空间。

2. 健康原则

环境直接影响人的健康。噪声公害危害人的听觉健康，照度不足影响人的视觉健康，生活在全空调环境内，会因新风不足、温湿度不当而损害人的健康。因此，客房产品的设计必须遵循健康原则，重视客房环境中的隔声、照度及空调设计。另外，客房装修后建筑材料带来的污染问题也不能忽视。

(1)隔音。客房常处于多种噪声之中，噪声的来源主要有客房内部与外部两个方面。客房内部主要是由于设施设备运行和使用过程中产生的各种噪声，如上下水管流水、淋浴、空调器及冰箱等；客房外部主要是指来自饭店内外部的各种噪声，如来自窗外的城市环境噪声，来自饭店空调机房、排风机房及其他公共活动用房的噪声，来自隔壁房间的的声音，来自客房走廊如房门的开关、走廊里客人及服务员谈话、工作车的推动、吸尘器的声响等。

对于上述可能出现的噪声，在客房设计时都应考虑加以控制，以保证客人得到良好的休息。

(2)照明。客房是客人在饭店逗留时间最长的私人空间。客房照明设计的主要出发点是要营造客房“家庭”般的温馨。因而客房的照明应以宁静、亲切和温暖为基调。客房照明艺术以灯光处理为主，基本功能要求照度适当，使客人与服务员都能看得清，看得舒服，不费劲，不刺激。

(3)温控。温控主要要解决客房室内温度和新风供应等问题。能使人体的体温调节功能处于最低活动状态的环境，就是令人舒适、愉快的环境。现代饭店为了克服多变的气候带来的不舒适感，多数采用人工气候，即采用饭店空调系统来保持一定的温度、湿度和气压，以保证客人的健康。

空调温、湿度设计标准与室外气候有关，各国均有国家规范。我国旅游饭店星级划分与评定标准对此也有具体明确的规定。由于空调系统大量耗用电能、热能或冷能，因此各饭店应根据我国国情及饭店的实际情况设计不同的空调参数。

新风量是空调设计中的另一个重要问题，实际上是解决二氧化碳浓度的问题，同时还可以减少建筑装修带来的污染。

3. 舒适原则

客房是客人休息的场所，是客人在饭店停留时间最长的地方，因此，客房的舒适性是饭店客房设计追求的主要目标。“舒适”由无数主观评价合成，不像声音、温度那样有具体的测定数据。来自不同国家、地区的客人因生活习惯不同，对客房舒适性的主观评价也不同。因此在客房空间反映的舒适感、家具与装修创造的舒适感、现代设备提供的舒适感等方面，均需要以住店客人的习惯进行设计。

4. 功能和效益相结合原则

客房设计的好坏，不仅会影响服务质量，还会直接影响客人的心理感觉，并最终影响客人对服务质量的评价。因此在进行客房设计时应充分考虑建筑空间的处理，家具的制作、摆放，工艺品、电器的选择，以及照明的辐射范围等。但是客房的设计也不能盲目地追求功能上的齐备与豪华，应该根据饭店的目标市场和饭店的档次灵活地把客房的功能和实用性结合起来，兼顾饭店的实际和效益，尽量争取物美价廉。

5. 文化与时代精神相统一原则

中国是个有悠久历史文化的国家，不同的地区和民族有着不同的历史、文化背景和独特的风土人情，包括乡土气息、地方风格、民族特色等，往往一幅画、一幅剪纸、一个泥塑都能体现出不同的文化内涵。如果客房产品的设计能融入这些文化元素，饭店便会富有精神魅力，体现出客房产品的文化沉积和品质。当然文化也不是一成不变的，它必须在发展中才更有意义和价值。如今，科学技术、人们的生活观念和行为方式都发生了很大变化，饭店的客房产品设计必须把文化特色和时代特征相统一才更符合顾客的需求。

文化和时代精神是客房设计中对立统一的两个方面，过分强调或忽视任何一方都是不可取的。在当今旅游日趋大众化的时代，客源成分日益复杂的情况下，创造具有中国特色和时代精神的客房产品设计显得尤为重要。

思考与练习

1. 课堂讨论：饭店客房产品的设计与装饰是否需要体现以人为本的理念？
2. 如何理解客房产品设计的安全原则？
3. 按我国星级饭店评定标准的要求，了解客房温湿度、新风量、噪声、照度等方面的具体要求。

项目二　客房功能设计

客房设计的好坏首先取决于对客房功能、空间的设计。客房是客人住店期间的主要活动场所，其功能、空间如何在一定程度上决定了客房产品的品质，直接关系客人需求的满足程度。因此客房设计应根据客人的活动规律及客房运营的要求，充分考虑其功能与空间设计。

任务一：客房室内功能设计

客人入住客房，一般都会有睡眠、盥洗、储存、办公、起居等方面的需求，因此，在客房室内功能设计与空间布局上，必须据此相应地划分出睡眠、盥洗、储存、办公、起居五个基本区域，使客房具备睡眠、盥洗、储存、办公、起居方面的功能，满足客人的需求。

一、客房室内功能设计

一般套间客房可根据不同的房间设计不同的功能，而标准间则要通过设施设备、用品的配置，光线、色彩的运用等技巧，使一个独立的房间具备上述功能。下面以标准间为例说明客房室内功能设计及空间布局的方法。

1. 睡眠功能与空间

睡眠是宾客入住饭店的主要需求，因此不论是高档次客房还是经济型客房都必须具备睡眠功能，在空间上划分出睡眠区域。这个区域的主要设备是床和床头柜。

2. 盥洗功能与空间

盥洗空间是指客房的卫生间。卫生间是客房不可缺少的部分，也是显示饭店等级的一个重要方面。出于工程维修保养的要求，一般安排在进门的左侧或右侧。卫生间空间独立，设备多，面积小，主要设备有浴缸、恭桶与洗脸台三大卫生设备。由于客人的要求不同，饭店的档次不同，所以浴缸的配备要视具体情况来定。现在不少高星级饭店在三大件的基础上，再增配了淋浴房、妇洗器等，而不少低星级饭店或经济型饭店则用淋浴房替代了原来的浴缸。

3. 贮存功能与空间

贮存空间一般设在客房小过道侧面，当客房开间比较狭小时，也有设在卫生间侧面墙体处。柜门设计有拉门和移门两种，现代饭店为了增加客房面积，一般使用移门衣柜。为方便物品存放，一般配置衣柜、行李架、小酒吧、小冰箱等家具设备。

4. 办公功能与空间

标准房的办公区一般设在床的对面，在这个空间里，一般沿墙设计一长条形的多功能柜桌，台面上有台灯、电话机、文件夹、服务指南等，如果不设单独的电视机柜，电视机则放在写字台一侧的台面上，写字台的另一侧面常放置行李架，供客人摆放、整理行李物品之用。写字台也可兼作化妆台，这时墙面上应添加镜子，镜子上沿离地高度不小于1700毫米。如果房间有足够的进深距离，写字台也可单独设在窗前；行李架如可改用折叠式，则可以减少客房空间占用。

5. 起居功能与空间

标准房的起居活动区域一般在窗前，这里放置软坐椅或沙发、小餐桌及茶几，供客人休息、会客或看电视等。此外还兼供客人饮食，客人可以在这里饮茶、吃水果及食品等。

二、客房室内空间布局

客房设计的好坏首先取决于对客房空间的设计即客房室内空间构图的科学性和有效性。所谓客房室内空间构图就是在建筑结构已经确定的条件下，采用不同的艺术处理手法创造出美好的空间形象，给客人提供亲切、舒适、美观的住宿环境。

1. 客房空间的构图

高低、大小不同的空间，能给人以不同的精神感受，如大空间使人感到宏伟开阔，低矮小巧的空间只要设计得好，也能使人感到温暖、亲切。由于人们对空间的主观印象，即对客间高低、大小的判断，主要是凭借对视野所及的墙面、天花板、地面所构成的内部空间形象的观感来体察的。基于饭店建筑空间使用效率的要求，除了高档豪华型饭店，一般饭店的客房空间都有一定的局限。因此，既要充分考虑客房功能方面的要求，还必须充分考虑客房的空间分割与构图布局，在客房设计中采用不同的艺术处理手法来丰富空间形象，通过对客房的设施设备、用品、光线、照明等的科学运用，营造出良好的客房室内氛围，避免压抑感，又做到亲切、细腻。客房设计的艺术处理手法主要有：

(1)抑扬。“抑扬”的处理手法一般适用于室内空间构图的过渡。客房空间较小，为了给客人造成宽敞的感觉，可以将客房楼层过道设计较低矮的天花板，装上较暗淡的灯光。客人通过楼层过道进入客房后，会有一种突然变大、变亮的感觉，先抑后扬、由小变大、由暗变亮，能够在客人心理上产生一种积极的效果。

(2)延伸。“延伸”的处理手法可以使低矮空间的客房获得较为开阔的视野。客房一般可以利用窗户将室外景物和室内环境结合起来，不仅开阔了室内空间，而且能使客人在客房内欣赏到美妙的风景。近年来，新建的客房一般采用大玻璃窗户，原因就在这里。同时，还可以凭借墙面、天花板和地面的延伸感，改变室内空间比例尺度。延伸的具体处理手法很多，其重点是尽量利用墙面、天花板、窗户，形成一个诱导视野的面，把室外的景致延伸至室内，使室内外景物互相延伸，丰富观赏层次，形成美好的空间构图形象。

(3)围隔。“围隔”的处理手法一般适用于双套、三套和多套间客房。室内空间比例尺度大，围隔的手法便多种多样。为了给客人造成一个舒适、典雅、亲切的空间构图形象，可以根据需要，采用墙壁、帷幔、折叠门，将卧室和会客室隔断；也可以用屏风、家具、花草、灯光等手法，营造一个独立的空间氛围，便于客人促膝谈心。三套间客房可以用家具、屏风将会客间和书房的某一局部空间围隔起来，使会客、读书写字的空间分隔。同时注意和墙面、天花板、地面的艺术处理手法结合起来，以形成一个温馨、舒适的空间。

(4)渗透。“渗透”的处理方法一般适用于单间客房和卫生间等小尺寸的空间。一般通过借用镜子的照射功能等手段，给人以空间扩大的错觉。如卫生间面积较小，室内空间有压抑感，可以在墙面安装大镜子，室内空间就似乎增加了一倍，给客人以开阔、舒适的感觉。标准间客房在写字台前安装较大的镜面，不仅方便客人梳妆，而且也将室内局部景物加以“渗透”，丰富了室内的空间构图。

2. 客房空间的分区和均衡

客房室内空间设计可以根据功能的不同而分为几组不同的活动区域，它们既有自己局部的艺术特色，又相互联系，成为一个完整的空间构图形象，这样既有利于提高内部空间使用效率，又可以使几个空间交隔布局。客房功能、室内空间设计在分区的基础上要注意各个分区域之间的均衡感。由于各个分区之间的面积较小，因此，空间均衡感的构成有赖于室内空间各个分区面积的分配，有赖于各个分区设施设备、用品在本身形体、重量、色彩等方面所表现出的均衡，有赖于客房陈设布置是否适当，也有赖于整个风格、结构体系的一致性。它们都以整体的存在作为自身存在的基础，同时又以本身的体量作为总体空间构图的一部分。也就是说，在功能分区之前首先要根据客房面积的大小、分区功能的需要，从室内空间构图的整体形象出发，设计好各个分区所占用的面积、需要配备的设施设备、用品及陈设布置的艺术手法等。

3. 客房的重点空间设计

在进行客房室内空间设计时，为了强调室内功能，常常要通过某些艺术处理手法突出重点空间，形成空间的特殊氛围。客房卧室空间设计的重点在客人的睡眠区和靠窗户的客人起居活动区。睡眠空间主要有床和床头柜，不仅要做到舒适，而且要均衡、美观，两个床位之间的通道尺度要合理。起居空间往往是客人休息、阅读、谈话的地方，因此要留出一定的空间，摆上茶几、扶手椅，再配上落地灯，形成一个温馨、舒适的氛围。卫生间空间设计的重点在洗脸台。洗脸台设计要合理、美观，墙面安装大玻璃镜，一方面方便客人梳洗化妆，另一方面使卫生间宽大、舒朗。

任务二:客房楼层功能设计

除了室内功能空间设计外,客房设计还应包括客房楼层的功能设计与空间布局等。为了满足宾客与饭店运行的要求,客房楼层应具备住宿、客房服务和交通疏散等方面的功能。

一、楼层住宿功能与空间布局

客房住宿功能主要由客房单元来承担,它是客房楼层中的盈利区域,由每个楼层的不同类型的客房组成,按不同的楼层建筑结构分布在每个客房楼层区域,由走廊与各客房单元连接。

二、楼层服务功能与空间布局

为了保证客房服务的效率和效果,客房楼层必须具备服务的功能,并在空间、设施设备、用品等方面提供有效的保障。由于饭店管理模式不同,客房楼层服务的内容与方式也不尽相同。客房楼层服务台的设置与否是比较突出的一个表现。不论是否设置楼层服务台,都必须在每个楼层设置工作间、洗消间、布草备品仓库、配电机房与员工卫生间等。如果在楼层设有服务台,还必须再增加服务台的工作空间。

客房服务工作区域的设计需保证工作效率,又不干扰宾客休息,因此楼层服务区域最好与疏散楼梯或服务电梯结合在一起,形成一个组团。为缩短水平距离,提供均等服务,服务区与交通枢纽最好位于客房楼层的核心,同时服务路线应与宾客的人流路线分开,客房要求具有双向疏散的条件。

三、楼层交通疏散功能与空间布局

1. 交通

(1)平面交通。饭店客房楼层的平面交通疏散枢纽主要就是走廊。客房楼层走廊的宽度,使用上应满足停放工作车时人可顺利通行的尺度要求,一般为1.4~2.0米,从交通枢纽电梯厅或主楼梯到最远客房距离最好小于60米。在客房楼层达到一定长度时必须有疏散楼梯,以备急用。有时为了节约面积,采取葫芦走廊的方法,即局部拓宽走廊,也有利于出行和服务功能的发挥。

(2)垂直交通。低层饭店的垂直交通一般以主楼梯为交通枢纽,高层饭店客房层的客房交通则以电梯为交通枢纽,两者都通过走廊与各客房单元连接。

电梯数量、排列方式及电梯厅的面积大小对宾客及员工的活动影响很大。电梯数量设计在不同等级的饭店要求有所不同,我国旅游饭店星级划分与评定标准规定,高星级饭店至少每70间客房应配备1台客用电梯。电梯排列方式与电梯厅的宽度设计应以面积紧凑、使用方便为原则。根据饭店建筑空间的不同,以及电梯数量的差异,电梯的排列形式有多种:若电梯数量不超过4台,一般呈一字形并列布置,电梯可平行于走廊,也可垂直于走廊;超过4台以上一般采用内凹或贯通的方法呈巷道式排列。楼层电梯厅是楼层的电梯门外宾客等候电梯的区域,若空间过窄会造成宾客的拥挤和交通堵塞,过大则浪费楼层空间。单台电梯或多台(4台以下)电梯单侧排列的电梯厅,其宽度一般不小于电梯轿厢深度的1.5倍;多台电梯双侧成巷道式排列的电梯厅宽度应大于相对两电梯的深度之和,一般不超过4.5米;供残疾人使用的电梯其宽度不能小于1.5米。电梯厅应保证人流畅通，不宜兼作休息厅之用。

2. 疏散

安全是饭店最基本的问题。饭店失火因素多，客人大多处在陌生环境之中，一旦失火，容易因惊慌而造成重大损失，所以客房楼层的疏散设计十分重要。楼梯与消防电梯是客房疏散、救火的主要通道，楼梯与消防电梯的设计应符合我国现行消防规范，如高层疏散楼梯的宽度不小于1.1米，低、多层建筑疏散楼梯的宽度不小于1.0米。疏散楼梯的位置应考虑人在火灾发生时疏散的方向。常见的疏散楼梯位置有两种：一种是设在客人习惯的常用的交通路线附近，如电梯旁边；另一种是在客房楼层的两端靠外墙布置，即方便客人双向疏散，又有利于排烟、防火。高层饭店的客房层还需设置有排烟前室的消防电梯，提供给消防人员在火灾发生、普通客梯停止运行后乘用，使其能迅速抵达火灾现场施救。疏散楼梯均上通屋顶、下达首层，并有直接通至室外的出口。超高层建筑设置避难层时，疏散楼梯可向避难层疏散。

知识拓展 5-1

客房楼层建筑类型

客房楼层的建筑类型是饭店设计时要研究的主要问题。它不仅要考虑饭店的场地、环境、内部布局等因素，还要考虑楼层结构对饭店能源消耗、客房服务员行走距离以及客人的影响。客房楼层的建筑类型一般有板式、塔式和内天井式三种。

◆ **板式建筑类型**　板式建筑形式基本为条形结构，包括客房依走道单向或双向排列结构，即外走廊或内走廊型。这种形式变化不多，一般呈直条形或L形，其后勤服务区和疏散楼梯呈平面布置。在条形建筑中，内走廊型建筑结构的设计指标最高，客房层的有效率(客房单元面积之和与客房楼层面积之比)可达到70%。同样数量的客房，依走道单向排列的结构(即外走廊型)所需的楼层面积要比双向排列的结构(内走廊型)多出4%～6%。因此，除非是外部地形环境特殊，如饭店所处地段狭长，无法作双向排列，或是为了充分利用某一自然景观等，一般情况下是不会采用单向排列结构的。板式建筑结构固然是最有效的设计，但是经验丰富的建筑师与饭店经营者都发现了更紧凑的结构，他们把饭店的电梯与后勤服务区移到了楼层的转角处。这种安排的好处是相应减少了非客房面积，大大缩小了客房大楼的周长，并且增添了建筑物外形的美观。以错开式的板式建筑为例，这种结构将公共场所与后勤服务区放在一起，面积安排就显得很经济，客房的位置也恰到好处。错开的板式结构还弥补了一般板式结构走廊过长的缺点。

◆ **塔式建筑**　客房楼层的第二种主要结构形式是塔式。其特点是以服务区为中心，客房与走廊围绕服务区分布。这种建筑平面布置与立面处理手法多种多样，从正方形到十字形、从圆形到三角形均很常见。采用塔式建筑结构会产生一个特殊问题，即每层楼面的客房数目会受到限制。一般情况下，每层楼能安排16～24间客房。如果每层楼安排16间客房，后勤服务区的面积只能勉强容得下2～3部电梯、疏散楼梯和最起码的布草储藏空间。如果每层有24间以上的客房，楼层的周长就会过大，后勤服务区的面积相应也会过剩，造成不必要的浪费。其他建筑的设计指标较高是通过增加楼层的客房数量将后勤服务区的面积控制在最低取得的。但是，塔式建筑的情况正好相反。大量例子证明，塔式建筑结构中的每层楼的房间数目越少，设计指标就越高。因为房间数少，楼层的周长就小，留给后勤服务区的面积就十分有限，其布局就会十分紧凑，围绕其四周的走道面积也会被减少到最低程度。从理论上讲，当客房楼层设计呈小方形、小圆形时，客房层的有效率指标最高，但周长过小会使客房开间过于狭窄，室内布置困难，客房舒适感较差。在大饭店里，每层楼可安排24间客房，这样就会形成一个大的中心地带，容纳了服务区还绰绰有余。有些饭店就利用空余地方设客厅或会议室，作为提高客房使用面积的补救措施。

◆ **内天井式建筑** 客房楼层的第三种结构为内天井式。在内天井式结构中，客房依楼道单向排列，客房前的走道好像是敞开式的阳台，客人可以从那儿俯视大堂。内天井式结构的客房大楼，除无顶大堂外，客房楼层平面也与众不同。其最基本的模式是四方形的大楼中装有观光电梯。当电梯向上移动时，客人便可看到大堂里的所有景象。虽然内天井式的设计效果在各种形式中很不经济，造成能源损耗过大，日常开支增加，但投资者与建筑师还是乐于选择内天井式。这是因为，随着环境科学、行为科学的发展，饭店设计在解决使用功能的同时，注意饭店的精神功能，强调表现饭店的特点。有专家已进一步研究了公共活动空间的视觉形象与组景规律以及人对公共空间的心理反应，认为内天井式建筑提供了过去在室外才能体验到的仰视、俯视观景条件，给饭店带来了特有的气魄。

思考与练习

1. 自行参观分别属于三种不同客房楼层建筑类型的饭店楼层及客房，并分析它们在客房楼层功能设计上的不同之处。

2. 对比它们在客房功能空间设计的优缺点，并分析其功能与空间设计的依据。你喜欢哪一种设计？为什么？

项目三 客房设施设备及用品配置

饭店客房的设备和用品是客房商品质量的重要组成部分，也是客房服务的物质凭借。客房设备用品的舒适和完好程度，直接影响到饭店的服务质量和声誉。因此客房管理的任务之一，就是向住客提供保养完好并符合相应客房等级的设备用品，以便从物质上保证满足客人的需求，实现优质服务，使客人感到物有所值。

任务一：客房设施设备配置

客房设备主要包括家具、电器、卫生洁具、安全设备及一些配套设施。

一、家具的配置

家具是人们日常生活中必不可少的主要生活用具，也是饭店客房室内布置的主要内容，现代饭店客房室内装饰，对家具在尺度、数量、位置，以及风格上都要有精心的计划。

1. 客房家具种类

客房家具按用途分，一种是为供客人休息、活动的家具，如沙发、坐椅、茶几、床、床头柜、化妆台、小餐桌等；一种是为贮存物品用的家具，如客房壁柜、微型酒吧、套间物品柜等。按功能分，有实用性家具和陈设性家具两大类，其中以实用性家具为主。按材料分，有木制、竹制、藤制、金属制、塑料制以及各种软垫家具等。

2. 客房家具选择

选择客房家具，既要考虑功能，又要注意美观，在遵循格调统一、色彩协调、式样美观、实用舒适、尺度合理、质地坚实、易于清洁等原则的基础上还要考虑区分等级规格，同样是客房，有标准间、套间、豪华套间和总统套间等，不同规格的客房对家具的数量、质量、类型的要求都不尽相同。

3. 客房家具布置原则

家具布置设计的原则：一是要有疏有密。疏者，留出人的活动空间；密者，以家具组成人的休息、使用空间。二是要有主有次，即突出主要家具、设备或陈设，其余作陪衬。以标准客房为例，家具的摆放通常分为宁静区、明亮区和通道三个区域。宁静区布置睡眠家具如床和床头柜，明亮区布置会客、起居用的沙发和茶几，通道区多布置长条形多功能柜或行李架等。

4. 客房家具的具体布置

(1)床。床是供客人休息的主要设备。床的摆放位置很重要，一般应放在客房门开启后不直接暴露在外人视线下的位置。床的质量直接影响客人的睡眠质量，要求床垫弹性合适、牢度好，使用时不发出吱嘎声，要方便移动并有优美的造型。

(2)床头柜。床头柜是客房睡眠区域的重要家具，一般与床配套使用。标准间放在两床之间，一般为 60 厘米×48 厘米×55 厘米，数量为一个，大床房则在床的两边各放一个。除了供客人摆放小件物品外，还放置电话、小便笺、"请勿吸烟"卡。以往床头柜具有多种可满足客人各种需求的功能，将客房内的各种控制开关集中于控制面板上，如广播选频、音量调节开关，灯具开关，请勿打扰、请速打扫控制开关，电视机控制开关等。随着社会的发展、科技的进步，人们的消费习惯发生了很大的变化，床头柜集开关总控制的功能也重新进行了调整。现在不少饭店客房的开关进行分区设计布局，采用分别控制的方式，故取消了床头柜集中控制功能，改设小抽屉，以方便客人放置小物品。床头柜下面搁板上通常摆放一次性拖鞋、擦鞋纸(布)、电话本等物品。

(3)咖啡桌(茶几)。放在窗户前的两把圈椅(扶手椅)中间，规格一般为 65 厘米×65 厘米，数量一张，一般设计成方形或圆形，供客人喝茶及小量用餐用，上面放置烟缸、火柴等。有些饭店根据装饰风格的不同，也选用不同形状的甚至不规则的咖啡桌。

(4)圈椅。大多数是用布蒙制的软椅。数量两把，尺寸 65 厘米×65 厘米×40 厘米，供客人休息、访客用。现在也有不少饭店用沙发或休闲椅替代传统的圈椅。

(5)写字台。供客人书写或化妆用，尺寸 120 厘米×55 厘米，数量一张，上面放有台灯、服务指南、烟缸、花瓶等物品，桌子抽屉内放有礼品袋、洗衣袋、洗衣单等，台上方墙上挂有梳妆镜(如饭店配有专用梳妆台则不必挂放梳妆镜)，并有镜前灯，供客人化妆、着装使用。

(6)椅子。放置于书桌下方，正中居放，客人使用时才拖出，数量为一张。有的饭店则在写字台处摆放梳妆凳，甚至把它加长，以便入住高身材客人时，接在床尾，增加床的长度。

(7)电视柜。摆放电视用。一般尺寸为 100 厘米×55 厘米×65 厘米，上面放置一个电视机转盘，以便将电视机向不同方向转动，方便客人在不同方向观看电视。数量为一个。柜子的下部可放棉被，也可放置小冰箱。有的酒店将此柜做成组合柜，可放电视、冰箱、咖啡杯具、冰桶、洋酒等。

(8)行李柜。放置客人行李。下面空格板可放客人皮鞋或开夜床时放床罩用。尺寸为 100 厘米×55 厘米×60 厘米，台面布有防滑条。为了增加客人在房间的活动空间，目前有的饭店将行李柜改为折叠式的行李架,不用时收在一边,需要时打开即可使用。

(9)衣柜。衣柜内有挂衣杆、各类衣架等,以方便供客人挂放衣服、存放物品,一般为200厘米×120厘米×55厘米,通常在门道的侧面。柜内设有小型照明灯,由柜门的开合自动控制;柜底放有鞋篓(盒),客人可将要擦的鞋放在里面。有些饭店将酒柜和衣柜连在一起做,酒柜上面摆放各种小瓶名酒和茶叶、咖啡和杯酒具等,下面摆放小冰箱。为了方便客人存放贵重物品,不少饭店还在衣柜内还设有微型保险箱。

(10)穿衣镜。供客人照全身衣饰妆容使用。可选用活动的,也可选用安装在墙上的,尺寸为一般120厘米×60厘米。

知识拓展 5-2

床的类型

床是饭店为客人提供休息和睡眠的主要设备,饭店使用的床通常为西式床,床的数量与规格不仅影响其他功能区域的大小与构成,还体现了客房的等级与规格。其类型通常有:

◆ 基本类型(单位:米)

➢ 单人床(single bed) 2.0×(1.1~1.35)

➢ 双人床(double bed) 2.0×(1.35~1.5)

➢ 大号双人床,也叫皇后床(queen-size bed) (2.0~2.2)×1.8

➢ 特大号双人床,也叫帝王床(king-size bed) (2.0~2.2)×2.0

➢ 折叠床(rollaway bed) (1.9~2.0)×(0.8~1.0)

◆ 特殊类型

➢ 婴儿床(baby cot)

➢ 好莱坞床(hollywood bed)

➢ 沙发床(sofa bed)

➢ 隐蔽床(murphy bed)

➢ 水床(water bed)

➢ 圆床(round bed)

我国星级饭店客房用床的行业标准规定:单人床一、二星级不低于100厘米×200厘米;三星级不低于110厘米×200厘米;四、五星级不低于120厘米×200厘米。各酒店可根据自己的客房空间面积来定床的尺寸,以上尺寸为规定常用尺寸,仅供参考。通常,床越宽,越舒适,档次也就越高。另外,床的高度,考虑到美观、协调及便于服务员操作等因素,一般应在40~60厘米之间。

二、电器设备的配置

客房内的电器设备主要有灯具、电视机、空调、音响、电冰箱、电话等。

1. 门铃

装在客房门外侧面的墙上,供客人来访时按门铃呼叫用。现在越来越多的酒店采用可视门铃,客人在房内可看到来访者以确定开不开门,具有较高的安全性。

2. "请勿打扰"(DND)指示灯

安装在门铃的下方,显示客人是否希望有人找或清洁。当红灯亮起时,禁忌去敲房门询问服务项目。

3. 取电器

在进房门后走廊的左边或右边，像一个小盒子，进房后用取电牌插入开口处，房内电器电源接通。

4. 电视机

根据饭店的档次来配备尺寸和品牌。

5. 冰箱

一般选用容量为 50 升的小冰箱，应符合环保方面的要求。

6. 电话

一般配备两部电话机，一部放置于床头柜上，一部挂在卫生间恭桶与浴缸之间的墙壁上方，以方便客人在卫生间接听电话。目前越来越多的饭店在写字台上也安有电话机，以方便客人。

7. 灯具

客房内灯具较多，数量也因客房的大小而定。就标准间来说，一般有以下品种：顶灯一盏，安装在房间天花中间位置；台灯一盏，放在书桌上，可调节明暗；落地灯一盏，置于咖啡桌后方或窗户旁的墙角处，可调节明暗；镜前灯两盏，一盏在客房梳妆镜上方(书桌)，一盏在卫生间洗漱镜上方；床头灯两盏，床头的侧上方，可调节明暗；房间通道灯一盏；夜灯一盏，在床头柜下方；地灯一盏，在进门走廊的左下方或右下方；射灯两盏，在酒柜上方；卫生间筒灯(防雾灯)一盏，日光灯一盏。

8. 空调

在房间过道上方，隐藏在墙内，只留出风口和吸风口，一般都是中央空调，部分饭店安装壁挂式分体空调。

9. 换气扇

安装在卫生间顶部，抽出湿气，输入新鲜空气。

10. 吹风机

吹风机有挂箱式和手提式两种。挂箱式一般装在卫生间的浴镜旁，取下时自动供风使用，挂上后自动断电。手提式一般放在卫生间或卧室的抽屉内。

三、卫生设备的配置

卫生间的设备主要有洗脸台、浴缸、淋浴房、恭桶、妇洗器等。

1. 浴缸(淋浴房)

浴缸配备量一个，长度不小于 180 厘米，安装在卫生间，供客人盆浴用。针对不少客人喜欢淋浴的特点，越来越多的饭店在客房卫生间配置淋浴房以取代浴缸，当然也有的饭店既配有浴缸，又设有淋浴房。

2. 云石台、面盆

云石台安装在卫生间浴镜下方，用以托置面盆，上面放有客用品，如洗发水、沐浴露、口杯等，规格一般为：卫生间一侧墙的长度×550 厘米(宽)×820 厘米(高)。面盆供客人洗漱用，规格为标准尺寸，配备量一个或两个。云石台面与面盆是卫生间造型设计的重点，同时要注意面盆上方配的化妆镜和照明。因为现代饭店的云石台是很多妇女化妆的区域，所以宽大的设计以及良好的照明是满足她们需要的重要方面。

3. 恭桶

恭桶是另一重要的卫生设备，大小、空间摆放都要从卫生间的大小和使用人的生活习惯等方面进行综合考虑。每间房配备一个，规格为标准尺寸，安装在卫生间。

4. 妇洗器

安装在卫生间，供客人便后冲洗下身用。分为脚踏式和自动冲水(感应)两种，每房一个，大多数饭店的套房才配置，规格为标准尺寸。随着卫生间功能的多元化发展，越来越多的饭店都在标准间安装了独立淋浴房和卫生清洁器。

5. 浴帘

与浴帘杆一起安装在浴缸外上侧，规格为170厘米×182厘米。如有淋浴房则不需配浴帘。

6. 体重秤

放在卫生间云石台下或卧室内，供客人称量体重用。

除上述卫生设备外，相应地还应配置其他配套设施，如浴巾架、面巾架、手纸架、面巾纸盒、晾衣绳等，按规格配置好并放在相应的位置。

四、安全设备的配置

为了确保宾客的生命、财产安全，预防火灾和其他安全事件，客房区域必须配置各种安全设备，如：客房的烟雾感应器、门窥镜、安全链、安全指示图、自动喷淋、保险箱、紧急呼救装置等。

1. 防盗扣(安全链)

装在房门后，门锁旁，一副。客人入房后将防盗扣挂上，开门时起防护作用。

2. 安全指示图(走火图)

安装在房门后与眼睛平行的位置，提示客人安全通道和现在房间所处位置。

3. 门窥镜(猫眼)

安装在房门上，可让客人在门内通过猫眼观看门外情况。

4. 烟雾感应器

每房一个，安装在房间正中房顶。当房间空气中烟雾达到一定的浓度时，自动报警，以便将火势控制在萌发状态，保障客人和客房的安全。

5. 自动喷淋

每房一个，安装在房间顶部，当温度达62～65℃时，自动喷水灭火，喷水量约为1吨左右。

6. 保险箱

安装在衣柜内，与柜体紧密相连，客人根据使用说明书自设密码后，便可将贵重物品放入其中。

此外客房楼道上也应配置安全设施如闭路电视监控装置、自动灭火器、安全指示灯、消防栓、自动报警器等。

知识拓展 5-3

客房卫生洁具

◆ **浴缸**　浴缸有铸铁搪瓷、铁板搪瓷、工程塑料与人造大理石等多种。以表面耐冲击、易清洗与保温性良好者为最佳。浴缸尺寸有大、中、小三种：

浴缸	长	宽	深
大	1680 毫米	800 毫米	450 毫米
中	1500 毫米	750 毫米	450 毫米
小	1200 毫米	700 毫米	550 毫米

目前一般均采用中型浴缸，等级高的饭店常用大型浴缸，不少中、低档旅馆均采用小型浴缸。浴缸低部的防滑问题值得注意。不少制造厂商为了防止人们在洗澡时滑倒，在浴缸低部采取了凹凸的或光面毛面相间的防滑措施。

有的客人习惯淋浴，故浴缸上多数附设淋浴器与固定喷头以满足客人的需要。经济饭店也有不设置浴缸而只采用淋浴的。近年来，高级浴缸应运而生，冲浪式浴缸就是其中一种。这种浴缸四周与下部设置喷头，当喷射水流对人体肌肤冲击时起按摩作用。一些高级豪华饭店竞相在豪华套房内装置"冲浪浴缸"，以提高其身价，同时，单设蒸汽淋浴房，以方便客人使用。

◆ **恭桶与妇洗器(bidet)**　恭桶的尺寸一般为宽 360 毫米、长 720～760 毫米，为满足客人的使用要求，恭桶前方需有 450～600 毫米的空间，左右需有 300～320 毫米的空间。

一些国家的女士习惯使用妇洗器，因而高级豪华饭店与某些饭店的卫生间里常设有四件卫生洁具，即浴缸、恭桶、妇洗器与洗脸盆。

一些厂商设计了具有恭桶与妇洗器功能为一体的新颖卫生洁具，它具有先进的电器设备，如可预热的恭桶坐圈，可在方便后冲洗并调节冲洗水的水温。这种卫生洁具的价格比普通恭桶高十几倍，在豪华饭店使用的比较多。

◆ **洗脸台**　洗脸台的材质有瓷质、铸铁搪瓷、铁板搪瓷、人造大理石或工程塑料等多种。使用最多的是瓷质洗脸盆，它具有美观并容易清洁的优点。

卫生间也是梳妆的主要场所，客人常自带不少化妆品，加上饭店为客人提供的各种用品，需要饭店在卫生间内提供宽大的化妆台。现代饭店已把化妆台与洗脸台结合为一体。

卫生间一般没有外窗，全部靠人工采光，所以特别要注意照明的光色。只有采用与日光光色类似的三基色荧光灯才能使化妆色彩合适。为保证梳妆所需的照明度，镜前照明应使光线从人的前上方照到人的脸部。

任务二：客房用品配置

为满足客人在客房中生活的需要，饭店在客房中除配备各种家具、设备之外，还应配置各种用品供客人使用，真正为客人创造一个舒适、方便的生活环境。同时，这也能提高客房的吸引力和规格，不仅让客人感到饭店对其住店生活的关心，还能使客人更容易接受饭店的房价，有"物有所值"之感。另外，饭店通常在客房用品上印有饭店的名称、标志及地址、电话等，使之成为宣传饭店、扩大饭店社会影响的销售手段之一。

客房用品包括客房供应品及客房备用品两种。客房供应品是指供客人一次性消耗使用或用做馈赠品而供应的用品,如肥皂、信封、明信片、针线包等,因此也称为客房消耗品。客房备用品是指可供多批客人使用,客人不能带走的客房用品,如布草、烟灰缸等。下面以一个标准间客房为例,介绍客房内应配置的用品。

一、客房备用品配备

1. 客房布草

客房布草主要有:

(1)床罩(床巾)。每房配置2张。中式铺床一般在被子上铺上床巾,每床一条;或再放上一只靠垫。

(2)床垫。每房配置2张,与床的平面尺寸一样,铺在席梦思上,上方再铺床单,起防滑和保护席梦思的作用。

(3)床单。采用西式铺床的饭店,每张床配2张或3张,垫单、盖单(护单)各1张,如采用中式铺床的饭店每床一张单(盖单)。

(4)枕套。单人床每张床配2个,双人床每床配4个。

(5)被套。装棉被用,每床配置一个。

(6)枕芯。枕芯为三维卷曲棉或羽绒,数量与枕套相同。

(7)棉被。选用踏花被或羽绒被。每床一床棉被,尺寸根据床的大小来选择,一般宽在150厘米以上。

(8)毛毯。毛毯是西式床的主要保暖设备,每床一张。一般选用纯羊毛,净色不带图案。

(9)五巾。卫生间可配"五巾"或"四巾"。"五巾"指的是大浴巾、小浴巾、面巾、地巾和方巾,分别供客人沐浴、洗脸、踏脚之用。除了地巾每房配备一条外,其他的每房两条配备。根据不同的等级档次,有的饭店配备大浴巾、面巾、地巾和方巾这"四巾",也有的只配备大浴巾、面巾和地巾这"三巾"。

(10)窗帘。要求透气性好,美观、大方,颜色与家具、地毯颜色相协调,花口、颜色最好与床罩一致。质地优良,以棉、麻、丝为主。折皱比例为1∶2。

(11)纱帘。白色,有垂感,以棉、麻、丝为主,通透性好,纱帘应常处于关闭状态。折皱比例为1∶2。

(12)遮光帘。在中间层,与窗帘粘在一块,同时关拉,以黑色或灰色为主。要求蔽光性好,起到遮挡阳光的作用,利于客人睡眠,折皱比例为1∶2。

(13)浴袍。供客人浴后或浴前使用。纯棉或丝绸制品,要求柔软舒适,保暖,每房2件。

2. 其他备用品

(1)门牌一个,安装在房门正上方,标注房间号。

(2)挂画。根据房间大小来安排,可挂1～2幅。

(3)冰桶。盛放冰块用,配有冰夹,放在酒水柜里,配置数1个。

(4)酒水篮。摆放洋酒用,配置数1个,放在酒水柜上,并配有调酒棒和酒杯。

(5)烟缸。瓷制品或玻璃制品,个别饭店用大理石(云石)或其他防火材料。配备量一般为3个:分别放在书桌右上角、咖啡台(茶几)、卫生间云石台上。

(6)垃圾桶。一般选用铸铁材料,也有外壁是木制或藤编内壁是不锈钢的。数量2个:

卫生间1个、房间书桌下1个。

(7)服务指南。一本，介绍饭店各类服务项目，放于文件夹中。

(8)文件夹。仿皮或真皮制品，每房一本，放宣传单和服务指南等，摆在书桌上。也有的饭店用文件盒，放于抽屉内。

(9)电茶壶、冷水壶。各配1个，放在咖啡台(吧台)上。

(10)茶杯。2个，白瓷净色为主，放在咖啡台(吧台)的托盘中。

(11)茶盅。盛放茶叶，配置2个，一个放在茶杯前，另一个放在酒水柜的咖啡杯具前，放糖和咖啡伴侣。

(12)口杯。2个，玻璃制品或瓷杯，放在卫生间云石台面上或托盘里，供客人漱口用。

(13)果汁杯。2个，玻璃制品，放在茶杯旁，供客人喝饮料用。

(14)托盘。2个，塑料制品或漆器、不锈钢、木制品。一个在房间，放茶杯等物品；一个在卫生间，放洗漱用品。

(15)花瓶。2个，一个放于书桌上，一个放在卫生间。插入鲜花或绿色植物供客人欣赏，向客人表示祝福。

(16)皂碟。1个，瓷制品为主，摆在卫生间放香皂用。

(17)咖啡杯具。咖啡杯2只，杯碟2只，咖啡匙2把。放于酒水柜上。

(18)衣架。普通衣架、西装架、裤架(裙架)各4个，放于衣柜内，供客人挂衣服用。

(19)衣刷1把，放在衣柜中，供客人刷衣灰用。

(20)鞋拔1把，放在衣柜中。

二、客房低值易耗品配备

1. 房间低值易耗品配备

房间低值易耗品一般有：拖鞋2双，饭店可根据客房档次选择纸质或棉质拖鞋，放在床头柜下方或衣柜的鞋篓里；鞋擦纸(布)2张，放在拖鞋旁，供客人擦鞋时用；火柴1盒，放在茶几上的烟缸里；针纸包1个，放在书桌抽屉内，配有线、纽扣、和针；茶叶6包，红茶、绿茶、花茶各2包，放在茶盅里；咖啡、伴侣、糖各2包；洗衣袋2个，放在衣柜或书桌抽屉中；礼品袋2个，放在衣柜或书桌抽屉中；铅笔、圆珠笔各1支；便笺夹1个；洗衣单2份；电视节目单1份；宾客意见书2份；“请速清洁”(请勿打扰)牌1张；大信纸6张；小便笺1本；信封2个；赔偿价目表(纪念品价目表)1张；明信片2张；“请勿吸烟”暨“祝您晚安”牌1张；“环保节能卡”1张及各类宣传印刷品。

2. 卫生间低值易耗品配备

卫生间低值易耗品一般有：洗发水、沐浴露、润肤露、护发素各2瓶；香皂2块；牙具2套，内有牙刷、牙膏；浴帽2盒；梳子2把；棉签1包；剃须刀1把(可视客人情况变动，两女客可不放，两男客就需加1把)；指甲锉2把；卷纸2卷，一卷安装在厕纸架上，一卷放在备纸架或备纸盒内；面巾纸1盒，放在面巾纸盒内；卫生袋1盒放在马桶水箱上，供女宾装污物扔入垃圾桶，如男宾入住，则可临时撤去；杯盖，每房4个，口杯2个，果汁杯2个；杯垫，放在杯具下方，6个，口杯2个，果汁杯2个，茶杯2个。

具体配备见表5-1、表5-2。

表 5-1 房间用品配置

放置部位	备用品	供应品
床	床单、枕套、被套、毛毯、枕芯、床罩、羽绒被、床巾、靠垫等	
床头柜	电话使用说明、环保卡、晚安卡	电话便笺、铅笔等
书写桌	服务指南、安全须知、房间用菜单、烟灰缸	信封、信纸、明信片、电传及传真用纸、笔、行李箱贴、宾客意见书、购物袋等
小酒吧	茶杯、水杯、酒杯、茶叶盒、起瓶盖器	杯垫、纸巾、调酒棒、小酒吧使用计费单、茶叶、火柴等
软坐椅桌	花瓶、烟灰缸	
壁橱	衣架、衣刷、鞋拔	洗衣袋、洗衣登记单、拖鞋、擦鞋布(纸)等

表 5-2 卫生间用品配置

放置部位	备用品	供应品
洗脸台	口杯、面巾、手巾、烟灰缸	牙具、面巾纸、香皂、浴帽、梳子、指甲具、棉签、剃须刀等
坐便器旁	废纸篓	卫生纸、卫生袋
浴缸边	浴缸垫	肥皂、沐浴液、洗发液

除上述用品外,客人或许会提出要一些较特殊的用品。对此,客房部可备些这样的用品供客人租借使用。上面所列的客房用品只是标准间客房所应配置的。在普通套房、豪华套房、总统套间内,还应配置相应的特殊用品,在此不一一列举。不同饭店的客房由于等级、规格、风格不同,在配置客房用品上可根据各自的经营决策及实际需要而增减,形式、规格也可不求一致,但不能违背经营原则,不降低客房规定标准,要从满足客人需求出发,使客房的“价”与“值”保持一致。

知识拓展 5-4

客房设备配置趋势

客房作为饭店出售的最重要的有形商品之一,设备设施是构成其使用价值的重要组成部分。科学技术的发展及宾客要求的日益提高促使饭店客房设备配置出现了一些新的变化趋势,这些变化趋势主要体现在人本化、家居化、智能化和安全性等几个方面。

◆ **人本化趋势** 作为现代化的饭店,在客房设备配置上应体现“以人为本”的原则。以人为本就是要从宾客角度出发,使客人在使用客房时感到更加方便,感受更加舒适。比如:传统的床头控制板正在面临淘汰,取而代之的是“一钮控制”的方式,也就是说,客人晚上睡觉时只需按一个按钮就可将室内所有需要关掉的电器、灯光关掉。又如,客房中的连体组合型家具不但使用起来不方便,而且使得饭店客房“千店一面”,而分体式单件家具可以使客房独具特色,而且住宿时间稍长的宾客还可按自己的爱好、生活习惯布置家“居”,岂不惬意?

◆ **家居化趋势** 饭店客房家居化趋势首先体现在客房、卫生间空间加大上;其次是通过客用物品的材料、色调等来增强家居感,比如多用棉织品、手工织品和天然纤维编织品,普遍放置电烫斗、烫衣板。越来越多的饭店在卫生间单独设立淋浴房,采用玻璃或有机玻璃箱体，将浴缸和淋浴房分开，使用电脑控制水温的带冲洗功能的恭桶。另外，度假区饭店更是注重提供家庭环境，客房能适应家庭度假、几代人度假、单身度假的需要，儿童有自己的卧室，电视机与电子游戏机相连接等。

◆ **智能化趋势**　可以说智能化趋势的出现将人本化的理念体现的最为淋漓尽致。因为在智能化的客房中，宾客可以体验如下美妙感受：客房内将为客人提供网上冲浪等Internet服务，客人所需一切服务只要在客房的电视电脑中按键选择即可，客人更可以坐在屏幕前与商务伙伴或家人进行可视的面对面会议或交谈，宾客可以将窗户按自己的意愿转变为美丽的沙滩、辽阔的大海、绿色的草原，还可在虚拟的客房娱乐中心参加高尔夫球等任何自己喜爱的娱乐活动，房间内的光线、声音和温度都可根据客人个人喜好自动调节。

◆ **安全性日益提高**　安全的重要性是不言而喻的，但这需要更加完善的安全设施加以保障。比如客房楼道中的微型监控系统的应用，客房门上的磁卡门锁系统，客房将以客人指纹或视网膜鉴定客人的身份，客房中安装红外感应装置，使服务员不用敲门，只需在工作间通过感应装置即可知客人是否在房间，但却不会显示客人在房间中的行为。另外，床头柜和卫生间中安装紧急呼叫按钮，以备在紧急情况下，饭店服务人员与保安人员能及时赶到。这些设施大大增强了客房的安全性，同时不会过多打扰客人，使客人拥有更多的自由空间而又不必担心安全问题。

思考与练习

试分析不同星级、不同性质的饭店在客房设施设备和用品配置上的差异。

项目四　客房类型设计

任务一：设计客房类型

不同类型、档次的饭店，为满足不同客人的需求，往往设置不同类型的客房。一般说来，大型饭店客房种类多，设备齐全；反之，小型饭店客房种类少，且设备比较简单。客房类型可从以下环节进行设计：

一、基本类型客房的设计

根据客房数量的多少，一是单间客房，二是套间客房。

1. 单间客房的设计

由一间客房所构成的“客房出租单元”，往往设计成单间客房。为满足不同客人的需求，房内可配置一张单人床，设计成单人间；也可配备一张双人床，使之成为大床间，或配备两张单人床成为标准间；也可将两张单人床换成两张双人床，以显示较高的客房规格和独特的经营方式。在一些经济型饭店也可配备三张单人床，供三人同时入住。随着家庭旅游、自驾旅游比例的增高，在房内可以各配一张单人床、一张双人床，设计成家庭客房。

2. 套间客房的设计

由两间或两间以上的客房构成的“客房出租单元”，称为套房。客房类型设计时不仅要顾及单间客房，还要根据饭店的建筑结构、使用功能、室内装饰标准等因素，充分考虑套间客房的设计，如标准套房、立体套房、连接套房、豪华套房、总统套房等类型。设计时既要关注客人的需求，尽可能满足客人的要求，又要考虑投入产出，总的来说要做到科学有效，切合实际。

二、特殊类型客房的设计

旅游饭店客源的多元化需求，使得饭店除拥有各种基本客房类型以外，还必须配置各种特殊客房或楼层来满足不同宾客的要求。应该讲，随着客人要求的提高，有多少需求就有多少客房种类的出现。因此在客房产品设计过程中，作为设计师的客房经营者还必须把眼光投向特殊类型的客房。通过特殊类型客房的设计、生产、销售，满足市场上一些特殊类型宾客及普通宾客的特殊要求，体现出饭店客房产品应市场之需而突出特色的经营理念。具体可通过市场需求调研、可行性分析等途径来决定饭店特殊客房的设计。例如，近年来女性在现代社会中的地位越来越突出，就业比例日益提高，经济地位越来越独立，根据这一现象，可根据女性的心理和生理、审美观等专门为女性设计了女士客房。残疾人由于身体上的残障需要得到全社会的关照，饭店也不例外，因此在饭店产品设计时应充分考虑残疾客人的需求，除了在饭店公共区域设计、配置一些无障碍设施如残疾人专用通道、残疾人专用厕所(厕位)外，还可为其设计出专门的无障碍客房，既体现了对残疾人的人文关怀，又丰富了客房的类型。如今，世界人口普遍向老龄化发展，老年人在饭店相对停留时间较长，消费较高，因此，可根据“银发市场”的生活习惯、消费特点来设计老年人客房这种类型。

任务二：不同类型客房数量配比

一、不同类型客房数量配比原则

客房的类型很多，但在一个饭店中占据绝大多数地位的客房称为重点客房，这些客房出租率的高低在很大程度上影响着整个饭店的客房出租率，那么到底以什么类型的客房作为饭店的重点客房呢？在饭店的建设筹备之初，饭店就应该考虑这个问题，做好不同类型客房数量配比的规划。一般来讲，饭店在客房类型配置时应该重点注意以下原则：

1. 符合饭店定位原则

饭店自身类型的定位决定了饭店的功能。如旅游饭店、商务饭店等，对不同目标市场定位的饭店，客房的使用功能就有很大的差别。在配置饭店客房的类型时，应以饭店目标市场定位为首要原则，从饭店实际经营需要出发，有针对性地设计饭店客房类型。

2. 优化资源配置的原则

在考虑了以目标市场定位需要为首要原则以后，还应考虑市场的竞争状况，即同类客房在同一地区供求是否饱和，以免影响客房产品的竞争力。另外在设计时应尽量保持与饭店整体档次、风格的协调，避免片面追求客房的高档次而造成过度投入，影响饭店资本回报效益，如五星级饭店要求设有总统套房，而一般饭店则不必要设置。

3. 满足顾客需求原则

确定客房类型配置应遵循对顾客有利的原则，通过市场分析，研究各种细分客源市场对饭店客房的需求而定，并随着市场的变化和客人需求的变化适时做出调整。

二、不同类型客房数量的配比

客房类型设计工作完成后，饭店经营者还应在上述原则的指导下确定每一种类型的具体数量。一般来说，旅游饭店客房以标准间占多数，一般约占80%～90%，其他的一般设置为单人客房或套房。商务饭店单人客房需求量很大，因此这类饭店单人客房的比例会较高。目前，在日本与美国的不少城市中，商务饭店的单人间与双人间之比已达1∶1。套间客房在饭店也是需要的，一般等级越高的饭店套间数量越多，一、二星级饭店的套间可以很少或者没有套间。三、四星级饭店的套间约占客房总数的5%。五星级豪华饭店的套间可以有更高的比例。美国近年来出现了全套间饭店被称之为Hometel，每个套间均由起居室和卧室组成，由于经营有方，出租率超过了一般饭店。套间的数量和质量也与饭店等级有关。五星级饭店至少有一套总统套间，有的饭店甚至有数间，而一般饭店则不必设置豪华套间或总统套间。否则，一味求全求大会造成不必要的浪费。

思考与练习

1. 现有两家饭店，一家为市中心的四星级商务饭店，另一家是处于风景区的度假型三星级饭店，这两家饭店在客房类型的设计和不同类型客房的数量配比上一样吗？为什么？
2. 豪华套房数量标志着饭店的等级与档次，所以配置得越多越好，对吗？为什么？
3. 请介绍一家饭店的主题客房的具体情况（国内外饭店均可）。

项目五　客房室内装饰设计

任务一：客房色彩的设计与运用

一、色彩的概念

在人们的视觉感知过程中，色彩是比形体更令人注意的现象，它能影响人的情绪，制造氛围和情调。因此，如何创造生动而协调的饭店客房室内色彩效果，是饭店客房管理者必须研究的一个重要课题。

1. 色彩的分类

色彩可以分为无彩色系和有彩色系两大类。无彩色系是指白色、黑色或由白黑色混合而成的各种深浅不同的灰色。无彩色系的颜色只有一种基本属性——明度，它们不具备色相和纯度。有彩色系又称彩色系，是指不同明度和纯度的红、橙、黄、绿、青、蓝、紫等颜色，即视觉能感受到的单色光特征的色彩都属于有彩色系。

2. 色彩的三要素

有彩色系的色彩都具有三个基本要素，也叫三种属性，即色相、明度、彩度。

(1) 色相。色相是色彩的相貌（或叫色别），是区别各类色彩的名称。一般来说，能确切地表示某种颜色色别的名称，都代表着一种色相。自然界可以用肉眼辨别的颜色有许许多多种，但最基本的只有红、黄、蓝色，色彩学上称三原色。三原色之间按一定比例可以调配出各种不同的色彩，而其他色彩无法调配出原色。仅两种原色调出的色彩，称为间色，如红加黄产生橙色，红加蓝产生紫色，黄加蓝产生绿色。三种原色成分都包含的色彩称为复色，如棕色、土黄色、橄榄绿等，自然界中以复色居多。

(2) 明度。明度是指色彩的明暗程度，也称色的亮度、光度、深浅度。不同色相有明度区别，如光谱中黄最亮，明度最强；紫最暗，明度最低。同一色相也有明度区别，如同样是红，深红比浅红明度低；同样是绿，深绿比浅绿明度低。

(3)彩度。彩度指色彩的饱和度，即纯净程度，因此也称为纯度。一种色彩越接近于某个标准色，越醒目，彩度也越高。标准色加白色，彩度降低而明度提高；标准色加黑色，彩度降低而明度也降低。过高的彩度容易使人眼睛疲劳。只有标志或点缀物才采用高彩度的色彩。

3. 色调

色调即色彩的品名，色彩一般有红、橙、黄、绿、青、蓝、紫七色。色彩又可分为暖色与冷色两类。红、橙、黄之类称暖色，蓝、绿、紫之类称为冷色。暖色能给人带来温暖、亲切、热烈、活跃的心理效果，冷色则能给人带来宁静、遥远、轻快的心理效果。

4. 色彩的协调

色彩的协调给人以舒适、愉快的感觉，反之则使人不满、烦闷与失望。色彩的协调有调和色的协调与对比色的协调两种。

(1)调和色的协调。调和色是同种色调改变明度与彩度而得来的系列色。采用这些色彩用于同一室内很容易获得协调的效果。若干种低彩度的、不同色调的色彩同时用于室内往往也能获得调和色的协调效果。

(2)对比色的协调。对比色有红色与绿色、黄色与紫色等。"万绿丛中一点红"则是生活中对比色协调的例子，其原因在于对比色的运用必须有一定的面积差。在客房室内设计中，往往采用大面积的背景色彩，然后在局部地方采用小面积的强烈的对比色，可取得十分协调的效果。

5. 色彩的对比

两种颜色并列相映的效果之间所能看出的明显不同就是对比。在客房设计装饰时，色彩对比的运用主要有以下三方面。

(1)色相对比。色相对比就是未经掺和的原色，以最强烈的明亮度来表示。这种色彩运用的特点就是表现鲜明突出，色彩能够相互作用和相互影响。在实际运用中，如果让一种色相起主要作用，少量其他色相作为辅助，那么就会得到非常有趣的效果，着重使用一种色彩会提高它的表现性。

(2)明暗对比。白昼与黑夜、光明与黑暗，这种规律在人类生活和自然界中具有普遍意义。黑色与白色是最强烈的明暗对比，它们的效果是对立的，在它们之间有着灰色和彩色的领域。如具有白色沙发、墙面和天棚的客房，配上暗色的茶几、门扇与黑白相间的挂画，构成明暗对比十分强烈的明快爽朗的环境气氛。

(3)冷暖色对比。色彩有冷暖之分。很多试验证明，人们对冷暖的主观感觉前后者相差很大。人们在和谐的色彩搭配空间中，感觉舒适度和消除疲劳等方面也有很大的区别。如人们在蓝绿色的房间里工作，15℃时就感觉到寒冷，而在橙红色的房间里工作的人们，11～12℃时才感到寒冷。因此，朝北的房间由于缺少阳光，一般需用明快的颜色，而朝南的客房则需要较冷的颜色。

二、客房色彩的设计与运用

客房装饰给人的舒适感主要来源于色彩的选择。因此在客房设计时，应根据客房的不同功能空间设计不同的颜色，尽量给客人创造温馨舒适的空间。客房内色彩的构成因素繁多，一般有家具、纺织品、天花、墙壁、地面等。为了平衡室内错综复杂的色彩关系和总体协调，可以从同类色、邻近色、对比色及有彩色系和无彩色系的协调配置方式上寻求其组合规律。由于客房室内空间的有限性，调和色彩的协调方式在客房色彩选择上往往使用较多。

1. 家具色彩

家具色彩是客房色彩环境中的主色调。常用的有两类：一类是明度、纯度较高，其中有淡黄、浅橙等偏暖色彩，还有象牙白、乳白色等偏冷色彩，明快光亮、纯洁淡雅，使人领略到人为材料的"工艺美"。这些浅色家具体现了鲜明的时代风格，越来越为人们所欢迎。第二类是明度、纯度较低，其中有表现贵重木材纹理色泽的红木色（暗红）、橡木色（土黄）、柚木色（棕黄）或栗壳色（褐色）等偏暖色彩，还有咸菜色（暗绿）等偏冷色彩。这些深色家具显示了华贵自然、古朴凝重、端庄大方的特点。

家具色彩力求单纯，最好选择一色，或者两色，既强调本身造型的整体感，又易与客房室内色彩环境相协调。如果在家具的同一部位上采取对比强烈的不同色彩，可以用无彩色系中的黑、白或金银等光泽色作为间隔装饰，使家具过渡自然，对比协调，既醒目鲜艳，又柔和优雅。

2. 纺织品色彩

床罩、床巾、床裙、沙发坐椅面层、窗帘等纺织品的色彩也是客房内色彩环境中重要的组成部分，一般采取明度、纯度较高的鲜艳色，以此渲染室内浓烈、明丽、活泼的情感气氛。在与家具等的色彩配置时，可以采用色相协调，如淡黄的家具、米黄的墙壁，配上橙黄的床罩、台布，构成温暖、艳丽的色调；也可以采用相距较远的邻近色作对比，起到点缀装饰的作用，获得绚丽悦目的效果。纺织品的色彩选择还应考虑到环境及季节等因素。对于光线充足的房间或是在夏季，宜采用蓝色系的窗帘；如在冬季或光线暗淡的房间，宜采用红色系的窗帘，写字台可铺冷色调装饰布，以减弱视觉干扰和视觉疲劳。

3. 天花、墙壁、地面色彩

天花、墙壁、地面色彩通常充当室内的背景色、基调色，以衬托家具等物的主色调。墙壁、屋顶的色彩一般采用一两个或几个淡的色，有益于表现室内色彩环境的主从关系、隐显关系及空间的整体感、协调感、深远感、体积感和浮雕感。在客房室内配色中，一般房顶天花明度最强，墙面次之，地面明度最低。浅色能使房间显得大，而深色则相反。

任务二：客房照明设计

客房照明设计就是根据客房不同使用功能的空间所需要的照度和照明质量、所需要创造的室内空间气氛，在尽可能节约用电的前提下，正确选用光源品种和灯具，确定合理的照明方式和布置方案，创造出良好的室内环境。

一、照明概述

1. 客房光源

光是创造室内视觉效果的必要条件，为了进一步创造良好的客房室内视觉效果，展现客房空间，增加客房室内环境的舒适感，必须对饭店客房的光线进行设计。

(1)自然采光。光源的类型可分为自然采光和人工光源两大类。自然光源是将自然光引进室内的采光方式。自然光除了给人亲切感、舒适感之外，最大优点是节能。室内自然采光一般有侧面光与顶面光两种方式，虽然顶部采光照度比侧面光照度高三倍，但由于客房的建筑格局，多采用侧面光。客房门窗就是侧面光的主要通道。因此在客房自然采光的设计中，必须科学、有效地进行客房门窗的设计。

(2)人工光源。人工光源即人工照明，包括各种电源灯。现代照明光源几乎都是以电能作为能源。用于照明的电光源，按发光原理可分为白炽灯和荧光灯两大类。白炽灯是通过灯内的钨丝升温而发光的，由于钨丝的长短粗细不一而产生不同的光，其光色偏于红黄，属于暖色。荧光灯是靠低压汞蒸汽放电而产生紫外线，紫外线再刺激管壁的荧光物质而发光的。荧光灯的光色分为自然光色、白色和温白色三种。自然光色是直射阳光和蓝色空光的混合，其色偏蓝，给人以寒冷的感觉；白色的光色接近于直射阳光；温白色的光色接近于白炽灯。

2. 照明方式

照明方式是对照明灯具或光源进行布置的方式。不同的照明方式营造不同的照明效果，不同程度地提高和改善视觉功能。

(1)按灯具的散光方式，照明可分为直接照明、间接照明、混合照明和散射照明等多种方式。

(2)按灯具的布置方式，可分为一般照明、分区一般照明、局部照明、混合照明。

知识拓展 5-5

照明方式

◆ 按灯具的散光方式可分为

➢ 直接照明——直接照明不照射顶棚，无间隔，没有顶棚的反射光，容易取得光线稳定的效果。其特点是发光强烈，投影清楚，使物体产生鲜明的轮廓，对一些艺术品的光照可以产生特殊的效果，但作为生活照明，应避免直接对着人的眼睛。

➢ 间接照明——间接照明一般照在天花板或墙角，依靠反射发光，然后反射到房间。间接照明使光线柔和，灯光很少有投影，不刺激眼睛，且有空间增高的效果。

➢ 混合照明——混合照明是直接与间接相结合的一种照明。如以直接照明为主，称半直接照明，半直接照明使室内稍趋明亮，容易取得柔软的感觉。如以间接照明为主，称为半间接照明。半间接照明有60%以上的光线射向顶棚或墙面，再反射到室内，使室内产生模糊不清的影子，给人以舒适的感觉。

➢ 散射照明——散射照明通过扩散光的形式，使室内所有方向的投光比例都相等，光线亮度大体相等，既感觉柔和，又保证整个室内照明。

◆ 按灯具的布置方式可分为

➢ 一般照明——灯具比较规则地布置在整个场地的照明方式称为一般照明。一般照明可使整个场地都能获得均匀的水平照度，适用于对光的投射方向没有特殊要求、工作点很密的场所，如仓库、办公室、会议室等。

➢ 分区一般照明——根据不同区域对照度要求的不同需要，分区采用一般照明的布置方式,在歌厅、台球室等场所经常使用。

➢ 局部照明——局部照明是指不考虑周围环境而只为满足某些部位的特殊光照要求,在较小范围内或有限空间内,采用辅助照明设施的布置方式。局部照明要满足非常精细的视觉工作的需要。在室内需要强化或突出,引起人们注意的视觉中心都需要采用局部照明,如酒吧吧台、客房等场所。

➢ 混合照明——混合照明是指为了改善一般照明和局部照明的不足,由一般照明和局部照明组合而成的一种照明方式。混合照明适宜于照度要求高、对照射方向有特殊要求、工作位置密度不大而单独设置一般照明不合理的场所,如饭店大堂、客房、餐厅等。

二、客房照明设计

1. 照明设计的基本原则

客房照明设计应遵循以下原则:

(1) 先进性原则。技术先进是指选择的光源在额定电压和额定电流下工作具有最好的效果,即在额定电流下所消耗的额定功率少、光源在工作时发出的光通量高、使用寿命长、光色好等。

(2)安全性原则。安全性主要是指装饰照明设施的安全,维护和检修方便,运行安全可靠,能有效防止火灾和电器事故的发生。

(3)适用性原则。适用性主要是满足客房不同功能空间的使用要求。具体表现在艺术效果和照明的舒适感两方面。

(4)经济性原则。照明的经济性是指确定光源、照明灯具、照明设备时应根据实际要求,以最小的投入获得最好的照明效果,同时在设计中应采用相应的措施提高照明的节能水平。

(5)艺术性原则。照明设计除了关注技术、安全、适用、经济等因素外,还应注重饭店客房空间的装饰及环境美化的作用,通过照明设计丰富空间层次,充分展示被照物的形式美、材质美,充分利用光色与空间色彩的搭配烘托客房氛围、美化空间环境,充分利用光影的变化,创造特有的室内意境以增加客房的艺术感染力。

2. 照明设计要点

照明设计包括:确定照明方式、照明种类,正确选择照度值;选择光源、灯具类型,并进行合理的布置;计算照度值,确定光源的安装功率;选择或设计灯光控制器等内容。具体讲重点有以下两个方面。

(1) 照明方式、照明种类的选择。客房内照明一般有整体照明、局部照明和混合照明三种方式。整体照明是指对整个室内空间进行照明的一种方式,又称主体照明或一般照明。在选择主体照明时,应注意,一间15平方米的房间只需一只60瓦的白炽灯或一只40瓦的日光灯即可。面积不超过20平方米的客房,不宜采用较大的灯具。作为主体照明灯具一般选用吸顶灯、吊灯等。

客房内不同部位,照明的要求也不同,局部照明就成为客房常用的照明方式,即局限于某个部位的固定的或移动的照明,它只照亮一个有限的工作区域。客房卧室一般在床头、写字台、坐椅、衣柜、过道、穿衣镜和修面镜等处都设有局部照明的灯具。

混合照明是将整体照明与局部照明相结合的照明方式。现代客房对这两种照明方式的结合要求越来越高,也是普遍采用的形式。客人希望在主体照明把房间室内照亮的同时,又能根据客房空间使用的不同要求，利用台灯、壁灯、落地灯、筒灯等进行局部照明，同时利用射灯等对画、花、工艺品进行重点照明，使室内明暗层次丰富，产生多重空间效果。这样的灯饰布置，既满足了使用要求，又能渲染神秘、含蓄、宁静、高雅的客房气氛。

(2)灯具的选择与布置。灯具的选择一要与客房空间环境的体量、形状协调，要考虑到客房空间的用途；二要与饭店的整体风格、特色协调，与客房室内装修风格相匹配；三要注意安全可靠，要方便日常清洁保养与维修；四要注意灯具的利用效率，节能效果；五要有助于提高饭店客房设计的艺术感染力。

灯具的布置就是确定灯具在饭店客房内的空间位置，它对照明质量有着重要的影响。光投方向、照度与照度的均匀性、眩光、阴影等都直接与灯具的布置有关。灯具布置时要注意灯具的间距、灯具的悬挂高度、灯具与墙的距离，还要注意灯具与顶棚的距离。

(3)照度的确定。照度是指物体单位面积上所获得光通亮量的多少，单位是勒克斯(Lx)。客房照度包括房间照度和卫生间照度两方面。按照国际照明学会标准，客房照度一般为 100 勒克斯，近年来推荐客房的照度标准为 50～100 勒克斯。相对客房的照度可低些，以体现静谧甚至懒散的特点。而卫生间的照度要求则越来越高。某些区域的局部照明则应该提供足够的照度，比如梳妆镜前的照明、床头阅读照明等可取 300 勒克斯的照度值；最被忽略的写字台书写照明的照度则要求 200 勒克斯，目前还鲜有饭店提供书写台灯(通常是用装饰性台灯代替)给客人。

(4) 光色、色温设计。光色是指人眼观看光源所发出的颜色，通常指灯光的颜色。光色取决于光源的色温。不同的光源色温具有不同的环境气氛。低照度水平的白炽灯色温低，具有温馨、宁静、亲切的气氛；高照度的荧光灯色温高，具有凉爽、活跃、振奋的感觉。人们对光色感觉的舒适程度还与照度水平有关，一般低色温高照度有闷热感而高色温低照度又有阴晦的气氛。因此适宜的光色应根据客房空间的不同功能、所需创造的环境气氛进行选择。如客房色温一般要求在 3000 开尔文(K)左右，在卧室用 3500 开尔文(K)以下的光源，在洗手间用 3500 开尔文(K)以上的光源；在卧室需要暖色调，在洗手间需要高色温。

任务三：客房陈设设计

客房艺术品的点缀不仅能够增加客房的美感，还能从视觉效果上增加客房的整体空间感。客房艺术品陈设主要是以摆设品和挂件为主。

一、摆设品

客房的摆设品主要分两类：一类是能够显现出客房档次和风格的艺术品摆件，如精美的雕刻等；另一类是能够突出客房生机，改善客房环境的摆件，最常见的是植物盆景。

对于艺术品摆件，在装饰设计时，要与客房的整体风格相适应。这里的相适应包括风格的适应、色彩的适应、造型的适应等。而植物盆景不仅要选择造型优美的，而且还要能够净化室内空气，对人体安全无害的，如佛肚竹、南洋衫、印度橡皮树等。在盆景选择时，切记应该选择无花的盆景，因为有花的盆景可能会使一些客人过敏，效果适得其反。

二、挂件

室内装饰艺术品有挂画、小型手工艺品等。挂画，最好选用原创的国画或油画，不管水平高低，总比电脑打印的装饰画值得一挂，从侧面体现饭店管理者的品味。小型的手工艺品也是如此。

知识拓展 5-6

客房室内设计与装饰的发展趋势

客房的个性化装修、装饰会对客人产生深远的影响，是客人选择再次入住的重要因素。如今饭店的经营者已越来越注重对饭店的更新改造，目的就是让住店宾客感觉常住常新。随着中国饭店业的腾飞和迅速发展，各种类型的饭店如雨后春笋般地落成，饭店装饰作为饭店不可分割的一部分也随之发展起来。如果您留意一下近几年来新建或改建的饭店客房后就会发现，饭店客房装修正在发生悄悄的变化，客房的装修和设施向更能满足客人需求和实用的人性化方向发展。新建或改建客房设计与装修的趋势表现在以下几方面：

◆ **扩大景观视野**　窗台的下移，以增加视野及采光面，有的干脆采用落地窗，外观上体现了现代建筑的风格。

◆ **采用新型灯源**　房内灯光向顶灯、槽灯方向发展，容易损坏的床头摇臂灯、占地的落地灯越来越少采用。房间内越来越多采用节能光源，同时也有将壁橱灯移出，利用走道灯作衣柜照明。

◆ **方便客人**　客房设计与装修越来越重视客人的方便性。如随着宾客使用电器的增多、便携电脑上网的普及，客人使用电脑、电话、电源等插座的概率越来越高。为了方便客人的使用，饭店在新建或改建过程中，往往将客房内的电源插座、电话插座等抬高，从原先安装在写字台下移到写字台上，同时增加插座的数量。

◆ **卫生间扩大，功能增加**　卫生间以前只是洗澡及方便的地方，现在有的增加了淋浴房，有的通过玻璃隔断以观看卧室内电视，在卫生间听音响也较流行，这些设计充分体现了现代人的享受主义观念。

◆ **采用绿色环保卫生洁具**　卫生间抽水马桶普通采用了节水静音型产品，有的抽水马桶可根据需要分大、小水量冲洗，体现了当前环保节能的潮流，有的饭店还增设了抽水马桶冲洗器，满足了客人的卫生和享受需求。卫生间木门也悄悄发生了变化，门下部的透气百叶栅格被下部离地 2 厘米缝隙代替了，既降低了装修成本，又利于清洁工作，同时也有利于卫生间的私密性。

◆ **客房用品更新换代**　卫生间台板上香皂、洗发露等不见了，取而代之的是墙上的液体皂、沐浴露，客人要用多少取多少，这也体现了节约和绿色环保的功能。

总之，随着科技进步，新技术、新材料的不断涌现，饭店客房将会向更节能环保、更舒适、更人性化的方向发展。

思考与练习

1. 根据你所了解的某个饭店，请分析其客房色彩设计方面的成功之处或不足之处。你有何改进的方法与措施？

2. 试分析某饭店客房照明方面存在的主要问题并提出你的设计理念和整改方法。

3. 客房室内装饰的发展具体表现在哪些地方？

综合训练

用所学知识分别为某度假型饭店和某商务型饭店设计一间标准房。

实训要求：

1. 设计内容涵盖本模块介绍的客房所有功能区域，客房设备能满足客人所需。
2. 设计风格新颖，色调明快，温馨舒适，富有创新思想。
3. 必须用文字对设计的思路和方法加以说明，并配有客房设计结构简图。

模块六　客房产品质量控制

学习目标

知识目标：

1. 明确客房产品质量控制的重要性和必要性。
2. 了解客房产品质量的构成要素。
3. 树立正确的产品质量控制观念，掌握产品质量控制的基本工作思路及基本理论。

能力目标：

1. 初步掌握客房产品质量控制的基本方法、技巧，如清洁保养质量控制、对客服务质量控制、客房安全管理等。

客房是饭店的基本设施，是饭店的主体部分，客房产品是饭店销售的核心产品，客房产品质量不仅对提升客房本身品质有着重要作用，而且对饭店的整体服务质量、饭店的品牌建设及经营效益都有着非同寻常的影响。

项目一　客房产品质量构成要素

案例导入

935 房间的客人离店了，服务员将房间打扫干净，查房员（领班）认可后按 OK 房报出。第二天，该房间又入住了一位齐先生。当齐先生想把有些私人贵重物品放入客房保险柜中时，却发现保险柜是锁着的打不开。于是齐先生找服务员要求打开保险柜。客房中心报保安部后，由保安部在有关人员在场的情况下，按程序将该房间的保险柜打开。保险柜打开后，发现里面不是空的，而是有一张机票和 1000 元人民币现金。虽然 935 房间的卫生是合格的，但是齐先生仍然认为他入住的不是一间完好的 OK 房。

问题：

1. 你认为 935 房间的质量合格吗？合格________不合格________
2. 为什么？结合客房产品的基本理念分析原因。

分析：客房是饭店出租给客人的商品，既然是商品它就有质量标准和质量要求，如果将不符合标准的客房出租给客人，就是损害了宾客的利益，就会对饭店的品牌信誉产生不良的影响。OK 房是饭店产品质量的承诺，服务员在清扫客房时不但要保证卫生质量达标，而且

要认真检查客房设施设备的完好程度，如果发现其中有问题就应按程序立即报修或调试。因此客房部员工必须全面认识客房产品质量的构成要素及标准，保证出租的客房是真正的OK房。如果只重视卫生，怕检查罚款；只注意迷你吧，怕逃账赔款，这是质量标准和对客房产品质量检查的认识误区，要加以预防。

根据国际标准化组织颁布的ISO9004－2《质量管理和质量体系要素——服务指南》，饭店服务质量主要由硬件和软件构成。硬件质量是指与饭店设施设备等实物有关的并可用客观指标度量的质量，软件质量则是指饭店提供的各种劳务活动的质量。作为饭店主要产品之一的客房，其质量也同样由硬件和软件两部分构成，具体包括以下几个方面：

客房产品质量

空间质量 设施设备质量 用品质量 环境质量 劳务质量 清洁卫生质量 安全质量

一、客房空间质量

舒适度是衡量客房产品质量高低的重要因素之一，而舒适度与客房空间大小有着非常直接的关系。高低、大小不同的空间能给人以不同的心理感受，而不同等级的饭店对客房的空间要求也不一样。一般来说空间越大、越宽敞，客房的舒适度就越高，表示饭店档次越高，客房产品的质量就越好。

二、客房设施设备质量

饭店是凭借其设施设备为客人提供服务的，是饭店及客房服务必不可少的依托，客房设施设备既是饭店设施设备的重要组成部分，也是决定饭店和客房服务质量高低的重要因素。

饭店设施设备包括客用设施设备和供应设施设备两大类。客用设施设备也称前台设施设备，是指直接供应宾客使用的那些设施设备，其中包括客房设备、康乐设施等。客房设备主要包括客房家具、电器设备、卫生设备、安全设备等，要求做到设置科学、结构合理、舒适美观、操作简单、性能良好。客房设施设备的质量控制一方面在于设施设备的配置，另一方面在于设施设备的维修保养。

供应设施设备是指饭店经营管理所必需的不直接和宾客见面的生产性设施设备，如锅炉设备、制冷供暖设备、厨房设备等，供应设施设备也称后台设施设备，要求做到安全运行、保证供应，否则也会影响到服务质量。

三、客房用品质量

客房产品可直接满足客房运营过程中宾客的消费需要或员工的服务需要，其质量高低也会影响客房产品的质量。根据用品的使用对象和使用场所，客房用品可分为客用品和服务用品两类。客用品是指提供给客人住店期间消费的各种生活用品，包括一次性消耗品和多次性消耗品。客用品质量应与饭店星级和客房档次规格相适应，要求数量充裕、供应及时、安全卫生，能够满足宾客的需求。服务用品是指客房部在提供服务过程中供服务人员使用的各种用品，如清洁剂、清洁工具(如抹布)等。它们是客房部提高劳动效率、保证服务效果、提高客房产品质量的必要条件，要求品种齐全，数量充裕，性能优良，使用方便、安全和卫生。

四、客房环境质量

客房环境质量就是指客房的服务气氛给宾客带来感觉上的享受感和心理上的满足感。客房区域是供宾客休息的场所，因此客房的环境气氛应当是宁静、和谐、舒适、温馨、典雅的。构成环境氛围的要素有建筑结构、装潢装饰、设施设备、员工形象、空气质量、声光环境等，要求客房装潢独具特色、通风采光良好、湿温度适宜、员工端庄大方等。

五、客房劳务质量

劳务质量是客房部一线服务人员对宾客提供的服务本身的质量，包括服务项目、服务效率、服务态度、服务时机、礼节礼貌、职业道德、操作技能等。

1. 服务项目

服务项目，即为满足客人需要而设定的服务范围和数目。客房服务项目的多少，一方面反映饭店和客房部的服务档次，另一方面直接关系宾客的方便程度。客房服务项目的设置切忌攀比赶时髦、摆花架子，应从宾客的需求角度出发，从饭店的实际情况出发，实实在在地帮助客人解决实际问题。我国旅游饭店星级划分和评定标准对服务项目则有明确的规定和要求。

2. 服务效率

服务效率是指员工在服务过程中对时间概念和工作节奏的把握，要求做到及时、快速、有效。服务效率一般有三类表示方式：一是用工时定额来表示固定服务效率，如清扫一间走房 30～40 分钟、夜床服务 5～10 分钟等；二是用时限来表示，如租借物品服务，客房服务员应在 5 分钟(有的饭店规定 3 分钟)内送到客人房间，接听电话不超过 3 声等；三是无明确时限规定，仅凭客人感觉来衡量，如为客人代购物品、代维修物品等。

3. 服务态度

服务态度是指饭店服务人员在对客服务中所体现出来的主观意向和心理状态。其好坏由员工的主动性、创造性、积极性、责任感决定。要求员工具有“宾客至上”的饭店意识，能主动、热情、诚恳、耐心、周到地为宾客提供服务。而态度也是宾客关注饭店、关注服务的焦点，特别是服务过程中出现问题时，服务态度往往成为解决问题的关键。因为宾客可以原谅员工的工作失误，但不能忍受员工恶劣的服务态度。因此服务态度是软件质量的关键所在，直接影响到客房产品的质量。

4. 服务时机

服务时机就是指在什么时候为宾客提供服务，如为宾客提供房间整理等服务的时间。它在一定程度上反映了服务的适应性、灵活性和准确性。

5. 礼节礼貌

礼貌就是要求服务人员在为宾客提高服务的过程中，时时、处处表现出对宾客的尊重和友好，礼节就是表达这种尊重和友好的形式或程序，具体可从员工的仪表仪容、服装服饰、言谈举止、表情眼神等方面得以体现。同时服务人员还应了解各国、各民族的风俗人情等知识，掌握国际国内已经约定俗成的礼节，避免在无意间做出伤害客人感情的举动。

6. 职业道德

职业道德是人们在职业活动中必须遵守的行为规范的总和。在对客服务中，许多服务是否到位在很大程度上取决于员工的事业心和责任心，因此职业道德也是客房劳务质量的基本构成要素之一。作为客房部员工，应自觉遵循"热情友好，真诚公道；信誉第一，文明礼貌；不卑不亢，一视同仁；团结协作，顾全大局；遵纪守法，廉洁奉公；钻研业务，提高技能"的职业道德规范，真正做到敬业、乐业、勤业。

7. 操作技能

操作技能指饭店服务人员在不同场合、不同时间，对不同宾客提供服务时，能根据具体情况灵活恰当地运用其操作方法和作业技能以取得最佳服务效果，从而显现出服务人员的技巧和能力。它是饭店提高服务质量的技术保证。操作技能的高低取决于服务人员的专业知识、操作技术和一定的悟性与灵性，在掌握丰富的专业知识和娴熟的操作技术的基础上，能根据实际情况灵活多变地加以运用，使服务具有艺术性，给客人以颇具美感的服务效果。

六、清洁卫生质量

客人入住饭店的动机可能不尽相同，但他们对饭店、对客房的清洁卫生要求却大同小异。由于客房是宾客入住饭店期间主要的逗留场所，因此客房的清洁卫生直接影响到宾客的身心健康及对服务质量的评价，必须高度重视。

七、安全质量

从某种意义上讲，饭店客房才是客人的"家外之家"，是客人的私密空间，客房产品必须保障宾客、员工及饭店本身的安全，并通过制定严格的安保制度创造出安全的客房氛围，给宾客以心理上的安全。

依据前述客房产品质量的构成要素，抓好上述环节的质量就可以使客房产品的整体质量得到保障。由于客房空间在饭店建造完工后的一定时期内相对固定，客房设施设备与用品质量、客房环境质量在相关模块有专门的论述，本模块主要从清洁卫生、客房劳务、安全管理三个方面介绍客房产品质量控制的原理方法和操作技巧。

思考与练习

1. 了解我国旅游饭店星级评定标准对不同星级饭店客房空间的具体要求。
2. 除教材所阐述的客房产品质量构成要素之外，你认为客房产品质量的构成还包括其他要素吗？还有什么方法可对客房产品质量构成要素进行归类，请说明理论依据和理由。

项目二　清洁保养质量控制

案例导入

这是一家开业已近10年的"老牌"三星级饭店。饭店盛总经理从国外一流饭店搬回了许多"洋"经验。他结合本店的市场环境、客源结构和员工特点等具体情况，把"洋"经验融合到本店的经营管理中去，使饭店在全市同行业中一直居于龙头地位。

由于饭店内人员大多从原来的国营招待所调来，开业初他们不熟悉旅游饭店的管理模式，随着一批批外国宾客的下榻，许多原先料想不到的问题一个接一个地出现。饭店刚开业不久，客房部有个素质挺不错的服务员，由于批评领班小李检查工作随心所欲，没有质量标准，凭情绪或个人好恶妄加评语而遭到报复，一气之下离开饭店。这个小伙子走时给盛总留了一封信。在信的末尾，他写道："我爱我们的饭店，我衷心希望它能迅速赶上北京、上海等大城市同星级饭店的管理水平，但我只是名普通员工，我无力做到这一点。我想饭店的领导一定能做到。"这封信对盛总的触动很大，正是受到了这样的鞭策，他才带领饭店几名主要骨干走南闯北，虚心请教国内同行，并走出国门，学习国际饭店先进的管理方法。

盛总从国外带来的诸多经验中，最显成效的当推各种管理表格。自从大量标准化、制度化管理的表格被引进饭店用于日常管理工作之中以后，饭店的面貌改观较快，特别是无序管理、无度考核的现象很快被程序化、制度化、科学化的规范管理所取代。

年后，小李已经升为主管，但她的管理理念却没有及时更新，因此在日常工作中仍不时暴露出违背科学管理的作风和习惯。

某天下午，客房部华经理按制度抽查房间，先来到3楼的一间套房，进门便看到电话线呈卷曲状。他抽出那张该由主管在中午抽查后填写的表格，上有"一切正常"的结论，还有小李的亲笔签字；在同一间套房里还发现窗帘掉了一个帘扣。华经理神色严肃地走到5楼朝南的一个标准房，那也是主管今天抽查的8个房间中的一个。这儿的问题更大：茶几上的火柴盒正面朝下；桌上的《服务指南》没有合上；一张床没有摆正，一边歪了2厘米左右；最严重的是少放了一条浴巾。而抽查表上又赫然写着"一切正常"，也有小李主管的签名。

华经理一气之下，把那8个房间都检查了一遍，结果每个房间都发现了一些质量问题。

下班后，华经理紧急召集部门会议，通报了客房检查情况，并做出决定：对该主管扣罚当月奖金，口头严重警告，责令其认真做书面检查，并在店内通报，一个月内如再犯同类错误，将撤销其主管职务。

问题：

1. 华经理的检查是鸡蛋里挑骨头？是________不是________

2. 假如你是华经理，你会____。

分析：饭店的管理，主要是通过制度与规范将各项工作科学地组织起来，有秩序、高效率地搞好对客服务，完成预定的目标。因此饭店在日常工作中要及时掌握情况，制订、检查和调整各种计划和管理措施。所有这些都离不开表格管理。严密的管理体系的作用，就在于它能使各部门、各工种以及管理人员之间的工作无声而准确地协调和运转。管理人员和服务人员的每一项工作，都必须填制必要的表格，并通过表格管理系统督促各个部门及所有人员按服务标准和服务程序办事，检验其管理水平和服务质量。本案例的客房部管理存在诸多问题，正是通过引进表格管理系统而逐渐暴露出来的。

从本例可以看到，在过去几年里，该饭店的管理工作至少存在两方面较为严重的问题：

第一，该领班经过几年后已提升为主管，而她的管理理念和作风没有及时跟上，显然这是论资排辈的产物，有悖于现代人力资源管理的原则。

第二，该饭店虽然逐渐引进了一些规范管理所必需的表格，但没有及时向各级原工灌输相应的理念和思想，致使连主管都不清楚"质量是饭店一切工作的生命线"这个最基本的道理。另外，这位新主管敢于敷衍塞责，随便签名，不仅说明她不具备管理人员的基本素质，而且说明客房部的管理本身也存在许多问题。客房部的清洁卫生质量差，光处罚新主管是不够的，因为根子应在客房部经理身上（华经理是新来的除外），否则，这位新主管是怎样提升上来的？客房清洁卫生质量差，肯定不是突然出现的问题，而客房部在以往的几年中却一直没有察觉，客房部管理与运行情况由此可想而知。

然而，这家饭店毕竟在进步，全面推广表格管理即是一个例证：他们在实践中逐渐强化表格管理的作用，表现出要与国际先进管理模式接轨的决心。

众所周知，尽管我国大多数饭店都已有了不少规章制度，但在质量检查方面仍存在诸多问题，随心所欲。标准不一的情况时有所闻，而采用表格管理，有助于各部门、各岗位尽可能地明确操作规范与质量标准，有助于消除各级员工的惰性和侥幸心理，有助于稳定饭店的服务质量。这一点已为广大饭店业管理人员的实践所证实。

一个饭店从发展到成功，除了需要有良好的服务质量和完善的设备设施，饭店的卫生清洁保养工作也是不可忽视的重要环节。由于客房部通常承担饭店大部分区域的清洁保养工作，因而饭店的清洁保养水平往往取决于客房部的管理。要做好清洁保养工作并使之保持在较高的水准，不论是客房管理者还是服务员，首先都必须对清洁保养的质量标准和要求有一明确清楚的认识，并在此基础上掌握必要的清洁保养操作技能、管理方法与技巧。

美国一家机构曾经对客人选择饭店各种要素的先后顺序做过调查，其结果显示：卫生因素为63%，服务因素为42%，设备因素为35%。客人选择饭店的诸因素中，卫生状况首当其冲。也有研究机构专门对宾客是否初次或再次选择一家饭店的诸多因素进行了排序，发现清洁卫生质量均排在第一位，详见表6-1。可见清洁保养质量不仅影响饭店的形象、氛围、环境，还影响到客人对饭店的选择，影响到饭店的销售。

表6-1 宾客选择饭店考虑因素

排 名	初次选择 一家饭店考虑的因素	再次选择 一家饭店的因素	不再选择 一家饭店的因素
1	清洁	清洁	不够清洁
2	合理的价格	合理的价格	不够安全
3	便利的位置	便利的位置	员工不关心顾客/不礼貌
4	良好的服务	良好的服务	噪声
5	安全保险	安全保险	房价太高
6	名字/声望	名字/声望	床上用品不相配
7	公司/家庭折扣	公司/家庭折扣	缺乏维修保养
8	预订服务	其他	温度控制问题
9	其他	预订服务	毛巾不够用
10	推荐	娱乐设施	其他
11	娱乐设施	个人护理用品	个人护理用品太粗劣
12	个人护理用品	推荐	缺乏娱乐设施
13	连锁常客奖励计划	连锁常客奖励计划	缺乏商务设施
14	商务设施	商务设施	

任务一:树立正确的清洁保养意识

意识决定行为,正确的意识有利于清洁保养质量标准、清扫规程的制定,有利于员工发挥其工作的主动性,有利于实施过程中管理目标的贯彻和执行。因此树立正确的清洁保养意识是做好清洁保养工作、提升饭店清洁保养水准的首要环节。

一、专业化意识

清洁保养应从饭店开业前开始。专业化意识首先体现在对清洁保养理念的深层理解上:清洁保养包括清洁与保养两个方面,清洁是指清除饭店各种设备设施和物品表面的尘土、油污等各种脏迹,以保持其整洁;保养是指通过对各种设施设备和用品的保护调养,使其处于正常完好的状态。这两者不是完全孤立而是相辅相成、互为作用的,即清洁的同时必须考虑到保养,保养则又以清洁为前提。其次要充分了解及时除渍的重要性,不要以客观因素为托词;再次要发扬探索精神,不断寻找彻底解决清洁保养问题的办法,成为清洁保养方面的专家。

二、全员化意识

清洁保养要强调全员观念。因为就清洁保养工作本身而言,客房部应该是专业部门,但只靠客房部是难以取得满意的效果的,它与饭店内的每一位员工都有关,不论是总经理还是服务员,都应具备清洁保养意识,都有责任保持饭店环境的整洁。清洁保养的工作是客房部为饭店其他部门提供的一种服务,全员化意识还要求饭店相关部门注重整体的配合,客房部管理人员必须善于与其他部门进行沟通和协调,以共同做好此项工作。

任务二:制定科学的清洁保养规程与标准

为了使饭店清洁保养工作做到有章可循、有据可依,客房部应根据清洁保养的区域范围、设备设施配置状况、各种面层材料的特点,制定科学合理的清洁保养规程与质量标准。

一、制定科学的清洁保养规程

规程就是指工作的程序和规则,即工作的具体步骤、方法和要求等。它是饭店进行清洁保养质量控制的依据,也是进行规范化、制度化管理的基础。制定的规程应尽可能详细、具体,可操作性要强,同时要方便客人、方便员工、方便管理。具体可从日常清洁保养和周期性清洁保养即计划卫生两方面抓起。

1. 制定客房日常清洁保养规程

客房区域日常清洁保养规程应包括:客房清扫准备规程、进房规程、客房清扫的基本方法、不同状态客房(走客房、住客房、空房等)的日间清扫规程、客房晚间整理(夜床服务)规程、客房及用品消毒规程等方面的内容。具体可参见模块二的有关内容。

2. 制定合理的周期性清洁保养规程

在日常清洁保养的基础上做好科学的周期性清洁保养工作,既可确保饭店清洁保养的质量,又可在一定程度实现部门的成本控制,可谓一举两得。具体的周期性清洁保养规程可参见模块二的有关内容。

二、制定科学的清洁保养标准

"标准是对重复性事物和概念所做的统一规定，它以科学、技术和实践经验的综合为基础，经过有关方面协商一致，由主管机构批准，以特定的形式发布，作为共同遵守的准则和依据"(GB/T39351－83 定义)。要进行质量控制，首先要有相应的标准，有了标准就使清洁保养工作有了明确的目标，检查和评价就有了一定的依据。客房清洁保养标准主要包括三方面的内容：一是时效标准，主要用于对工作进程的控制；二是操作标准，主要用于对工作过程的控制；三是功能性标准，主要用于对工作结果的控制。

1. 时效标准

为保证应有的工作效率和合理的劳动消耗，客房部应规定清洁保养工作的时效标准。如规定铺一张床、清扫一间客房(不同的房态有不同的要求)的时间，客房服务员每天应打扫的客房数量等。有了这些时效标准，可以加强员工的责任心和进取心，方便管理人员的督导和工作进程的控制。当然前提是所制定的时效标准科学合理。那怎样才能制定出科学合理的时效标准呢？制定清洁保养时效标准时必须认真考虑以下因素：

(1)服务模式。由于各饭店客房部在服务模式的选择上有所不同，服务员所承担的工作职责、工作定额也有区别。如选用客房服务中心模式的饭店，楼层不设专职的对客服务员，服务工作往往由楼层清扫员兼做，这就要考虑其他工作所占用的时间，客房清扫定额就应相对降低。

(2)质量标准。一般客房清洁保养的质量标准越高，清扫客房的时间也就越多，那么清扫的定额也需相应减少。

(3)客房分布。如果客房分布相对集中，服务员在清扫过程中浪费时间就少，清扫定额就可适当增加；如果需要跨楼层清扫，则路途消耗时间就多，对时效标准就有一定的影响。

(4)工作环境。工作环境包括客房本身及工作区域周围的环境。客房面积的大小、家具配置的繁简、装饰材料的种类、环境的好坏等，对服务员清洁保养的工作量都有影响，在制定时效标准时也须予以考虑。

(5)客源情况。饭店客源的类别、身份地位、生活习惯等都会影响饭店清洁卫生的状况及清扫的时间、速度。

(6)劳动器具的配备。劳动器具是做好清洁保养工作非常重要的要素之一，劳动器具是否齐全、先进、完好，在很大程度上影响着工作效率和效果。

(7)服务员个人素质。服务员是否敬业爱岗，是否具有良好的职业习惯和娴熟的工作技能，也是影响其工作效率的因素之一，对时效标准也有一定的影响。

2. 操作标准

与清洁保养有关的操作标准有多方面的内容，它们都应以饭店的经营方针和市场行情为依据。

(1)进房次数。进房次数是指服务员每天对客房进行清扫整理的次数，是客房服务规格高低的重要标志之一。一般来说，进房次数多，不仅能提高客房清洁卫生水准，还能提高客房服务规格，但与成本费用和客人被打扰的几率也成正比。因此，在确定进房次数时要综合考虑饭店档次、客人接待规格、成本费用标准等因素。目前采用二进房和一进房的饭店较多。当然在具体执行时还应有一定的灵活性，通常只要客人有需要，就应尽力给予满足。

(2)操作标准。操作标准一般包括操作步骤、方法、技巧、所用工具用品等。为了使清洁保养工作有条不紊地进行，尽可能避免清洁器具用品和劳动力浪费，防止安全事故，方便管理人员对工作进程的控制，确保清洁保养的质量。饭店应制定出一整套操作标准，并根据饭店的发展和宾客需求的变化加以不断的修订和完善。

(3)布置规格。布置规格是指客房及其他区域设备设施及用品的布置要求，设备设施、用品的品种、数量、规格及摆放位置、摆放方式等，都必须有明确规定和统一要求。总的要求是实用、美观、安全、方便，具体标准可用直观和量化的方法加以规定和说明。

(4)费用控制。为有效控制客房成本，获得理想的经济效益，饭店应根据自身的档次、房价、客人的类别等具体情况，制定费用标准。

3. 功能性标准

功能性标准是指清洁保养工作要求达到的效果，即清洁必要的质量标准。总体要求体现饭店及客房的档次与服务的规格，满足客人的需求。具体标准包括两个方面：感官标准和生化标准。感官标准是指饭店员工和客人通过视觉、触觉、嗅觉等感觉器官能直接感受到的标准。生化标准所包含的内容通常是不能被人的感觉器官直接感知的，需要通过专门的仪器设备和技术手段才能测试和评价。生化标准的核心要求是客房内的微生物指标不得超过规定要求。具体可参见模块二的相关内容。

任务三：清洁保养的有效控制

客房管理者在日常工作中应根据清洁保养规程和计划，安排、督导员工正确使用各种清洁设备及清洁剂，认真做好各项清洁保养工作，确保饭店的清洁保养质量。

一、创造有利的清洁保养条件

饭店清洁保养工作应具备三个必不可少的条件：清洁设备、清洁剂和服务人员。因此，管理者应根据饭店具体情况选择、配备好精良适用的清洁设备、安全有效的清洁剂，为饭店清洁保养工作创造必要的物质条件；而设备和清洁剂是由服务员使用和操纵的，因此，管理者应对他们进行专业化的培训与指导，使其能够熟练掌握清洁保养的各种专业知识和技能，养成良好的职业习惯。

二、加强饭店清洁保养质量的检查和控制

1. 建立完善的检查制度

完善的检查制度和检查体系是维持客房清洁保养工作高水准的重要保证。

(1)建立客房部内部逐级检查制度。客房的逐级检查制度主要是指对客房的清洁保养质量检查实行服务员自查、领班全面检查和管理人员抽查的逐级检查制度。这是确保客房清洁保养质量的有效方法。

1)服务员自查。服务员每整理完一间客房，就应对客房设备的完好状况、客用品的布置和清洁卫生等做自我检查。通过自查，可以加强员工的工作责任心和服务质量意识，以提高清洁保养的合格率，同时也可减轻领班查房的工作量。为促成员工养成自我检查的良好习惯，在制定客房清扫规程时就应予以考虑，并在程序中明确作出规定。

2)领班全面检查。服务员整理好客房并自查完毕，由楼层领班对所负责区域内的每间客房进行全面检查。领班查房是服务员自查之后的第一道关，往往也是最后一道关，由他负

责 OK 房的报告，总台据此就可以将该客房向客人出租。楼层领班是客房产品质量控制的关键。所以领班的责任重大，必须由工作责任心强、业务熟练的员工来担任。领班查房可以起到拾遗补漏、指导帮助和督促评价的作用。一般情况下，楼层领班应专职负责楼层客房检查和协调工作，以加强领班的监督职能，防止检查流于形式。

通常，领班每天检查房间的数量为 100%，即对其所负责的全部房间进行普查，并填写“楼层客房每日检查表”(见表 6-2)。但有的饭店领班负责的工作区域较大，工作量较重，一般做不到每个房间都检查，但每天至少应检查 90%以上的房间，即除了对住客房或优秀员工所负责的房间进行抽查外，其他客房仍要全面普查。领班查房时如发现问题，要及时记录并加以解决。对不合格的项目，应开出做房返工单，令服务员返工，直至达到质量标准；对于业务尚不熟练的服务员，领班查房时要给予指导和帮助，这种检查实际就是一种在岗培训。

由于设备设施条件的不同，饭店客房检查的具体项目和标准也不尽相同，随着饭店业的发展，检查表的内容会更丰富。但也有的饭店嫌检查表繁琐，采用笔记本的形式进行检查。这对管理人员的要求非常高，即要求他对检查的内容和标准相当熟悉。不论用表格还是用笔记本检查，对检查出的问题都应及时做好记录，不合格的请服务员及时返工，以确保客房清洁保养的质量。

表 6-2 领班查房表

楼层：＿＿＿＿＿　　领班：＿＿＿＿＿　　＿＿＿＿年＿＿＿＿月＿＿＿＿日

房号	房态	时间	卫生情况	用品情况	设备情况	清扫员

3)主管抽查。在设置主管职位的饭店中，客房主管是客房清洁卫生任务的主要指挥者，

加强服务现场的督导和检查，是其主要职责之一。主管抽查客房的数量，一般为领班查房数的10%以上。主管检查的重点是每间贵宾房，抽查长住房、OK房、住客房和计划卫生的大清扫房，还要检查维修房，促使其尽快投入使用。主管查房也是对领班的一种监督和考查。

4)经理抽查。客房部经理每天要抽出一定时间到楼层巡视抽查，以掌握员工的工作状况，了解客人的意见，不断改进管理方法。同时客房部经理还应定期协同其他有关部门经理对客房内的设施进行检查，确保客房部正常运转。

(2)建立店级检查体系。店级检查的形式多样，主要有大堂副理检查、总经理检查、联合检查、邀请店外专家同行检查。

1)大堂副理检查。大堂副理一般代表总经理对客房进行检查，特别是贵宾房，以了解客房清洁保养状况，保证客房的质量标准和接待服务规格。

2)总经理检查。饭店总经理也要定期或不定期地亲自抽查客房，通过检查可以了解客房状况、员工思想状况、工作表现、宾客意见或建议等，对加强沟通、掌握第一手情况、改善管理、控制服务质量都有很大帮助。

3)联合检查。饭店定期由总经理办公室或质检部召集有关部门对饭店进行检查。联合检查有利于统一思想、统一标准，便于各部门之间的沟通和协调。

4)邀请店外专家同行检查。饭店管理专家或同行看问题比较客观，往往能发现饭店自己不能发现的问题。不少饭店定期或不定期地邀请店外专家同行明察暗访，帮助饭店"挑毛病、找问题"。

2. 制定清洁保养检查的内容与标准

清洁保养质量检查的内容一般包括清洁卫生质量、物品补充摆放情况、设备设施运行状况和客房的整体效果。

饭店清洁保养检查的质量标准应和客房清洁保养的质量标准保持一致。如果检查标准高于清扫标准，就会挫伤员工的工作积极性，影响管理人员的信誉度；如果检查标准低于清扫标准，员工自然就会降低其清扫的质量标准，标准形同虚设，检查也就失去应有的作用。

3. 采用科学的检查程序与方法

(1)检查程序。清洁保养质量检查的程序与前述清洁保养的程序、方法基本一致。一般按顺时针或逆时针方向从上到下循序检查。简单地说就是：顺着你的左手或右手绕客房一周，眼睛要扫到从天花板到地面的每一个角落。按一定程序检查可以避免疏漏，提高检查速度。

(2)检查方法。检查客房可以通过看、试、听、嗅、摸等方法进行。

1)看。要看客房物品是否配备补充齐全、摆放是否符合要求，客房整体效果是否达到要求。

2)试。客房设施是否正常完好，除查看以外，还需要试用，如卫生间洁具、客房电器等。

3)听。在看、试的同时，还要通过听来检查客房内有无异常声响，以判断设备设施是否存在故障，噪声是否在控制范围内。

4)嗅。客房内空气是否清新、是否有异味，需要靠嗅觉来判断。

5)摸。检查客房是否清洁卫生，最好的办法是用手摸，特别是不易查看或难以查看清楚的地方。

4. 加强原始记录管理

客房部在日常运行中离不开对原始记录的管理。原始记录就是用一定的表单形式或文字说明记录客房商品生产过程中所发生的具体事实的最初记录。它具有经常性、广泛性、真实性、群众性等特点，是客房部进行经营管理的原始依据，对提高客房部管理水平和效益有着重要的作用。客房部大量的原始记录往往采用表单的形式，因此，原始记录管理实际上就是表单管理工作。表单管理，首先要根据客房部的运营特点及要求对各个岗位、环节所需的表单进行设计。设计既要注意科学性，又要注意实用性和针对性。其次应通过制度约束、管理者的检查督导等方式要求员工如实填写。最后对所有的表单分门别类按一定的期限加以保管。

知识拓展 6-1

清洁保养质量检查的具体内容和标准

◆ 房间检查

天花板有无裂缝、漏水、霉点现象，墙角有无蜘蛛网，吊灯有无灰尘、手迹；

墙壁、墙纸有无污渍或破损；

窗户是否清洁，有无松动、玻璃破裂；

窗帘是否清洁及悬挂美观，遮光布有否漏光，窗帘钩有否松脱，窗帘绳是否操作自如；挂画是否歪斜、不洁；

地毯有无灰尘、破损、鼓起、遗留砸碎物，地毯边是否有积尘，床底是否清洁，是否有顽劣污渍、咖啡渍、茶渍、蜡渍、口香糖胶渍；

房门开关是否顺利无阻，关门是否有声音，门框是否完好，钥匙插入是否自如，有无把手松动，门后磁吸是否起作用，是否有火警示意图，防盗链是否完好，门锁后是否挂有整洁的“请打扫房间”、“请勿打扰”牌；

衣柜门是否开关自如，衣架是否足够，棉被折叠是否整齐，衣柜自动开关电灯是否操作正常，衣架竿是否有积尘；

桌面是否清洁，有无水迹，抽屉有无遗留物，内部有无积尘，滑轨有无积尘，购物袋、洗衣袋是否有补充，烟缸是否干净，火柴是否用过，家具表面是否脱色和损坏，文具夹内物品是否齐全，梳妆镜是否明亮，上沿是否有积尘；

咖啡台是否平稳，水壶是否清洁无水迹，杯具、托盘是否明亮无渍，茶叶是否补齐，底座是否干净，是否有杯罩；

圈椅(沙发)有否破损，边缝是否藏有纸屑及灰尘；

床铺是否完美、平整，是否清洁卫生而无破损；

冰箱是否清洁，饮品是否按规定摆放，温度是否标准，制冷盒内有无食品；

电视是否清洁，位置、声音、图像、色彩、频道是否正常，插头是否插好；

电灯开关是否正常，灯罩接缝是否放在后部，灯泡是否有尘积，灯座是否清洁；

空调是否调至标准冷热温度，控制器是否灵活，风口是否发出异响或藏有灰尘；

电话声音是否正常，话机及电线是否清洁，有无定期消毒；

保险箱是否完好；

垃圾桶是否干净；有无卫生死角。

◆ 卫生间检查

门锁转动是否灵活，门的表层有否破损和弯曲现象；

天花板是否移动松脱，龙骨架是否清洁，抽风机是否清洁和运转正常；

墙面是否清洁光亮，有否被磨花或腐蚀；

镜子有否积尘及污渍，有否破损或脱水银现象；

卫生洁具水龙头、水掣是否保持光洁，瓷盆内壁有无水珠和肥皂渍，冷热水管是否操作正常，下水系统是否正常，盆内落水口有无积毛发；

皂碟有无积聚碎肥皂渍，整体光泽清新、无毛发；

浴帘有无破损、老化、霉点、毛发、水渍；

浴室用品是否补充齐全；

地漏有无异味，地板是否擦拭干净。

◆ 走廊检查

地毯是否吸尘，有无破损、大面积顽固不化的污渍；

落地烟缸是否及时清理；

灯具是否完好、清洁；

消防器材是否清洁、整齐；

电梯安全指示灯是否正常、清洁；

防火门是否畅通。

思考与练习

1. 客房部是负责饭店清洁保养工作的专业部门，对饭店清洁保养的质量与水平负有直接责任，因此饭店其他部门及员工只要做好本职工作即可，不必考虑清洁保养方面的要求。对此，你有什么看法？请详细说明。

2. 有人认为饭店的清洁保养是一项非常简单的工作，只要拿着抹布东擦西抹就可以了。你怎样认为？

3. 实地考察两家以上饭店，对他们在清洁保养方面的工作现状进行分析，并以其中一家为例，对其在清洁保养上存在的问题进行诊断，并结合饭店实际情况提出可行的改进措施（以小组为单元完成）。

项目三　对客服务质量控制

案例导入

张小姐是一位白领，要求完美，经常出入各饭店，对饭店管理略知一二，因此对饭店服务水平、管理水平也时常评价。一次，她因公住到了一家声誉较好的五星级饭店，到客房后，她把带来的一枝玫瑰花插到了客房内置的小花瓶里，过了两天，玫瑰花开始凋谢，花头低垂，花色暗淡。服务员发现张小姐的情绪似乎随着花儿的凋谢也开始低落，心里记下了这事，下班时向领班反映了情况。经过商量，商定了一个处理方案。第二天，张小姐办完公回到房间，一开门，发现一朵娇艳欲滴的玫瑰花插在花瓶中，她精神顿觉一振，走进一看，书桌上有一便条，上面写着："张小姐，送您一枝玫瑰花，祝您永远像鲜花一样漂亮。祝您工作顺利、开心、愉快。客房部全体同仁。另：您原来的那一枝玫瑰，我们将它放在服务指南册中，可制成干花永久存放。"张小姐一看，眼眶湿润了。她确实此次工作有些不顺，看到花儿凋谢，又引发了人生苦短的感慨，本想买一枝来换上，又没时间，再加上那花是临行前男友送的，又担心花儿扔掉不能见花思人。没想到服务员却看出了她的心思，一举两得，让她如何不感动呢？

问题：

1. 你认为本案例中饭店的做法是否可取？可取________不可取________

2. 假如你就是住店的张小姐，你以后还会入住本饭店吗？会________不会________

分析：此案例充分体现了客房服务员真诚、细致、周到的工作作风，收到了很好的效果。

客房是旅游者在外居住时停留时间最长的休息场所，客房服务是饭店服务的重要组成部分，客房服务的水平在很大程度决定了饭店的服务水平。客房服务一方面要满足宾客物质上的需要，另一方面又要满足精神上的需要，给宾客"物有所值"甚至是"物超所值"的享受。因此，客房部对客服务质量的控制就显得尤为重要。

任务一：选择合适的客房服务模式

科学选择对客服务模式，对服务质量的控制有着积极的作用。客房服务主要有楼层服务台、客房服务中心两种基本模式，当然还有将两种模式有机结合起来的做法。不同的服务模式在岗位设置、人员配备及服务规程上都有较大的区别，因此，客房部管理者应根据客人的需要及饭店自身的实际情况，选择合适的客房服务模式。

尽管饭店选择哪种服务模式很难有绝对的依据，但比较理想的应该是既能体现饭店自身的经营特色又能受到绝大多数客人的欢迎的模式。在实际运作时，具体可考虑以下的因素：

一、本饭店的客源结构和档次

如果饭店客源结构中外宾、商务散客占绝大多数的话，则可以采用客房中心的服务模式。如果饭店以接待会议团队客人为主，且又以内宾占绝大多数的话，采用楼层服务台的模式更合适。如果客源构成比较复杂，则可考虑将两种模式结合起来，比如白天设楼层服务台，晚上由客房中心统一指挥协调，并在服务指南中向客人说明。如果是特别豪华的饭店为进一步提高其服务规格，往往会在一部分楼层如行政楼层提供楼层服务台，所提供的服务项目和服务规格要多于也高于一般的楼层服务台。

二、本地区的劳动力供应情况及成本高低

选择客房服务模式要考虑本地区劳动力素质、供应情况等及饭店和本部门对劳动力成本控制的要求。如果饭店所在地区劳动力供应比较紧张，而整体素质较高，采用客房服务中心的形式就比较多；反之，则采用楼层服务台的比较多。此外对劳动力成本控制要求不高的饭店，也比较适合采用楼层服务台这种形式。当然这样的情况也不尽然，在一些大城市，由于当地劳动力供应的原因，每年都会使用一定数量的旅游院校学生作为实习生。由于院校生整体素质较高，实习期较长，一般都在半年以上，饭店承担的劳动力成本相对较低。因此，仍有不少饭店采用楼层服务台的模式。

三、硬件条件

饭店选择客房服务模式时还应考虑本饭店设备设施的配置状况。一般设备设施不够齐全或先进的饭店采用楼层服务台的形式较好；饭店安全、通信等设施较先进完备，客房设施设备配置较齐全的，可采用客房服务中心的形式。此外还应考虑饭店建筑特点，客房是集中于一幢建筑里还是分散在各个小楼和别墅，不同类型的建筑对服务模式有不同的要求，客房部的管理人员应分别对待。

四、安全条件

饭店所在地区的安全情况及本饭店的安全设施，也是选择服务模式时应考虑的因素之一。安全性高、安全设施完备的饭店，采用客房中心服务模式较适合；反之，则采用楼层服务台模式较好。

任务二：设立有效的客房服务项目

在确定好客房服务模式的基础上，有效设立服务项目，一方面体现了饭店满足客人需求的能力和饭店的档次，同时也有利于客房部对对客服务质量的控制。

一、设立客房服务项目原则

客房服务项目的设立，既要考虑客人的需求，也要考虑饭店的档次，即遵循"适合"与"适度"的基本原则。

1. 适合原则

适合原则就是要求饭店在设立客房服务项目时，必须适合客人的基本要求。客人对客房服务的基本要求归纳起来有：

(1)求整洁。清洁卫生是构成客房商品质量的重要组成部分，卫生不合格的客房是绝不能成为商品出租给客人的。清洁卫生是宾客最重视的因素，它能使人从心理上产生安全感和舒适感，因此，做到客房内外整齐清洁是客房服务的首要任务。

(2)求宁静。从心理角度来看，宁静的环境能使客人感到平和、舒适，能减轻疲劳并起到催眠作用，而客房是客人的主要休息场所，因此，每位进入客房区域的饭店工作人员应时刻提醒自己保持"三轻"，即说话轻、走路轻、操作轻，以保证客房的宁静环境，满足客人求宁静的需要。

(3)求安全。宾客的人身、财产安全能否在住店期间得到保证已成为客人选择饭店的主要依据，这主要体现在对客房设备设施的安全、防火、防盗、卫生标准等方面的需求。

(4)求方便。宾客在选择饭店时除对饭店的位置、交通等有方便的需求外，对饭店内部尤其是客房内的方便程度同样有较高的要求。特别是当今许多高新技术设备广泛地应用到饭店客房里，这些设备的操作应尽量简单易行，并备有一目了然的使用说明。另外，房间内物品的摆放是否既美观又使客人拿取方便，同样是客房服务工作不可忽视的问题。

(5)求尊重。尊重是人际交往中应遵循的一项基本原则，前面提到的满足客人的各方面需求也是尊重客人的一种表现。另外很重要的一点就是，服务工作中应给客人留出更多的私密空间，不过多地打扰客人，根据客人的个性需要为其提供服务，站在客人的立场上提供服务，这都是在更深层次上尊重客人的观念。

2. 适度原则

适度原则就是要求在设立客房服务项目时考虑到饭店的档次和内部成本核算的要求，突出饭店的风格，体现"物有所值"的经营观念。但饭店档次不同，房价不同，客房设立服务项目数量不等，服务规格也有高低。饭店没必要为了攀比，设立一些自身力所不能及或需要大量成本投入的服务项目。

二、设立客房服务项目应考虑的因素

由于饭店档次不同，宾客需求不一，再加上其他的诸多因素，各饭店设立的服务项目也就有所不同。但不论饭店提供哪些服务，在设立对客服务项目时都应考虑以下因素：

1. 国家及行业标准

《旅游饭店星级的划分与评定》是我国评定饭店是否符合其星级要求的国家和行业标准，也是各饭店客房部在设立服务项目时考虑的最主要因素。

2. 国际惯例

参照国际惯例设立服务项目是与国际同行业接轨的具体体现，而且饭店客人也期望能享受到国际标准的服务。例如，对于洗衣服务、擦鞋服务、遗留物品的保管、物品的租借服务等，大多数饭店的客人都有此需求。

3. 本饭店客源市场的需求

满足客人的需求始终应是饭店努力的方向。饭店的类型不同，客源市场也不同，不同的客源市场对客房服务有不同的要求。在一些以接待国内会议为主的饭店，客人普遍有午休的习惯，因此，早晨的客房清扫、下午的客房小整理就会受到客人的喜欢。在一些以接待首长为主的饭店，"客到、茶到、毛巾到"的服务就显得非常重要。而对于大部分商务饭店来说，则可以省去这些服务。

4. 其他因素

其他一些因素也会对客房服务项目的设立及其具体的服务内容有一定的影响，如饭店的类型、硬件条件、房价、成本费用及劳动力市场等。

三、客房服务项目

具体的客房服务项目可参见模块四的相关内容。

任务三：制定科学的服务规程及质量标准

管理者在确定服务模式和服务项目的基础上，应制定每一项目的服务规程及服务质量标准。这些服务规程是客房部为宾客提供规范化客房服务的依据。当然所制定的服务规程必须从方便宾客、方便操作、方便管理的"三方便"角度出发，尽可能明确、详细，并形成书面材料，使规程既有合理性，又具衔接性和灵活性。客房服务规程及质量标准可参见模块四的相关内容。

任务四：加强客房服务质量控制

服务质量的控制就是管理者通过日常的计划、检查、监督、培训、考核、评估、激励等一系列管理活动对员工进行有效的管理，使其提供符合宾客需求的服务，以提高客房服务质量。

在实际工作中,可采取以下措施：

一、建立服务质量责任制

服务质量责任制就是在岗位责任制的基础上,进一步明确员工为保证服务质量所承担的职责应遵循的服务程序和服务标准的一种制度。建立质量责任制必须按岗位分别制定,要充分体现责、权、利三者的结合,要使质量具有否决权,要标准化、系统化、条文化、具体化,便于遵循。建立服务质量责任制可以使客房服务质量工作落实到岗位和个人,使每一个员工都明确自己在客房服务质量管理工作中要做些什么、应该怎样做、要达到什么标准、出了质量事故要承担什么责任,从而积极参与这项工作,而不是袖手旁观,做到“事事有人管,人人有专责,办事有标准,工作有检查”。

二、加强员工培训,提高员工职业素质

员工是提供服务的主体,加强对员工的培训是确保高质量对客服务的重要手段。在对员工进行对客服务规范培训的基础上,还要着重进行个性化服务的培训,同时还要加强员工服务意识、质量意识、应变能力、观察能力的培养,并使培训工作有计划、有组织、长期不断地进行。

1. 培养员工的服务意识

服务意识就是宾客意识,即:心里要有客人,要时时、处处想着客人,方便客人,尽量满足客人的要求,能准确理解客人和服务人员的关系,树立“宾客至上”、“客人永远是对的”等理念,并把这些理念作为指导自己实际工作、处理与宾客关系的准则。在很多情况下,服务员的服务得不到客人的认可,甚至遭到客人的投诉,并不是因为服务技能或操作技能不熟练,而是因为缺乏服务意识,不懂得“服务”的真正含义和服务工作对服务人员的要求,不能站在客人的角度去处理问题,因此服务意识的培训就显得尤为重要。

2. 培养员工的质量意识

质量是企业的生命。质量管理近年来在企业管理中得到大力张扬。服务业由于行业的特点,对服务质量管理极为重视。比如国家旅游局会同国家技术监督局在 1993 年 9 月 1 日发布《旅游涉外饭店星级的划分及评定》(GB/T 14308—93)的基础上,先后四次对其进行修订,并于 2003 年 6 月 2 日重新发布了《旅游饭店星级的划分与评定》(GB/T 14308—2003)。新标准取消了星级饭店终身制(星级饭店只有五年有效期),星级饭店内设星级内查员(内审员),负责一年一度的复核检查,外审员对内审员检查的内容进行复审等等。新规定充分表明星级标准对饭店服务质量的更高要求。由于服务员是一线生产者,他们的质量意识在一定程度上对客房产品的质量有着重要的影响,培养他们的质量意识也就十分必要。

3. 培养员工的应变能力

服务员在对客服务过程中,随时会遇到一些意想不到的问题,很多问题是服务规范上找不到的,能否准确处理这些问题,往往又在一定程度上决定着客人的满意度,影响着客房服务质量的高低。正确处理这些问题,不仅需要服务员有较强的服务意识,还需要有一定的应变能力。

4. 培养员工的观察能力

在提供规范化客房服务的基础上,还应为客人提供个性化的服务,这是客房服务的发展

趋势，也是满足客人特殊需求、提升服务品质的重要途径。要使员工在工作中充分、有效地为客人提供个性化服务，必须具备较强的观察能力，能及时有效地观察、分析客人的需求特点，并据此提供有针对性的服务。

三、做好三个环节的控制工作

客房服务质量的控制主要可从服务准备过程、对客服务过程、服务结束过程三大环节着手。

1. 服务准备过程的质量控制

服务准备过程的质量控制也叫事前控制。即以“预防为主”为原则，做好充分准备，确保在宾客到来之前有备无患。主要包括精神准备和物质准备。前者是指服务员工作前必须精神饱满，着装整洁，转换角色，必要时要事先了解客人的身份、生活习惯等，以便有针对性地提供服务。后者是指服务员要检查客人即将入住的房间，看是否完全符合出租质量标准。如果是清扫客房卫生，则要事先准备好工作车、清扫工具、换用的客房布草和客房用品等。

2. 对客服务过程的质量控制

对客服务过程的质量控制也叫事中控制。客房产品生产和消费的同步性决定了服务过程中的任何环节都要确保零差错，管理人员必须按服务规范和服务标准，通过服务现场的巡视管理，严格检查各环节服务质量，发现问题及时纠正，并避免重复出现；对一些薄弱环节要实行重点控制；已制定的服务规范和标准必须严格执行，不能束之高阁，尽可做到能防微杜渐，减少服务差错。

3. 服务结束过程的质量控制

服务结束过程质量控制也叫事后控制。管理人员应根据服务质量信息，即服务质量管理的结果，对照客房服务质量标准，找出质量差异，并分析产生的原因，提出有效的改进措施，纠正未来的服务质量管理工作，确保客房服务质量管理工作的良性循环。如果发现是服务质量标准本身存在问题，也要认真研究后修订，确保服务质量标准的严密性与合理性。收集服务质量信息可通过征求宾客意见等方法进行，如果客人有投诉要妥善及时地处理，确保宾客满意程度的提高。

在客房服务质量控制工作中，主管、领班的作用至关重要。要充分调动基层管理人员对服务质量管理的积极性，把好客房服务质量这一关。

思考与练习

1. 如何理解客房服务以“暗”为主、体现“家”的氛围等特点。

2. 假如你是一家五星级饭店的客房服务员，在对客服务过程中如何提升服务品质，让客人满意？

3. 假如你是一家四星级商务饭店的客房部经理，请你设计一份对客服务质量控制方案。

项目四　客房安全质量控制

案例导入

一客房服务员在清洁客房时，看到一位客人在走廊里用手机打电话，无法确认他是否是该楼层客人，便未询问，继续清洁。过了一会儿，另两间房的客人走了出来，准备出外游览。在进电梯时，打电话的客人边走边继续通话，和出来的客人一起走进了电梯。服务员看了一下，心想，原来是这两间房的客人。过了五分钟，这名打电话的客人又返回了楼层，对服务员说："小姐，麻烦你开一下门，我们刚才下去忘了带条烟。"服务员一看，就是那位刚才打电话的客人。在没向客人要任何证件的情况下，替他开了门，这人又说："麻烦你把另一间也开一下，我拿点东西，谢谢。"服务员说："别客气。"说完她将另一间房门也打开了。过了大约二十分钟，这人走出了房间，离开了楼层。晚上这两间房的客人回来后，先后发现房内物品被盗，密码箱被强行撬开，总共损失 3 万多元人民币。在报案的同时，饭店如数赔偿了客人。当然，饭店的损失是惨重的，在付出赔偿的同时也付出了信誉。

问题：

1. 服务员工作中的主要问题出现在______________________________。

2. 饭店每一位服务员都是饭店的保安员，对此说法你能理解吗？能________不能________

分析：犯罪嫌疑人的作案手段是形形色色的。在对客开门服务中，只有遵守服务程序，才能将犯罪指数降至最小甚至为零。

安全是人们外出旅行最基本的要求，客房是宾客在饭店逗留期间的"家"，宾客对其安全期望更高。饭店运行的特点是每天 24 小时连续营业，在营业时间内如果发生各种危险和不安全事故时，服务员不仅要保护自身安全，也要保护宾客安全。因此，客房安全管理具有不同于饭店其他部门的特点和任务，是一项复杂且专业性很强的工作，具有格外重要的意义。

任务一：正确认识客房安全

一、客房安全的内涵

1. 客房安全与客房安全管理

安全是指没有危险，不受威胁，不出事故。客房安全是指宾客在客房范围内人身、财产、正当权益不受侵害，也不存在可能导致侵害的因素。客房是饭店的基本设施和主体建筑，是饭店安全隐患较多和安全事故的主要发生区域，也是饭店安全的重点防范部门之一。

客房安全管理是为保障所有客人、员工的人身和财产安全以及饭店财产安全而进行的计划、组织、协调、控制等一系列的管理活动。如管理者在日常管理中采取积极有效的措施，防患于未然；员工根据客房部安全工作的特点，强化安全意识，加强责任意识，切实做好客房的各项安全工作等。

2. 客房安全的内容

(1)客人安全。客房安全首先是客人安全。根据国际旅馆业的惯例，宾客一经住宿登记即表明饭店与宾客建立了合同关系，契约行为使饭店有责任和义务全力维护客人的人身、财产安全和心理的绝对安全，即保证宾客在客房区域内的人身、财产和正当权益不受侵害，客人住店期间在精神上和心理上不受伤害。

(2)员工安全。饭店与员工是雇佣关系，员工在履行自己职责和义务的同时，其安全也必须受到饭店的保护。员工安全主要包括员工的人身和财产安全、职业安全和健康保障。

(3)客房安全。客房部必须保证所有的基础设备设施的功能完善，并定期进行维修和保养，确保其功能完善，防止因硬件设施的缺陷或使用时的疏忽给宾客或员工带来生命和身体的损害。

总之，客房安全是全方位的，客房安全维护的对象既有住店宾客、访客，还有员工及饭店自身；既有人身安全，也有财物、心理方面的安全。一旦发生安全事故，对饭店带来的危害远不止事故本身所造成的损失，会给饭店的声誉带来极恶劣的影响。

二、客房安全的特性

客房安全是饭店安全的重要组成部分，行业特性使其具有不同于其他部门安全管理的独特性。

1. 客房在安全上有致命性的弱点

(1)作为服务性企业，客房服务员既要向宾客表示出热情欢迎的待客之道，又要防范和制止不法分子的不良行为或犯罪行为。处理好这两者的关系很不容易。

(2)客房一经出租就成为客人的私人场所，具有隐蔽性，安全隐患不易被察觉。

(3)客房的安全管理制度，如请勿卧床吸烟、访客制度等，必须得到客人的理解与配合才能有效实施。

2. 不安全因素较多、管理难度大

(1)饭店是公共场所，是消费场所，人员流动量大，客人形形色色，有住客、有访客，也可能有伺机作案的犯罪分子，人员往来复杂，目的各异，也为饭店带来很大的安全隐患。

(2)饭店属于劳动服务业，员工众多，且流动率较高，对饭店安全工作也造成一定的影响。

(3)客房区域是存有大量物资财产、资金的场所，很容易成为外来不法分子及饭店不法职工进行偷盗活动的目标。

(4)客房一般位于饭店的上层，房间内有大量的生活用品和电器设备，用电量大，易燃物多，且电源、火源及饭店装潢工程较多，这些潜在的不安全因素，都会给饭店安全管理带来很大的难度。

3. 对服务人员的素质和技巧要求高

(1)客房安全管理以防火、防盗、防爆、防突发事件为主，项目多，难度大，而且许多是涉外案件。一旦发生安全事故，不仅给当事人造成损失和痛苦，也给饭店的声誉带来极恶劣的影响，甚至影响到国家的形象。这也对从业人员的全面素质提出了更高的要求。

(2)客房服务员在执行规章制度时，既要态度坚决，又要讲究技巧，既要保证客人的安全，又要注意不妨碍客人的自由，这就要求客房服务员既要讲究原则，又要有灵活性。例如，有客来访，楼层服务员必须有记录，并留心观察房内动静有无异常。访客到晚间规定时间仍不离开客房，要劝其离开或登记留宿，而有的客人对此有抵触情绪。此时，服务员既要坚持原则，但讲话要委婉，不能伤害客人的自尊心。

任务二：加强客房安全管理

一、配备必要的安全设施设备

安全设施设备及用品是做好客房安全管理、提升客房品质的前提条件，具体的配备可根据饭店自身的实际情况来确定，一般应包括以下方面。

1. 电视监控系统

电视监控系统由摄像机、录像机、手动图像切换、电视屏幕等组成。对建立客房服务中心的饭店来讲，电视监控系统是必备的设施设备。客房区域一般在楼层出入口处、电梯内、走廊等地方安装监控探头，监视这些容易发生偷盗事件和难以掌控的场所，发现可疑目标或不正常现象，可以及时采取措施，从而给客房区域的安全带来有效的保证。

2. 钥匙系统

周密的钥匙系统是饭店最基本的安全设备。目前，越来越多的饭店采用可编程的电子钥匙卡系统，并与饭店其他系统协作或联网，使住店客人感到舒适、方便和安全。这种门锁系统的核心是安装在房门中的微处理器，这种"钥匙"便于控制，客人难以仿制，而且此系统还具有监控功能，管理人员通过检查门锁系统，可以得到一段时间内所有该客房进入的记录。当然，"钥匙系统"及时更新和升级，确保系统安全是十分必要的。

随着科技的发展，利用指纹、手掌等生理特征作为开启门锁信息的生物鉴别系统门锁，将给宾客带来更方便、更安全的入住感受。

3. 客房内安全设施与用品

(1)房门安全装置——客房房门上安装窥视镜(猫眼)和安全链(安全环)以及双锁，门后张贴安全疏散图，告知客人所在的位置及安全疏散的方向和路径。

(2)消防设备——房内天花板上设有烟感报警器(简称烟感)和温感喷淋头(简称花洒)，供报警和自动灭火之用。

(3)保险箱——一般放在客房壁橱内，供客人存取贵重物品，保证客人的财物安全。

(4)安全报警及呼救设施——饭店为防止意外事件发生，一般安装在床头柜和卫生间靠近浴缸处，供客人发生意外时紧急呼救。有的饭店还在阳台门窗上安装报警装置，方便客人及时报警求助。

(5)手电筒等用品——当发生意外事件时如停电、火灾时可供客人使用。

4. 楼层消防报警和灭火设备

饭店的消防报警系统分为自动报警系统和手动报警系统。自动报警系统由火灾探测器和自动报警控制器组成。火灾探测器分为感温式和感烟式两种，一般安装在楼层的天花板上。手动报警系统通过手动报警装置发生作用，它一般安装在每层楼的进口处或楼层服务台附近，当火情发生时，可以立即打开玻璃压盖或打碎玻璃实施报警。

5. 应急照明和安全标识

为便于客人在夜间或在烟气很大的情况下紧急疏散，在疏散走道和楼梯上均应设置应急照明灯和安全疏散标识。设置应急照明灯的重点部位是疏散出口的上顶部、疏散走道的两侧墙面上、楼梯口和走道转角处，其高度一般应在人的视线高度以下。疏散标识主要是方向指示灯，一般设于走道墙面及转角处，其间距不宜大于20米。此外，楼梯间的门上方还应设置安全出口灯。标识和灯具的颜色应选用易透过烟火被识别的绿色为宜。应急照明灯和疏散指示灯要有一定的光照度。国外有的饭店将荧光涂料用于安全出口和疏散标志上，具有相当的亮度，因而可用来代替应急照明。

二、建立健全安全管理组织，有效划分安全责任区

饭店安全管理委员会是饭店安全管理工作的领导机构和群众性组织，对饭店安全负有

全面责任。它在饭店总经理的领导下，由饭店各部门的管理人员组成。客房部经理是饭店安全委员会的重要成员之一。保安部是饭店安全管理委员会的常设办事机构，负责客房部的安全保卫工作，落实各项安全防范制度和措施，处理各类突发事件，保证客房的全面安全。而客房部也应在饭店统一领导下成立专门的安全管理组织，由客房部经理任负责人。

为落实各项安全责任，客房经理一般以工作范围为基准划定所属的安全区，并按照"以防为主"和"谁主管谁负责"的原则确立安全管理责任人。客房安全区一般以楼层为一个单元，以楼层主管或领班为单元负责人，按照楼层员工人数，将每一个楼层区域划分为若干个区块，通过划片包干、责任到人的办法落实安全责任。每个单元内的成员对该单元负有共同责任，其隶属的上级负连带责任。

客房安全的责任事项一般包括消防安全、作业安全、治安维护、清洁卫生和公共区域的财产安全等。

三、不断完善安全管理制度和奖惩办法

为促进饭店安全管理工作的具体落实，饭店必须建立各项安全管理制度，通过硬性的制度规定，使饭店的安全管理工作有具体的行动指南和依据，促进饭店安全工作的执行。

饭店安全管理制度应针对宾客的生理和心理需求，并结合饭店的实际情况制定，通常以文件的形式昭示，以体现制度的权威性。如，安全应急预案、客房钥匙管理制度、贵重物品寄存管理制度、访客管理制度、安全工作标准和操作规范等。

客房管理者在制定安全管理制度时，应结合本部门的运行特点、各岗位的业务要求，通过对构成客房安全事故及各种不安全因素和事故隐患进行调查研究，制定出客房各岗位、各项服务工作具体、详细的安全工作标准，提出解决和处理实际问题的办法。

饭店安全管理制度关键在落实，只有这样，才能真正保证饭店的安全。为保证管理制度的执行，饭店还必须制定相关的惩罚措施，一旦发生安全事故，层层追究责任，并严格按照奖惩办法进行相应的处罚。

四、加强员工安全培训教育

员工安全培训是饭店安全管理工作的重要内容，是客房部各项工作安全顺利进行的基础，无论是饭店新员工还是老员工，安全工作培训对他们来说都十分重要。因为他们是最基层的对客服务者，进行与安全有关的实际操作最多，接触客房机会最多，最了解客房安全状况。

饭店安全培训一般包括安全知识的培训和安全应急方法的培训等。通过安全培训、安全应急预案演习等方式，强化员工的安全意识，真正理解客房安全管理的重要意义和员工在客房安全管理中应肩负的重要责任，克服麻痹心理，掌握基本的安全知识和处理技巧，让所有员工都能运用正确安全的工作方式为客人服务，消除安全隐患，减少安全事故的发生。而一旦发生安全事件，客房服务人员能冷静、迅速地采取有效措施，尽量避免或减少人员伤亡和饭店财物损失。

五、加强日常安全检查督导

客房安全检查是为了防患于未然，通过安全检查，及时发现安全隐患和各种不安全因素，并及时采取措施。客房部的各级领导都要以不同的形式和方法履行安全检查的职责。

1. 定期检查客房设施设备，保证其正常运转

客房部各级管理者在日常管理工作中，要做好安全巡视和安全检查工作，定期对楼层和客房内的安全装置进行检查，发现问题及时处理。此外，应重视客房设备管理，建立客房设备档案，针对设备的安全性能，制定设备保养条例，定期进行检查维护，使其处于正常使用和工作状态，并在此基础上及时做好设备的更新改造工作。

2. 重视对员工的检查督导工作

持续的监督是保证客人及员工安全的必要措施。各级管理者应根据客房营业活动规律，科学安排督导的时间和地点，对员工的工作进行有效的检查督导，及时发现和纠正员工的错误做法和不规范操作，提醒其工作中的疏漏可能带来的安全问题，杜绝事故的发生。

六、强化客人安全意识

饭店有责任为客人提供舒适、安全的住宿环境，但也要通过合适的途径和方法提醒客人对自身安全应负的责任，强化他们的安全意识。如饭店制作安全提示卡、安全宣传册和服务指南等，通过张贴或分发到客房等方法，适时提醒客人要注意安全，增强其安全防范意识，告知服务电话和危机处理办法，使它成为客人需要帮助或紧急求助时的好帮手。客房服务人员在服务过程中尊重宾客，视宾客如亲人，强化自身的服务意识，让客人在住宿期间找到“家”的感觉，赢得客人的理解和支持，可以使客人更好地配合饭店的安全管理工作，自觉遵守并执行饭店的安全管理制度和安全条例。

七、及时有效地处理各类安全问题

一旦发生各种安全事故，及时有效的处理是非常必要的。具体处理方法与技巧可参见本模块的相关内容。

任务三：及时有效地处理安全事件

一、员工职业安全事故的处理

1. 工伤事故的原因分析

客房服务员在进行客房服务过程中，由于不注意安全因素，时有工伤事故发生，造成宾客或员工自身的人身伤害，既损害了个人的身心健康，又影响了饭店的声誉和经济利益。归纳起来，造成工伤事故的原因主要有：

(1)员工的危险行为。员工的危险动作是造成事故的主要原因之一。如，服务员不按要求使用工具设备、不遵守劳动纪律、不按规定程序清扫等。

(2)工作环境存在潜在危险。工作环境中的潜在危险主要来自设施设备。如，机械设备操作维护不当，电器设备绝缘性能差，卫生间地面、浴缸无防滑设施等。

(3)员工工作责任心不强。员工在工作中责任心不强，往往给饭店带来损失。如，在工作中发现异常情况未及时汇报，未向宾客说明电器设备的使用注意事项，清洁器具不按规定位置放置等。

2. 工伤事故的预防

据统计，饭店中约80%的事故是由于员工不遵守饭店操作规程，粗心大意、精神不集中

造成的，只有20%左右由设备原因所致。因此，客房部员工在工作中应树立安全意识，加强劳动保护，防止事故的发生。

(1)管理者的责任。

1)定期检查保养设施设备，发现问题及时解决；设置防护措施和危险识别标志。

2)制定安全操作规范和必要的规章制度。

3)改善劳动环境，科学劳动分工，预防职业疾病。

4)加强对员工(特别是新员工)的安全意识、操作规范及安全要求的教育培训。

5)在日常管理过程中加强教育、检查和督导，纠正不正确的操作行为。

6)制定奖惩措施，严格奖惩，强化员工的安全意识和安全责任。

(2)员工安全操作须知。

1)正确着装，包括清洁时所需的护目镜及保护手套。员工制服不宜过大、过长，必须选择具备防滑功能的工鞋。

2)长发必须齐束在脑后，不应佩戴任何悬垂首饰或手链，避免首饰被钩住或卷入机器，引发危险。

3)在公共区域放置的工作车、吸尘器等设备，必须靠边放置。吸尘器用完后，及时拔下插头，正确卷起电线，防止路人被电线绊倒。

4)工作时间内，不应在工作区域奔跑，避免摔跤或跌到。

5)清洁地面时，即使地面潮湿并不严重或很快就会干，也必须使用“地面潮湿，小心地滑”的指示牌提醒路人。忘记使用指示牌，会给员工和客人带来潜在的危险。

6)员工运载物品必须使用袋子、篮子或手推车。

7)工作车或搁板上的物品不得堆放过高。

8)员工高处作业应使用梯架，必须由两名员工共同完成：一个梯上作业，一个扶住梯子，确保安全。不得利用浴缸、恭桶等攀高。

9)员工操作时，避免用手去试探眼睛看不到的地方。针头、刀子、钉子及碎玻璃很容易陷落在沙发坐垫缝隙中或靠墙的家具背后等隐蔽的地方。

10)为了防止意外的割破或划伤，废弃的玻璃不应当和普通垃圾放在一起，必须存放在碎片等不易穿透的单独容器中。

3. 工伤事故的应急处理

一旦发生工伤事故，必须快速而圆满地处理，以保护人的生命安全，减少人们的紧张、恐惧情绪。具体可参见本项目有关宾客意外伤害的急救方法。

二、宾客安全事故的处理

客房安全管理主要以防火、防盗、防爆、防突发事件为主。现代饭店出现的各种安全问题往往具有随机性、复杂性和不可控的特点，使饭店安全管理的难度大大增强。因此，做好安全事故的预防和应急处理十分重要。

1. 客人报失的处理

客人报失主要原因是客人在住店期间财物丢失、被盗或被骗。客人报失有两条途径：直接向公安部门报告的，叫“报案”；向饭店反映丢失情况的，叫“报失”。“报失”和“报案”在性质和处理程序都不相同：“报案”由当地公安部门受理，一般需达到一定的金额或性质严重；

“报失”则由饭店负责处理。一般情况下，客人都会先向饭店报失，由饭店出面解决，对于饭店难以解决或需公安部门协助的，经总经理同意后，再向公安机关报案。“报失”处理程序如下：

(1)及时报告。接到客人报失后，服务人员应及时报告保安部和相关领导。

(2)了解情况。保安部人员会同大堂经理和客房部相关人员向失主问明事件经过、客人情况和丢失物品的情况，事件经过越详细越好。

(3)帮助失主回忆查找。帮助失主尽量回忆事件的前后经过，在征求客人同意的情况下，帮助客人在房内查找。重要物品或物品价值达到立案要求的或店外丢失的物品，在征得客人同意后，可向公安部门报案，请求帮助解决。

(4)继续后续工作。如客人有事需离开酒店，请客人填写“客人物品报失记录”，留下客人地址，继续帮助查找，保持与客人的联系，并处理好善后事宜。

(5)做好档案工作。饭店要将整个事件经过和处理结果记录归档。

知识拓展 6-2

处理客人报失的注意事项

◆ 海外客人丢失财物或被骗，应向当地公安机关外事部门报告。

◆ 若客人丢失护照、回乡证等身份证件，应及时报告酒店或旅行社，并与当地公安机关外事部门联系，重新办理。

◆ 如客人丢失信用卡、旅行支票等有价证券，要帮助客人及时同银行联系，及时采取相关措施。

◆ 若客人报失被确定立案后，饭店保安部应积极配合公安部门侦破。

总之，客人报失后，饭店应及时了解情况，积极协助客人查找，必要时采取相应措施，力争尽快解决。

2. 客人伤病的处理

客人伤病是指客人在住店期间生病或因各种原因受伤。导致客人伤病的原因很多，事件发生后，需要饭店服务人员沉着冷静，按照饭店规定，科学、细心地进行应急处理或抢救。处理程序为：

(1)及时报告。任何员工在饭店内发现有伤病的客人应立即向饭店保安部或值班经理报告。

(2)采取有效措施。在接到客人伤病报告后，保安部或大堂经理应会同医务人员和大堂经理第一时间赶赴现场进行处理。若伤势严重，应采取相应的应急处理措施，并立即送医院救治。国外客人需送到当地指定医院就诊，饭店派出相关人员前往。

(3)通知客人亲属。饭店要及时通知客人亲属或旅行社领队，并做好接待工作。视客人伤病情况，给予积极的协助配合。如客人需要手术，一般由亲属或领队在手术单上签字。

(4)赔偿。因饭店原因致使客人受伤，饭店要视情况同客人协商赔偿事宜。

(5)做好档案工作。饭店要记录客人伤病及处理的全过程，存档备查。

客房是客人的“家”。因此，服务人员在日常工作中应细心观察，发现伤病客人及时提供帮助。对长时间挂“请勿打扰”牌的房间，服务人员要通过电话查明客人情况；电话总机也要注意伤病客人的来电求助电话。

3. 醉酒客人的处理

醉酒客人破坏性较大，轻则行为失态，如吵闹、随地呕吐、对饭店设施设备造成损坏等；重则危及生命，甚至还会酿成更大的事故。因此，对醉酒客人的服务应引起管理者和服务者的高度重视。

客房服务员遇到醉酒客人时，要保持冷静，耐心细致地服务客人，根据客人酒醉的程度分类处理。对于头脑清醒的轻度醉酒者，应适时劝阻，安置其回房间休息；对神志不清的吵闹失态者，则应协助保安人员将其制服，以免影响其他客人或伤害到自己。在安置客人回房后，服务员要注意观察房内动静和客人状况，以免发生意外事件。

4. 客人死亡的处理

客人死亡是指客人在住店期间因病、意外、自杀、他杀或其他原因不明的死亡。除第一种情况属正常死亡外，其他情况均属于非正常死亡。鉴于此类事件性质严重，影响较大，因此，在处理上要十分慎重。

(1)及时报告。发现客人死亡者应立即报告饭店保安部和值班经理，并保护好现场。

(2)积极采取措施。饭店保安部经理或值班经理接到报告后，应会同医务人员和大堂经理前往现场处置。还未死亡的急送医院抢救，保安部人员、大堂经理、医务人员等一同前往；发现客人死亡后，应封锁、保护现场，报告公安机关，帮助联系单位及亲属。保安部人员还要帮助查明客人情况和死亡情况，认真做好记录。

(3)做好后续工作。送医院抢救的，饭店要详细记录抢救处理的全过程并及时通知家属；确认死亡的，饭店要帮助家属清点处理遗物、做好丧葬事宜。

(4)建立详细档案。将事情处理的全过程记录并存档。

知识拓展 6-3

外籍客人死亡的处理

外籍客人在我国死亡，饭店要配合公安局外事机构慎重处理，以免造成不良影响。

◆ 首先，要迅速报告公安局外事管理处，并与领队、接待旅行社或接待单位取得联系。

◆ 其次，外籍客人死亡要按照《外国人在华死亡后的处理程序》、《维也纳领事关系公约》及有关双边领事条约和国际惯例等的相关规定依法办理。

◆ 再有，非正常死亡的外籍客人，还要及时报告“中国旅游紧急救援协调机构”，并由公安机关法医出具《死亡鉴定书》。

◆ 最后，稳妥处理好外籍客人的遗物和遗嘱。遗物由亲属或领队带回国或交驻华使、领馆铅封后托运回国。如死者有重要遗嘱，应将遗嘱复制或拍照后交驻华使、领馆转交，防止转交过程中发生篡改。

三、其他事故的处理

1. 火灾事故的应急处理

据“国际安全协会”统计，饭店火灾主要是由吸烟和电器着火引起的，火灾的部位主要在客房和楼层走道。因此，客房服务人员必须增强防火意识，掌握火灾应急处理程序。一旦火灾发生，客房服务人员应保持镇静，迅速采取有效措施，尽量减少人员伤亡和财产损失。

处理程序如下：

(1)通报。发现火情应立即向有关部门通报,同时向客人发出通告。注意通报楼层的顺序和时间间隔,以免引起拥挤和踩踏事件。

(2)报警。消防中心确认火情较为严重时,应向全饭店鸣铃报警,并立即拨打“119”报警。同时,及时疏通饭店大门和临近路口道路,引导消防车迅速到达现场。

(3)组织疏散逃生。接到火警报告后,客房部经理及其他管理人员应立即奔赴现场,进行人员分工,组织疏散工作。在疏散过程中,应注意以下几点:

1)携带必要的防护物品。携带一条湿毛巾,在经过烟雾区时捂住嘴鼻,防止有毒气体侵害;打湿毛毯披在身上,防止逃生途中被火烧伤或烫伤;带上房间钥匙,在疏散路线中断时,可退回房间自救并等待救援。

2)掌握逃生要领,做好身体防护。在浓烟弥漫中应采用最低姿势沿墙角前进。下楼梯时应倒退着下,头部尽量靠近台阶,以吸取新鲜空气,也可以将充满氧气的塑料袋套在头上。

3)选择正确的逃生路线。逃生时要仔细观察前进的方向,按照疏散图或饭店指示的方向从最近的通道逃生。高层饭店可以向避难层逃生,在无法下楼时,也可向上跑,因为烟雾上升到一定高度就会冷却下沉。

4)选择正确的逃生方法。逃生的方法有很多种,正确的逃生方法对逃生者来说非常重要。逃生者应视当时情况冷静选择。千万不能使用电梯,也不能惊慌失措,轻易跳楼,更不能贪恋财物,延误逃生时机,没有什么比生命更宝贵。

(4)现场紧急救护。对火灾中的受伤者能否及时救护,直接关系被救人员的生死存亡。因此,饭店在救护工作中应依照正确的救护顺序,采取正确有效的救运方法,进行紧急救护。

2. 停电事故的处理

停电事故可能由外部供电系统引起,也可能由饭店内部供电设备发生故障引起。停电会给饭店经营带来严重影响。因此,对于客房数在100间以上的饭店,原则上应配备紧急供电装置。停电时的处理如下:

(1)客房服务人员要坚守工作岗位,告知客人停电原因并安抚客人。管理人员在一线指挥,维护好本部门的安全并解答客人提问。

(2)帮助滞留在走廊及电梯中的客人回到房间。

(3)保安部人员要加强巡视,劝阻无关人员进店,保证公共区域和要害部门的财产安全。

(4)工程部及时查找停电原因,组织抢修,力争尽快恢复供电。

3. 客人违法事故的处理

客人违法一般是指国内客人在饭店消费期间犯有流氓、斗殴、嫖娼、盗窃、赌博、走私等违反我国法律的行为。客房属于客人隐秘场所,有时候也最容易成住店客人违法的场所。国内客人违法的处理如下:

(1)保安部人员接到客人违法报告后,应及时向值班经理报告,并会同相关人员立即查明客人的身份和事件的全过程。

(2)保安部门应视违法行为情节的轻重,确定违法行为的性质。对于情节轻微、违反《中华人民共和国治安管理处罚条例》的,交当地派出所处理;对于情节严重、触犯法律的犯罪行为,应立即向公安部门报告,并在公安人员到达前对违法行为人进行监控,由公安部门负责处理。

(3)事件处理完毕后,保安部要把事件过程和处理结果记录留存。

遇到境外客人在我国饭店内的违法行为,饭店要及时向上级机关和当地公安机关外事部门报告。在证据充分的情况下，根据“属地优先权”原则，对违法行为人进行监控，等待公安人员前来处理。对于具有外交豁免权的外国人，通过外交途径处理。

总之，饭店的安全隐患较多，安全事故的影响较大。饭店在日常工作中应加强安全管理，制定缜密的安全管理措施和应急处理预案，以保护客人、员工和其他人员的人身和财产安全。

综上所述，客房安全管理工作是一切工作的重中之重，是一项系统工程，安全就是服务，安全就是质量，安全就是市场，安全就是效益。没有安全就没有宾客，没有安全就没有饭店的生存。客房部应在日常管理工作中，加强安全管理和安全防范，积极做好事前预防、事中控制和善后处理等环节的管理工作，尽量减少安全事件的发生，保证饭店的正常运转。

知识拓展 6-4

紧急逃生十三法

绳索自救法	匍匐前进法	毛巾捂鼻法	棉被护身法
毛毯隔离法	被单拧结法	管线下滑法	竹竿插地法
攀爬避火法	卫生间避难法	火场求救法	“搭桥”逃生法
跳楼逃生法			

知识拓展 6-5

客人伤病处理常识

◆ 异物或击溅入眼——用眼药水洗眼，或用干净布和冷水洗眼。切勿揉眼。

◆ 踝关节扭伤——马上休息，对患肢局部冷敷，以减轻疼痛和胀肿。

◆ 鼻子出血——让病人向上抬头，捏住鼻端，切勿擤鼻。

◆ 癫痫发作——先清除各种障碍物，防止病人在反常动作中受伤。在病人口中塞入纱布，防止病人咬坏舌头。松开病人衣领，然后待病症发作过去。

◆ 骨折——当客人四肢发生骨折时，服务员应立即通知饭店医务人员临时固定和包扎骨折伤肢，并立即转送医院处理。

◆ 烫伤——当客人局部烫伤时，立即用自来水冲洗受伤部位，以降低烫伤处的温度，减轻疼痛。同时，立即通知饭店医务人员根据烫伤的具体情况进行处理。

◆ 晕倒——帮助客人处于恢复的姿势，放松紧缚的衣物，使呼吸通道不受阻隔。立即报告主管或部门经理，尽快寻求紧急救护。

◆ 电击——首先要切断电源，然后施以人工呼吸。把病人置于恢复姿势，立即报告主管部门经理，并拨打急救电话。

知识拓展 6-6

客房职业安全事故调查表

潜在的危险	安全指示
化学药品	1. 有使用过的化学药品与未开封的化学药品应当分开摆放 2. 化学药品的使用说明应当清楚地标明在容器表面 3. 根据化学药品的使用手册配备相应的操作或保护工具 4. 明确化学药品使用不当时的第一救护措施 5. 人体接触化学药品所引起的不良反应应当立即向上级汇报

续表

潜在的危险	安全指示
肌肉扭伤	1. 利用合理的搬运方法,如果物品过重,应当立即寻求帮助 2. 至少两名服务员共同翻转床垫
蹒跚与滑倒	1. 及时清除过道上的障碍 2. 清洁地面时,摆放相应的指示牌 3. 地面水迹及时擦干 4. 服务员清洁浴缸时,一手支撑身体,一手进行清洁
吸尘器触电	1. 严禁对湿地毯进行吸尘 2. 吸尘时应先插插头,再启动吸尘器
玻璃割伤	1. 块玻璃可以用扫把扫起,但不能用手拣起,碎玻璃必须用吸尘器清除 2. 玻璃器皿小心存放
含有病菌的垃圾袋与布草袋	任何带血的布草和垃圾必须摆放在单独的袋子中,并及时处理
针的控制	将针存放在长型的容器中,使用时手套拿取

资料来源:美国加利福尼亚州尤利卡饭店

思考与练习

1. 什么样的客房才是安全的客房?

2. 某饭店 1602 房间住进一位前南斯拉夫客人。这天晚上,楼层服务员按晚间服务规程为 1602 房间开夜床时,客人不在里面,服务员看见床上有几个式样相同的有点像爆竹又有点像玩具手枪似的小玩意儿。他随手拿起一个,捉磨不透这是个什么物件,见中间有个像开关似的装置,不经意地推了一下,没想到这物件"砰"地一声轰响,随即从上端喷出一团火,一个火球窜出,径直朝房顶飞去,马上弹回来,掉在床上,烧了一个大洞,他赶紧用湿毛巾捂灭了。服务员吓得不知所措,立即从房间出来,马上向管理人员、保安部作了汇报。保安部门传唤了这位客人,客人最后如实作了交待:他随意放在床上的那几个小物件,是他从境外带来的,用于旅途中迷路时发射的救生信号。原来,这几枚小物件是装有一定爆炸材料的信号弹。依据有关规定,饭店对这个客人进行了罚款处理,并警告他不得再带入、运输、转交和使用这种有一定危险的、具有近距离杀伤力的信号弹。事后,饭店对擅自翻动客人物品、险些酿成火灾的当班服务员也给予了处理。

在此案例中,你认为饭店主要存在哪些问题?应如何改进解决?

3. 以饭店安全管理为主题进行一次社会调研活动,了解饭店安全管理工作的新情况。以小组为单元完成,并形成书面报告。

综合训练

按客房产品质量构成要素,设计一份关于客房服务质量评价的宾客意见表,并对调查结果进行统计分析,根据结果就提升客房服务质量写一篇调查报告。(3000 字左右,以小组为单元完成)

模块七　客房成本控制

学习目标

知识目标：

1. 明确客房部成本控制的重要性和迫切性，树立正确的成本控制观念。

2. 掌握成本控制的工作思路、基本原理与基本理论。

能力目标：

1. 初步具备在客房部人力资源、物资、资金等方面进行成本控制的基本方法、技巧，并能根据饭店的实际情况进行灵活运用。

在全球经济一体化的影响下，饭店业的竞争愈演愈烈，饭店的盈利空间变得相当有限，要想确保饭店的盈利水平，必须加强饭店营运成本的控制，即必须做好饭店各种资源的科学、合理、有效的利用。客房部是饭店的一个基础部门，它的营业收入可占饭店总收入的一半以上，因此客房部的成本控制对饭店整体效益就显得尤为重要。

项目一　客房人力资源成本控制

案例导入

某饭店为了节省开支，减少了客房部的用工人数。因此，客房部楼层清扫员的日工作量由12间客房上升到16间客房，外加每天数量不等的钟点房。由于工作量加大，服务员为了完成任务以求准点下班，加快了工作速度，造成清扫服务不到位、服务质量问题增加、客人投诉增多等现象。饭店质检部门给客房部施加了很多压力，提出再出现客人投诉，将更换客房部经理。客房部经理将压力转移到领班身上，领班则将压力转移到员工身上。尽管饭店采取计件工资制，但仍有员工承受不了这么大的工作压力，以请病假来回避现实。一个员工请了病假，他的工作只好加在其他员工身上，很多员工每天加班到晚上七八点钟。这种状况持续了一段时间。突然有一天，客房部管理人员上班时，发现所有楼层的服务员不见了。他们意识到事态的严重性，立即在店内外四处寻找，终于在饭店不远的操场上发现了这些服务人员。经过劝说与许诺，服务员才重新回到工作岗位。

问题：

1. 管理人员采用此方法来控制人力成本是否科学？是＿＿＿＿＿不是＿＿＿＿＿

2. 管理人员的管理方式你是否赞同？为什么？

分析：饭店减员一般有两种方法：一是自然减员法，二是强制减员法。自然减员方法比较温和，员工情绪稳定，但速度比较慢；强制减员方法见效快，但容易造成员工人心不稳，搞不好易出现对立面，影响工作质量。在饭店出租率降低时，减员确实是降低开支、控制成本的一种方法。但减员首先必须遵守《劳动合同法》，增加工作量必须考虑员工的实际承受能力，而成本控制并不是一味地降低支出，必须保证必要的合理开支。出现本案例中的问题一个重要原因是对成本控制的认识有偏差，对人力资源管理缺乏科学的方法和技巧。

人力资源是饭店最基本、最重要、最宝贵的资源。只有人，才能有效使用和控制饭店的其他资源，形成一定的接待能力，实现饭店的预期目标。客房部的人力资源成本控制，就是在组织客房商品生产过程中，根据人力资源管理的一般规律，运用一定的方法，科学选择、合理使用、有效开发客房部员工，不断提高他们的职业素养，充分发挥他们的聪明才智，在确保服务质量的前提下提高客房部的劳动效率，从而达到提升经营效益的目的。

任务一：控制人力资源数量成本

人力资源数量成本控制主要是指人员的合理配备与有效调节。

一、人力资源的配备

客房部人力资源的配备就是指部门劳动力的定编工作。定编就是在部门组织结构设置的基础上，对本部门的用工人数进行科学合理的预测和配备。定编是部门人力资源成本控制的首要环节，定编如果欠科学，直接影响部门业务的运作、服务质量的稳定和运营成本的控制。

1. 定编应考虑的因素

(1)有关的法律法规。在定编时首先要认真学习相关法律法规，必须严格遵守《劳动合同法》，不能一味地追求降低人力资源成本而违反我国有关劳动管理的法律法规。

(2)部门组织结构。客房部组织结构从劳动组织形式上首先确定了客房部的业务分工、职责范围及用人数量与质量要求。客房部的服务模式、管理层次和业务范围是其中最主要的因素。

(3)客房部的工作量。工作量是客房部定员的一个主要因素，客房部的工作量往往跟客房部的业务范围有关，一般可分为：

1)固定工作量。固定工作量是指那些只要饭店开业就会有，而且必须按时去完成的日常例行事务。例如，客房部管辖范围内的所有公共区域的日常清洁保养、保证内部正常运转所需要的岗位值勤等。

2)变动工作量。变动工作量是指随着饭店业务量等因素变化的工作量。在客房部主要表现在随客房出租率的变化而改变的那部分工作量。例如，客房的清扫数量、对客服务的工作量，以及一些特殊情况的处理等等。这部分工作量的计算，通常以预测的年平均客房出租率为基准来进一步具体测算。

3)间断性工作量。间断性工作量通常是指那些不需要每天进行操作，或者不是每天24小时都需要连续操作但又必须定期进行的工作量。例如，餐厅、舞厅和多功能厅的清洁，金属器材的擦拭，地毯的清洗，玻璃的擦拭等。

(4)各岗位工作定额。工作定额，是指每个员工在单位时间内，在保证服务质量的前提下，平均应完成的工作量指标，它是指饭店经营活动中劳动耗量的标准。工作定额是对工作效率的要求，是实行定员编制的基础；定编是对人员配备的要求，是完成工作定额的手段。两者互相联系、互相作用。

确定劳动定额是一项比较复杂的工作，要考虑多方面因素，如人员素质、工作环境、规格标准、器具配备等等。规格标准高，每人的劳动定额就要少一些，以使员工能有充裕时间把工作做得细致些。

知识拓展 7-1

确定劳动定额的方法

◆ **实际测定法** 按照清扫操作规程和质量要求，组织具有不同操作水平的员工多次清扫操作，记录每个人每一项目的完成时间，进行科学综合，得出各项的平均操作时间，将所得数据代入相关公式，经过计算即可得出劳动定额。假设测定结果如下：随机服务时间 $D=10$ 分钟，清扫一间房时间 $A=25$ 分钟，准备工作时间 $t=10$ 分钟，结束工作时间 $B=8$ 分钟，休息与自然停顿时间系数 $f=0.12$，每天规定劳动时间 $T=480$ 分钟，将以上数据代入计算公式：

$$\text{劳动定额}=\frac{T-(t+B)}{(A+D)\times(1+f)}=\frac{480-(10+8)}{(25+10)\times(1+0.12)}=12(\text{间})$$

此方法适用于客房清扫员劳动定额指标的确定，公共区域与洗衣房的定额可参照此法。客房服务中心、楼层服务台值班员的劳动定额指标因以对客服务为主，随机服务多而不便确定，因此不宜采用此方法。必须注意的是，不同档次饭店的随机服务时间有所差别，要根据饭店星级标准确定。一般高星级饭店客房随机服务多，预留时间要多。

◆ **经验估计法** 以过去达到的指标为基础，综合分析进一步提高劳动效率的有利因素和不利因素，用经验来估计工时消耗，制定劳动定额。

◆ **统计分析法** 参考过去的统计资料，结合当前劳动条件和管理条件，制定劳动定额。

◆ **类推比较法** 以过去达到的指标为基础，分析同类饭店客房劳动定额指标，然后结合本饭店客房运营现状，通过对比分析来估计工时消耗，制定劳动定额。

2、定编的一般程序

(1)根据客房部管辖范围和业务分工将各职能区域分开。

(2)确定各区域所需的工种、岗位、班次。

(3)计算预测各区域的总体工作量。

(4)计算各岗位、各班次的工作定额。

(5)计算员工出勤率。

(6)确定各职能区域所需的员工数量。

(7)确定客房部所需的全体员工数量。

3. 定编的方法

(1)工作定额定员法。即按工作量、工作定额和员工出勤率来计算员工人数的定员方法，主要适用于客房清扫员，其计算公式是：

$$\text{定员人数}=\frac{\text{工作量}}{\text{工作定额}\times\text{出勤率}}\quad\left(\text{出勤率}=\frac{\text{实际出勤天数}}{365}\times100\%\right)$$

(2)岗位定员法。岗位定员法是根据客房部的机构设置、岗位职责等因素确定员工人数的定员方法，主要适用于行政管理人员如经理、办公室文员、楼层台班服务员、客房中心服务员、公共区域的部分员工等。

(3)比例定员法。比例定员法一是根据饭店的档次、规模，按客房数量确定某工种和某岗位人数比例。例如，设客房服务中心的饭店，楼层服务员人数与客房数的比例一般为1∶5，设楼层服务台的饭店，楼层服务员人数与客房数的比例一般在1∶3～1∶4左右。二是根据某部分员工人数确定其他岗位员工人数的比例，例如5～8名服务员配一名领班等。这一方法简单易行，比较常用，但比较粗糙和平均化。

4. 定编时应注意的问题

(1)客房出租率预测要尽可能准确。饭店运行有很强的季节性，客房出租率会发生较大的变化，因此客房部的工作量尤其是变动工作量部分也会发生较大的变化。客房部应根据积累的资料，掌握客情变化的规律及新趋势，尽可能准确地预测客房出租率，以便做好年度和季度甚至是月度的劳动力预测，做到合理定员。

(2)定员水平要先进。定员必须反映饭店已达到的平均劳动效率水平，又必须有可能提高现有的劳动效率。即客房部的定员编制，要使客房部大部分员工经过努力可以超过工作定额，而不应是现有劳动效率平均数的简单表现。

(3)科学确定各类人员的比例。应该使客房部内部的各类人员在质量和数量上相互协调。各层次人员配备既同本层次的工作要求相符合，又符合科学的管理幅度，避免部门内部因定员不合理而出现忙闲不均的情况。特别要处理好楼面服务人员同后台工作人员的比例关系、各岗位人员之间的比例关系及管理人员同服务人员的比例关系。

(4)体现人本管理原理。定编时要尽量体现人力资源成本控制的理念和要求，但必须在人本管理原理的前提下充分考虑人的需求与承受力，确定合理的用工数量。

二、人力资源的调节

由于饭店经营具有淡旺季的特点，客房部必须根据经营情况的变化对人力资源的安排适时做出调整，以做到人尽其责、人尽其能，避免人浮于事。

1. 进行科学合理的定编工作

控制客房部员工数量首先要进行合理定编。定编的程序、方法如前所述。

2. 确定科学合理的用工性质和比例

定编标准原则上应保持相对的稳定，以保证客房部的正常运行，确保服务质量。由于饭店客房出租率常常受政治、经济、政策、气候等因素的影响，为了尽可能减少劳动力的浪费，在定编基础上可采取不足员的配备方法，以降低劳力成本。饭店应根据自身经营状况及劳动力市场情况确定不同性质的用工数量和比例。如果出现旺季和临时需要人员的情况，则可以采取以下措施：

(1)掌握客房部员工的家庭地址、电话号码等，以便临时需要时紧急加班。

(2)与相关专业院校联合办学，采取产学研全程无缝链接的订单式培养模式，在旺季适当安排学生上岗，一方面既可在一定程度上解决饭店用工数量不足，又可以增加学生实训机会。当然这类人员的比例不能过高，而且在上岗之前必须经过有效的培训，以免服务质量失控。

(3)可与服务中介机构联手，安排下岗工人作为临时工、计时工，这样既可保证旺季需求，又可在淡季减少人力资源成本的支出，同时也能为社会解决一些就业问题。

3. 合理排班，实行弹性工作制

(1)客房部可以通过制订工作计划来调节日常工作的节奏，如计划卫生、设备维修更新、员工培训计划等。在客房出租率较高的时期，上述工作可以少做安排，而在接待任务减少的阶段多加实施，使员工总体上忙闲比较均匀。

(2)根据部门运行特点，实行错时上下班制或弹性工作制。例如，住店客人有些不会早起，加上现在不少饭店将退房时间从中午12时延至下午14时或更迟，因此上午特别是清早的清扫任务较轻。客房部根据这种情况，可以让部分服务员的上下班时间适当延后，这样也有利于劳动力的合理使用，降低人工成本开支。

(3)控制员工出勤率也是调节工作节奏的方法之一。如利用客房出租率较低或经营淡季时节多安排员工补休、轮休，或利用奖金差额，合理安排班次、休假等来减少缺勤或避免窝工。

任务二:控制人力资源质量成本

客房部组织结构、人员编制的确定，只是解决了客房部人力资源需求的数量问题。所配备的员工是否具有岗位工作所需的基本素质，是否适合本部门本岗位工作的需要，则是需要解决的人力资源质量问题。人力资源质量不仅对客房服务质量起关键作用，而且对本部门与饭店运营成本的控制、经营效益的提高都有很大的影响。

一、客房部人力资源的选用

1. 客房部员工的招收

(1)确定用人标准。招收员工首先要确定标准，由于客房工作与饭店其他业务部门工作有较大的区别，因此用人标准也不尽相同。选择客房服务员时，要将岗位的职责范围、用人条件详细列出，让应聘者仔细阅读，然后再作抉择。要如实介绍任职环境和要求，不能夸大美化，否则应聘后会使员工产生上当受骗的感觉，从而影响工作情绪及队伍的稳定。

知识拓展 7-2

职务说明和岗位责任

确定用人标准的前提是要先设计好工作岗位。通常客房部设计组织结构时即已做好这项工作。设计好工作岗位后，就要编写好岗位责任书或职务说明书，然后再确定客房部员工的选用标准。所谓岗位责任书就是用书面形式详细规定每一岗位的工作范围、职责、权力、工作内容等。制订岗位责任书是防止各工作岗位之间互相扯皮推诿的有效办法，它使每个员工明确自己在部门所处的机构层阶及与其他职务之间的关系，分清每个任职者的权力和责任，以协调完成部门的工作目标。表7-1和表7-2是国外某饭店客房部棉织品保管员的职务说明和岗位职责，以供参考。

表 7-1 客房棉织品保管员职务说明

职务说明
职务名称：棉织品保管员 工作时间：每周星期一至星期五，每天上午 7 点 30 分至下午 3 点 30 分 休 息 日：一年工龄一周，三年以上工龄两周 薪　　资：规定标准 额外待遇：工作服，工作餐一餐 工作条件：舒适愉快 联系的员工：食品、饮料、宴会部门以及凡使用棉织品部门的员工 监督人员：客房主管 劳工类型：非技术性员工 职　　责：保证食品、饮料部门所需棉织品均处于良好状态 年龄限定：20 岁至 60 岁(请见下面身体状况说明) 智力条件：平均标准，能遵照提示办事，办事机敏 品格与外貌：和蔼可亲，周到有礼 工作经验：无特殊要求 教育程度：能读、写、讲或懂得西班牙语或任何一种当地流行使用的第二外国语语种 身体状况：能承担轻度的持久的体力劳动，包括经常使用臂力；能举起普通重量的物件；能辨别织物的色调、抽丝、蛀洞等以及棉织品的针法等

表 7-2 客房棉织品保管员岗位职责

岗位职责 棉织品控制(桌布和餐巾)
职　　务：棉织品保管员 对谁负责：客房部经理 职责和任务： 一、控制与协调接收清洁的桌布与餐巾，并按本饭店餐饮部门所需分发 1. 接收洗衣房送来的此类棉织品 2. 坚持根据样品标准检查棉织品有无烧坏、扯破、退色等情况 3. 根据尺寸、颜色、用途及所属部门将棉织品上架收藏 4. 根据当天要求领用数量分发此类棉织品 5. 如发现某种棉织品不符所需，应与洗衣房管理人员联系，要求立即补充 6. 根据棉织品所属部门发放，宴会部门所需棉织品应予优先供应 二、将凡需修补的棉织品送交缝纫室 三、严格控制棉织品的分发，杜绝错发、损坏和遗失，以避免造成时间与金钱的浪费

(2)人员的招收。人员的招收主要包括准备、宣传报名、考核录用几个环节。员工招收虽然是饭店人力资源部的工作，但在最后面试时应由客房部自己把关，选择适合从事客房工作的人员。

2. 客房部员工的使用

员工招收到位后，饭店按员工手册和部门岗位职责等规章制度合理有效地使用好每一位员工，在工作过程中既要对其严格督导，又要关心、尊重他们。考评与激励就是客房部人力资源使用过程中非常重要的内容，是了解员工、推动员工努力工作的外在动力。做好这项工作可以充分调动员工潜在的工作积极性和主观能动性，有利于提高人力资源的使用效率，在一定程度上也促进了人力资源的成本控制。

(1) 员工考评。考评也称考绩、测评、评估，是指在管理者和员工之间，通过一定的程序与方法，对员工的工作表现进行考核和评定，并对其今后的工作提出改进和提高的意见与方法。考评可以为发掘和合理使用人才提供可靠依据，可以为制订员工培训计划提供参考。

部门考评也可作为员工晋级的依据之一,给饭店人力资源管理部门提供参考,同时也是奖惩、激励员工的手段。因此考评是人力资源管理的一项重要制度,是客房部管理人员的一项重要工作职责,应定期或不定期地进行。

1)考评类型。员工考评分为常规考评和特别考评两种。常规考评又称正式考评或系统鉴定,主要有上级对下级、下级对上级和同级之间的相互考评。一般饭店根据淡旺季半年或一年进行一次。特别考评又称非正式考评,它以日常服务工作为基础,往往针对表现突出或表现欠佳的员工。

对新招聘员工应将正式考评与特别考评相结合:对新员工在试用期内的工作表现进行特别考评,如有不满意应立即指出其不足,最好告知改进的意见;在试用期结束时进行正式考评,告知他是否被录用。

2)考评内容。考评一般包括以下内容:一是员工的综合素质能力,包括思想品质、职业道德、仪表仪容、专业知识、工作能力等;二是劳动纪律,包括遵守饭店规章制度、执行服务规程等情况;三是工作态度,包括工作是否主动、热情、耐心、周到、礼貌、服从、协作等;四是工作业绩,即员工完成工作的数量与质量。当然在对不同层级的员工进行考评时,上述四项内容应有所侧重。

3)考评程序方法。客房部在运行过程中,首先要对员工的工作表现做好考核记录,同时注意各种原始资料的收集、整理和存档,建立客房部原始记录网,作为评估的基础,然后根据考核记录填写考评表格(见表 7-3、表 7-4)。在完成书面评估后,考评结果应告知被评估者。

表 7-3 客房部月度考核评分记录

姓名______ 岗位______ 班组______ 日期____年____月____日

考核项目	评分内容	评分标准	评分意见	得分
服务规程	服务用语	10		
	应变能力	10		
	姿态	10		
	程序	10		
	外语	10		
实际操作	程序	10		
	整齐	10		
	干净	10		
	时间	10		
	设备 配备	5 5		
笔试	业务 礼貌礼节			
外语	笔试			
	口试			
总分				

表 7-4 员工工作表现评估表

姓名__________ 岗位__________ 部门__________ 班组__________

评估日期 自________年________月________日 至________年________月________日

<table>
<tr><th rowspan="2">评估项目</th><th rowspan="2" colspan="5">评估要求</th><th colspan="4">评估结果</th></tr>
<tr><th>A</th><th>B</th><th>C</th><th>D</th></tr>
<tr><td>工作守时与考勤</td><td colspan="5">是否守时，经常保持出勤；
是否经常迟到或请病、事假</td><td></td><td></td><td></td><td></td></tr>
<tr><td>仪表、仪容</td><td colspan="5">是否经常修饰、整洁，符合饭店要求</td><td></td><td></td><td></td><td></td></tr>
<tr><td>工作知识</td><td colspan="5">对本职工作的认识如何；
是否了解自己工作的一切功能、要求与责任</td><td></td><td></td><td></td><td></td></tr>
<tr><td>工作质量</td><td colspan="5">处事是否精确，不易出差错；
工作是否有条不紊，容易使人接受</td><td></td><td></td><td></td><td></td></tr>
<tr><td>可信赖程度</td><td colspan="5">是否值得信赖，对委派工作是否尽责</td><td></td><td></td><td></td><td></td></tr>
<tr><td>进取态度</td><td colspan="5">是否有创业精神，是否具有应变能力
能否主动担负起自己的职责</td><td></td><td></td><td></td><td></td></tr>
<tr><td>礼貌与合作态度</td><td colspan="5">对上级、同事、宾客是否谦让有礼；
是否十分乐意与上、下级，同事合作</td><td></td><td></td><td></td><td></td></tr>
<tr><td>管理能力
（如适用）</td><td colspan="5">是否具有启发下属工作热情与工作目标的能力；
是否具有指引、督导下属的能力</td><td></td><td></td><td></td><td></td></tr>
<tr><td rowspan="2">总评分</td><td></td><td>适合晋升</td><td></td><td>降职</td><td></td><td colspan="4">予以转正</td></tr>
<tr><td></td><td>表现满意</td><td></td><td>表现一般</td><td></td><td colspan="4">延长试用期/不予录用</td></tr>
</table>

改进建议（范围及方法）：

所需培训建议（详细说明）：

其他评语：

评估人签名：________ 职称：________ 日期：________

员工签名：________ 意见：________ 日期：________

部门主管审阅：____________________ 日期：________

下次评估日期：________年________月________日

正本：送员工个人档案　　　　副本：送有关部门主管

知识拓展 7-3

员工考评方法

◆ 自我评估法—— 在考评中应用比较广泛但有很大局限性的方法，不能作为正式考评的唯一标准。

◆ 评分评估法——年度考核要求有书面材料以供存档，采用的较多。

◆ 面谈评估法——当评估较差或有问题的工作表现时使用，也叫坦诚相待法。在采用面谈法时要注意以下几点：

➢ 一要一对一地谈话，不要有第三者在场。

➢ 二要开门见山、直截了当地谈问题。

➢ 三是谈话时双方最好不要有东西隔开。

➢ 四是评估者不能以恩人自居，要真诚相待，多给正面鼓励。

➢ 五要互相理解、共同决定采取什么措施，尽快处理问题。

➢ 六要多听员工讲。

➢ 七是谈话内容及采取的措施要形成书面材料。

员工考评注意事项

◆ 评估者的人选要慎重。

◆ 要正确制定评估标准。

◆ 考核工作完成后应与被考评者见面，评估要做到双向沟通。

◆ 评估时要注重员工的工作实绩，不可凭印象进行，以防出现偏差。

◆ 考核结果必须由饭店有关部门认定。

◆ 考核必须公平、公正。

(2) 员工激励。激励，从字面上理解就是激发、奖励或鼓励，在管理心理学中是指激发人的动机，使人产生内在的动力，并朝着一定的目标行动的心理活动过程，也就是调动人的积极性的过程。无论如何表达激励的概念，其内涵通常包括人行为的动因、行为的方向或目标以及如何保持这种行为这三个基本要素。员工激励是现代管理学的核心，对企业充分有效利用人力资源、提高劳动效率、降低经营成本具有重要意义。客房部经营管理过程中应根据员工的不同情况，分别采用需要激励、目标激励、情感激励、信任激励、榜样激励、惩罚激励等方法，以达到激励的目的。

二、客房部人力资源的开发

与饭店其他资源相同，人力资源在使用之前也必须加以科学的开发。人力资源开发的关键在于培训。培训可以树立员工的饭店意识，提高劳动效率，掌握基本工作技能和职业道德，增强员工的职业安全感，增收节支，于饭店和员工个人都有好处。因此，客房部应遵循一定的原则，科学制订本部门员工培训计划，采用有效的方法认真踏实地做好培训工作。

1. 培训原则与内容

一般饭店的基础培训都由人力资源部门或专门的培训部门完成，而部门业务知识和技能往往由本部门负责。为了提高培训效果，必须坚持长期性、全员性、实效性、科学性的原则，对本部门员工的知识、技能、态度这三大方面进行持之以恒的培训。

知识方面的职业培训主要是指对受训者按照岗位需要进行的专业知识和相关知识的教育；技能是指员工为了顺利完成其本职工作须具备的心理条件和实操技巧；态度是人对人、人对事的心理倾向，即对人、对事的认识、喜恶与反应倾向。一个人的知识和技能不一定成正比，态度形成之后比较持久，但也不是一成不变的。因此，培训工作要正确处理好知识、技能和态度的关系。

2. 培训类型

(1)岗前培训。岗前培训是指员工上岗前为了适应客房工作的需要而进行的各种培训活动。这项工作看似花费了一定的时间、精力、财力，造成了成本的增加，但上岗前对员工进行培训，能使他们明确工作的具体要求，掌握正确的工作方法，减少浪费，提高工作效率，从长远看是一种降低成本的有效方法之一。

(2)在岗培训。在岗培训就是对现职员工进行的以提高本岗位工作能力为主的不脱产的训练活动。随着社会的进步发展，知识、技能有一个更新、不断完善、提升的过程，加上知识有一渐忘的特点，因此不论是新员工还是老员工在岗期间都需要加强进一步的培训。

(3)转岗培训。转岗培训是指员工由于工作需要从一个岗位转向另一个岗位，使转岗人员取得新岗位资格所进行的训练活动。随着饭店业的发展，饭店机构设计逐步趋向扁平化、小型化，提倡一专多能，因此员工之间转岗机会逐渐增多。由于饭店各部门、各岗位的业务特点不同，服务标准、技能技巧等各有要求，因此，要提高人力资源的工作效率、降低人力资源成本，转岗培训也是必不可少的一项工作。

(4)晋级培训。不同管理层级的员工在知识、能力、技巧等方面的要求是不一样的。一个人能出色完成目前的工作任务，并不意味着他能胜任更高层阶的管理职务。管理者不能胜任自己的工作，在管理活动中必定会造成资源的浪费。因此晋级培训可以使新晋升人员在较短时间内达到晋升岗位的要求。

上述培训根据内容、要求，可以安排个别培训或集体培训。既可以在店内培训；也可以在店外培训，既可以是速成培训，也可以是长期培训。但从全局来看，必须是全员的、长期的、系统的培训。

3. 培训系统

培训是一个过程，培训工作是有系统性的。任何一项培训活动必须先分析培训需求，确认有需求存在，再根据需求来制订培训计划和方案，然后再组织培训方案的实施，最后再回顾、评估，循环往复，形成一个完整的循环系统。否则培训效果将大打折扣，不仅达不到培训目的，还浪费大量的资源，增加饭店的运营成本。

(1) 分析培训需求。培训需求是指员工的态度、知识、技能未能达到饭店或部门对其要求的工作水平和行为标准，即员工的实际工作表现与饭店、部门的标准和要求之间的差距。而这些差距在实际工作中往往表现为部门运转中存在的各种问题。在开展培训之前必须认真分析培训需求，即要查找部门运行过程的问题或差错，但要注意不能把非培训需求视作培训需求。

(2) 制订培训计划。为了使培训工作有正确的方向和明确的任务，提高培训效果，必须制订科学的培训计划。培训计划一般应包括培训目标、培训对象、培训内容和方式、培训时间与地点、培训政策和措施、培训效果验收等基本内容。

(3)实施培训计划。有了培训计划即可根据饭店及部门的经营情况组织安排具体的培训工作。

(4) 评估培训结果。培训评估就是根据培训宗旨、培训目标以及培训标准,运用科学的评估手段,对培训活动的全过程及其结果进行评价、鉴别和监督。培训不仅要做好即时评估,还要进一步做好后期评估工作,即员工在岗工作期间的评估。后期评估一方面可以检查培训的效果,督导员工贯彻培训的具体要求,促其养成良好的职业习惯,另一方面还可以为以后的培训工作提供依据。

知识拓展 7-4

培训方法

◆ **讲授法** 讲授法是指由培训者对学员用讲授形式传播知识的方法,它是一种古老的教学方法,在饭店培训中较常采用。讲授法不受太多培训因素的限制,优点是时间集中,讲课不受干扰,传授知识也较系统。由于这种方法的支配者是培训者,属单向沟通,学员不能主动参与培训,对培训效果会有一定的影响。

◆ **案例研讨法** 案例研讨法就是把记录下来的案例让学员进行分析、研究,并提出自己见解的一种培训法。此方法着重启发和挖掘学员的分析、判断和决策能力,是一种省时而且有效的培训方法,运用此种方法关键是选择好适合学员实际的案例。一般要求采用有典型性、普遍性、实用性的案例,在培训时先让学员熟悉案例,使其身临其境、进入角色,做到理论和实际紧密联系,使学员有充分的感性认识,灵活地学习。案例法可以与演示法或模拟训练法同时运用,效果更好。

◆ **讨论法** 讨论法是由培训者提出讨论题,设定一定的限制条件,组织和引导学员开展讨论并给予指导,最终提出正确结论的培训方法。采取这种培训方法,优点是可以互相启发,调动学员的参与热情,促进学员积极思考,充分发表自己的见解,课堂气氛较民主;学员之间也可相互交流经验、体会,使学员向知识的广度和深度引进;同时可使培训者及时了解学员对所学知识的理解程度,达到集中时间培训多人的目的。此方法较适合管理人员的培训。

◆ **角色扮演法** 角色扮演法是模拟实际情境,让学员扮演某个与自己工作相关的角色,使其体验所扮演角色的感受与行为,从而改进和提高自己岗位的态度与行为的一种训练法。这是一种把学习和兴趣结合起来,带有一定游戏性质的方法,对管理人员、服务员都适用。

◆ **操作示范法** 操作示范法是一种为了使学员了解和掌握工作程序以及正确操作,在工作现场或模拟的工作环境利用实际使用的设备以及材料进行实际讲解、操作示范的培训方法,它是饭店员工岗前培训、在岗培训普遍采用的一种方法,常用于技能训练。

◆ **四步培训法** 四步培训法是指一项培训活动经过准备、讲解、实习、巩固这四个阶段,从而达到培训目标的方法。其特点是实践性强,培训者使用起来简单易行,学员容易掌握。如果培训的目标是为了提高学员的技能、能力,这种方法最为有效。

◆ **模拟训练法** 模拟训练法是指通过设置与实际工作相仿的环境、程序、设备进行操作演练,以提高学员分析问题、处理问题的能力,提高操作的熟练程度。这种培训方法实践性强,针对性也强,是技能培训的一种行之有效的方法。这种方法与操作示范法的区别在于后者强调的是培训主体，即培训者在培训中的主导作用；前者强调的是培训客体，即学员在培训中怎样扮演成实际工作的角色参加训练。

除上述的培训方法外，还有一些其他的培训法，如视听教学法、职务轮换法、参观考察法、自学指导法等。各种培训方法都有自己的优、缺点。培训者应用其所长，避其所短，灵活、适当地选用一种或几种方法。

知识拓展 7-5

培训技巧

培训技巧主要是指培训者的教学技能，一是培训者要掌握多种技能，包括讲授、提问、运用视听教具和沟通等；二是要针对不同的培训对象灵活发挥培训技能。培训过程中培训者技巧运用适当，可以使培训工作事半功倍，否则适得其反。下面以课堂讲授法为例简单作一介绍。

任何教学过程都包括准备、授课、总结几个阶段，而每一阶段的重点和技巧是有区别的。

首先在培训授课前要做好充分的准备。包括：了解、分析受训者的基本情况，制订授课计划，编写教案，准备好所需教具，选择好培训场地等。

其次进行授课。良好的开始是成功的一半。授课的第一环节是开场介绍，这时的关键是要激发员工的学习兴趣。有了兴趣，学习的效率就会大大提高。因此在介绍培训的必要性，告知授课的主题、培训的范围、目标和要求等内容时，应注意技巧的运用。通过开场介绍进入授课的第二阶段，即讲授正课的环节。这个环节培训者应根据培训的内容采取适合的技巧。如在知识性培训过程中，培训者在讲授时要注意逻辑顺序，由易到难，讲究层次步骤，利用提问、做游戏、练习等方法激励学员积极参与，让员工的思维跟着讲授的内容走。对讲授内容中最基本、主要的内容要反复加以强调，方便他们记忆掌握。而技能性培训在教学技巧上则与知识性培训有较大的区别。在技能性培训过程中，培训者在现场讲解操作理论与技术规范的基础上，必须亲自进行示范表演每一操作动作，并要求边示范边讲解；同时让员工模仿练习并反复演练，培训者则在现场观察，发现问题及时指正，直到学员熟练掌握技能为止。

最后作结尾总结。每一次授课完毕，培训者应把本次讲授的主要内容进行归纳总结，对员工学习情况进行必要的考核，肯定好的方面，指出不足之处，以激励员工学习和改进今后的培训。

思考与练习

1. 假设你是客房部经理，根据国家新的《劳动合同法》和新的休假制度，请你编制一份本部门劳动力调整的工作计划。

2. 你部门目前招收了 6 名客房清扫员，其中 4 名无任何工作经验，另 2 名在同星级饭店工作了一年以上的时间。假如你是客房部主管，你认为这些员工有无必要进行培训？如没有请说明理由，如有则请编制好培训计划。

3. 某四星饭店有客房 360 间，分布在 15 个楼层，楼层服务员白班每天的清扫定额为 10 间，夜班工作定额为 50 间。楼层不设服务台，客房部统一设客房服务中心（早、中班各 3 人，夜班 2 人）。所有员工实行每周 40 小时工作制，除法定节假日外，还可享受年休假 7 天，预计每位员工每年可能有 2 天病、事假。另外客房部楼层领班的工作定额为 72 间，按 1/3 的比例设主管岗位，预测年平均客房出租率为78%。请确定该饭店客房部楼层所需员工的数量。

项目二 客房设施设备成本控制

案例导入

一天，在某饭店客房浴室中发生了一件令人不愉快的事：客人本要在浴缸内洗澡，后来嫌浴缸不干净，就改用淋浴器冲洗。当客人把水温刚刚调好，由于浴室内温度低，便马上冲洗起来，过了一会儿，水温突然自行热了起来，客人的皮肤被烫伤了一块。他非常恼火，匆匆穿上衣服把客房楼层管理员喊来，提出申诉说："你们是怎么搞的？淋浴器根本不能用，你们对淋浴设备保养差，如果没有毛病故障，那绝不会中断冷水流出开水把我烫伤了！"管理员根本不买账，对着客人申辩道："我们饭店的热水温度最高是60℃，在通常情况下是不可能烫伤人体的。多半是由于你不注意，将水龙头开关的方向拧错了，以致放出大量热水。同时，当拧动开关后，还要等一会儿淋浴器流出来的水温才会相应发生变化……"客人听了非常恼火地阻止管理员再讲下去，抢着说道："你真是岂有此理，明明是淋浴设备失灵，反而倒打一耙，怪我不注意，我要找你们经理讲讲清楚，你们饭店要负责支付治疗费和赔偿费。"饭店经理后来在客人面前感到如果像管理员一样，继续和客人争论下去是无从解决问题的，于是采取息事宁人的态度，口头表示了歉意，并表示客人因烫伤而产生的医疗费用由店方负责。问题算是勉强解决了，但如果要消除隐患的话，看来还有不少文章要做。

分析：饭店提供给客人使用的设备设施必须是完好有效的。出现这一问题既造成该饭店经济上的损失，又在一定程度上影响了饭店的声誉，分析其原因主要有三：一是淋浴器维护保养不到位，由于水龙头的螺纹打滑，造成水龙头在使用过程中左右晃动，导致水温不稳定；二是饭店工程部对热水温度控制不严，水温过高，这样容易烫伤客人，留下安全隐患，又造成能源的浪费，增加成本开支；三是当客人提出申诉或索赔时，饭店服务员和管理人员未能正确迎合客人的心理，使用恰当的语言技巧，使事态恶化，带来不良的后果。

客房设施设备是客房产品的重要组成部分，是客房部员工赖以从事客房商品生产的物质凭借和技术保证，是饭店生产力水平的体现。客房设施设备在整个饭店的投入中占有很大的比例，因此，客房设施配置是否科学合理，运行是否有效正常，直接关系客房产品的整体质量，关系本部门的成本控制和饭店的经济效益。客房部必须加强对客房设施设备的科学管理，尽可能延长其使用寿命，提高其使用效率。

任务一：科学配置客房设施设备

一座现代化饭店的客房管理系统拥有的设施设备品种多，投资大，为了便于管理，首先要对它们进行必要的分类。根据设施设备的使用区域及范围，客房部的所有设备可分为客房设备和清洁设备两大类。客房设备主要是指在客房区域供客人使用的设施设备，包括家具、电器、卫生洁具、安全设施及其他设施；清洁设备主要是指客房部员工在从事清洁保养工作时所使用的各种设备，如房务工作车、吸尘器、洗地机、洗地毯机、吸水机、打蜡机、抛光机、高压水枪等。

一、客房设施设备的选配

设备的选配，是客房设备管理的第一个环节，每个饭店要根据自身的实际情况，确定客房设备的选择标准，目的是为了选购技术上先进、经济上合理、适合饭店档次、有利于提高工作效率和服务质量、能满足客人需求的各种设备。在选配时要综合考虑饭店本身及设备方面的因素。

1. 饭店方面的因素

(1)饭店客源市场。客房设施设备在选配时必须充分考虑到本饭店客源市场的需求，特别是目标客源市场的需求。如商务饭店的目标客源就是商务客人，大部分客房在设施设备的选配上就应充分考虑商务客人住宿的需求。当然有些客房也可根据非目标客源市场的需求进行配置，以增加客房周转中的灵活性和机动性。

(2)饭店建筑装饰风格。为了饭店的整体协调，在选配客房设施设备时必须与饭店的建筑装饰风格相一致。

(3)饭店的档次。不同档次的饭店在设施设备的配置上有较大的区别，因此在客房设施设备的选配上应考虑自身的档次，既要和饭店星级匹配，又要满足饭店运营的需要。

(4)饭店的财力。饭店财力是影响客房设施设备选配的一个非常重要的因素。一般来说饭店资金雄厚，设施设备可选择高档些，配备也可以比较齐全，但这不意味着资金困难的饭店就可以降低要求与标准。总体上应从需要的角度，将饭店资金进行科学合理的投入与使用，以发挥其最大的效用。

(5)社会服务情况。随着人类社会的进步与发展，社会分工越来越细化，饭店也不再是过去的“小而精”的独立王国式的运作模式，不少服务功能逐步社会化。因此各饭店在客房设施设备的选配过程中还应考虑自身服务功能社会化的具体情况。

2. 设备方面的因素

(1)设备的适应性。适应性是指客房设备既要适应多数客人的需要，又要适应饭店的等级和档次，与客房格调一致，且造型美观，款式新颖。

(2)设备的方便性。客房设备、清洁设备主要是供客人或员工直接使用的，因此设备的使用简便尤为重要。当然设备的方便性一方面是指使用方便灵活，另一方面是指设备应易于清洁保养和维修。

(3)设备的节能性。节能性是指设备有效利用能源的性能。设备的选择要考虑节能效果，即选择那些能源利用率高、消耗量低的设备。有些设备虽然前期投入较少，使用方便而且美观，但如果耗能太大，饭店还是要谨慎选用。

(4)设备的安全性。安全是人的基本要求。客房设施设备在选择时应充分考虑其自身的安全特性。如家具饰物的防火阻燃性、冷热水龙头的标志、电器设备的自动切断电源装置、清洁设备的安全保护装置等。此外，商家的售后服务质量也是设备安全的重要保证。

(5)设备的成套性。成套性是指设备的配套程度。客房产品本身就是由房间、家具、电器设备、卫生设备、安全设备、装饰用品和生活用品等部分有机组成。因此要求所有的设备、用品布局合理，配置得当，并要配套成龙。

(6)设备的环保性。环保性是指设备的噪声和排放的有害物质对环境的污染在不影响人与环境的范围内。噪声、有害物质的排放会影响客人的休息，损害人体健康，污染环境。

因此，从饭店的社会效益角度，选择设备时应考虑其消声、隔音装置或配以净污等附属设备。

二、客房设施设备的购置

一旦确定了客房设备的种类、数量、规格等要求，客房部就要形成具体的设备购置计划，并经有关部门批准交由采供部负责具体的采购工作。采购过程中，一要注意选择供货商，要充分了解供货商的声誉、售后培训维修保养能力、零配件的供货情况、产品尺寸的标准性等；二要注意设备的使用寿命、价格等，但在价格上不能一味地盲目追求低价，在考虑价格的同时还要进一步考虑其他因素，综合考虑设备的性价比；三要注意所有设备采购进店必须由客房部相关人员检查验收，客房部管理者必须把好验收关。

任务二：有效控制设施设备服务期成本

设备投入运行，开始为客房部营业出力的时期，称为设备服务期。设备的服务期是设备以最经济的费用投入，发挥其最高综合效能的重要时期，抓好这一时期的管理不论从经济上还是技术上，对提高双重效益都有重要意义。

一、设施设备资产管理

设备服务期管理首先进行的是资产管理，目的是让管理者明确本部门的设备资产情况，正确掌握设备的进出和使用状况。

1. 设施设备分类编号

饭店设备的资产管理实际上是从新进设备的分类编号开始的。凡是正式划归客房部管理和使用的设备，都要进行统一编号。设备一般可按功能进行分类，编号既可用数字，也可用英语字母或汉语拼音，主要视饭店的需要而定。具体方法有：

(1)三级号码制。是指客房设备的编号用三个数字或字母来确定。第一个号码表示设备的种类，第二个号码表示设备所处的区域，第三个号码表示设备的单机排列序号。

(2)四级号码制。设备按大类、小类、区域组别和单机序号来编排。

(3)五级号码制。设备按大类、中类、小类、区域组别和单机序号来编排。

2. 设施设备的登记、建档

(1)客房单一设备登记、建档。建立设备档案是分析和研究设备服务期维护修理规律、收集积累原始信息材料的重要工作，它能为客房设备的使用、保养、维修和更新改造提供方便。当完成对客房设备的分类编号后，客房部就要为新进设备建立档案。建档工作主要通过设备登记卡(见表 7-5)和设备台账来完成。

设备登记卡主要记载设备的名称、型号、编号、规格及制造厂家等，并附有检修保养记录和事故记录。然后根据设备登记卡填写设备登记表，并在客房部固定资产台账上作相应的记录。设备登记卡和台账是设备计划检修和确保设备正常运行的重要依据，也是设备技术改造、报废、财产清查的主要依据。

表 7-5(a)　设备登记卡(正面)

设备名称		设备编号	
设备型号		设备规格	
安装日期		出厂年月	
安装地点		出厂编号	
设备重量		制造厂名	
设备材料		设备原值	
保养周期		已提折旧	
电机功率		设备净值	
额定电压		设备图号	
额定电流		使用说明书	册
额定转速		技术资料	份
工作介质		使用年限	年,从　年　月始
附件:		备注: 填写日期	

表 7-5(b)　设备登记卡(背面)

检修记录					
日期	修前存在问题	修后情况	修理费用	检修人	记录凭证号

事故记录			
日期	事故原因	损坏情况	记录单号

(2)客房登记、建档。饭店的每套客房都可认为是为客房服务的独立设备,因此,除了为每一套机器设备进行分类编号、建立档案外,还应为每套客房设立一张客房设备档案,而房间号码就可作为它的编号,这有利于掌握客房设备和其他设备的完好程度及返修情况。

1)客房设备档案。首先对饭店每一客房的设施设备进行认真仔细的清点,然后按照家具、电器、卫生洁具、安全设施及其他设施等项目在表格内逐一进行登记(见表 7-6)。

2)客房装修资料。楼层、客房装修设计图及照片资料,表明饭店共有多少类型客房,其确切的分布情况、功能设计及各种客房的设计图、布局图等。客房装饰情况表(见表 7-7)主要记录客房家具、地毯、建筑装饰材料等,并注明规格特征、制造商及装饰日期等,有的材料最好留下实物样品。

以上资料要根据客房的变化予以补充和更新,否则将逐渐失去其意义。

3)工作计划表。客房部应编制工作计划表,具体安排客房设备设施的大修理和更新改造项目、房号或区域、日期等。

表 7-6 客房资产登记表

楼层:______ 区域:______ 房号:______ 时间:______

分 类	项 目	数 量	规 格	启用日期	备 注
家具	床				
	床头柜				
	……				
电器	电视机				
	冰箱				
	……				
卫生洁具	恭桶				
	洗脸台盆				
	……				
安全设备	烟感				
	自动喷淋				
	……				
其他					

表 7-7(a)　客房装饰情况表(家具饰物)

楼层:__________　　　　区域:__________　　　　房号:__________

项　目	规　格	制造厂家	日　期
床			
床头板			
床头柜			
沙发			
衣柜			
行李柜			
电视机柜			
桌子			
椅子			
茶几			
灯具			
镜子			
装饰画			
其他			

表 7-7(b)　客房装饰情况表(织物、地毯)

楼层:__________　　　　区域:__________　　　　房号:__________

项　目	规　格	制造厂家	日　期
窗帘:装饰帘 遮光帘 厚窗帘			
窗罩			
沙发			
椅子			
浴帘			
地毯			

表 7-7(c)　客房装饰情况表(建筑装修)

楼层:________　　区域:________　　房号:________

项　目	规　格	制造厂家	日　期
天花板			
墙面			
空调饰板			
窗架			
房门			
卫生间门			
门框			
窗框			
其他			

表 7-7(d)　客房装饰情况表(卫生间)

楼层:________　　区域:________　　房号:________

项　目	规　格	制造厂家	日　期
天花板			
墙面			
镜子			
梳妆台			
地面			
附件			
其他			

二、设施设备的使用、维护保养

设施设备的正确使用和维护保养,是客房设备管理两个不可分割的环节。合理使用、妥善保养各种设备,可以保证客房产品处于正常完好的状态,有利于提升饭店的服务品质,也可以延长设备的使用寿命,相对降低设备的成本消耗。

1. 设施设备的使用管理

(1)建立完善的设备使用制度。客房部应制定设备使用的规章制度,包括设备使用操作规程、设备维护规程、操作人员岗位责任制、交接班制度、日常检查制度等。各项规程要落实到班组和个人,定机定人,使全体员工在制度的约束下,按规程操作,管好、用好、养好设备,完成工作任务。

(2)加强对客房部服务人员的培训。对客房服务人员进行必要的培训,使他们掌握设备操作的方法与技巧，以便及时准确地为客人服务，避免因客人不会使用或使用不当而造成设备的损坏。

(3)合理安排客房的周转率。各种设备是根据不同的科学技术原理设计制造的，其性能、运行负荷、使用范围等都有一定的要求。因此，客房部应科学合理地安排、控制客房的周转率，确保设备合理的工作负荷。

2. 设施设备的日常保养

对饭店设备设施保养不善不仅会缩短设备的使用周期，还会直接影响对客服务质量，甚至引起宾客的投诉。因此，客房员工必须掌握各种设备的保养知识和方法，养成良好的使用和保养习惯，做好设备的日常保养工作。

3. 设施设备的日常检修

客房服务员在日常工作中要按规程对设备进行日常检查，发生故障要及时和有关部门进行联系，如遇宾客损坏设备，要分清原因，适当索赔；工程部员工在客房设备运行中也要按计划规定的时间，对客房设备进行全面的检查，以便及时发现问题，及时修理或保养，以保持设备良好的技术性能，更好地发挥其应有的功能。

知识拓展 7-6

家具的使用和保养

◆ 床的使用和保养

➢ 定期翻转调换床垫，一般每季度翻转一次。

➢ 床垫经常通风透气。

➢ 经常检查床垫弹簧的固定钮是否脱落。

◆ 其他木质家具的使用和保养

➢ 家具放置一般要距墙 5～10 厘米，经常通风换气。

➢ 不能用带水的抹布擦拭家具，不要把受潮的物品放在木质家具上。

➢ 不能让家具接触碱水或酸性清洁剂。

➢ 过热的器皿不要直接放在上面，要用托盘或垫碟隔热。

➢ 避免太阳曝晒或靠近暖气片。

➢ 使用时间较长的家具，须定期打蜡上光。

知识拓展 7-7

电器的使用和保养

◆ 电视机

➢ 放在通风良好的地方，位置距墙 5 厘米以上。

➢ 切勿将电视机置于高温、潮湿之处，避免阳光直射到电视屏幕上。

➢ 将各频道播放的节目调至最佳效果，使客人按键即可收看。

➢ 电视机的插座接头要安全可靠，电源线不能有裸露的地方。

➢ 非专业人员不得打开机箱后盖。

➢ 雷雨天气最好不要打开电视机，并将天线和电源插头拔下。

➢ 电视机长期不使用，应每月通电一次，一次至少一小时。

➢ 电视机要轻搬轻放，切勿碰撞。
➢ 用柔软的干布擦净机壳和屏幕的灰尘。

◆ 电冰箱

➢ 搬动时不许将电冰箱倒置，要防止剧烈震动。
➢ 放在通风的地方，不要让太阳直射，背部离墙10厘米以上。
➢ 冰箱顶部严禁放置其他电器和物品。
➢ 热的物品不能放入冰箱。
➢ 尽量减少开门的次数，缩短开门时间。
➢ 冰箱内外部都要保持清洁。
➢ 断电后不能马上通电，至少要等5分钟。
➢ 电冰箱使用要保持连续性，不可日开夜停，冬季也不宜停用。
➢ 及时除霜。

◆ **空调器** 饭店常用的空调器有两大类，即中央空调系统和分体空调系统。中央空调系统的保养工作一般由饭店工程部负责，以下介绍的是分体空调的使用和保养。

➢ 经常给房间通风，不要让阳光直射空调器。
➢ 要有单独的电源线，不可用铁丝、铜丝或其他物品取代保险丝。
➢ 切勿用水冲洗机器。
➢ 室内温度调节不可过冷或过热。
➢ 定期清洗空调器表面和进风过滤网。
➢ 定期检修，添加冷冻液、润滑油等，以延长使用寿命。
➢ 长期不使用时，应拔下电源插头。

◆ 灯具

➢ 电源要防潮，插座要牢固。
➢ 电线表面无破损，安装要相对隐蔽，外露电线必须整理好。
➢ 擦拭灯具尤其是灯泡、灯管时，需切断电源，用干软布擦拭。

知识拓展 7-8

卫生洁具的使用与保养

➢ 经常擦洗保持清洁卫生。
➢ 擦洗洁具一般选用中性清洁剂，慎用强酸或强碱清洁剂。
➢ 不能使用粉状清洁剂擦洗洁具。
➢ 浴缸、面盘的下水塞和下水口需定期清洁，并进行杀菌消毒。
➢ 注意防止水龙头或淋浴喷头滴水、漏水。

任务三：设施设备的更新改造与报废

设备由于磨损或某些系统设备配置不合理，适应不了市场的需要，无法满足客人的需求，为了维护饭店的形象，必须对设备进行更新、技术改造或报废处理。

一、设施设备的改造更新

设备的改造是指通过采用国内外先进的科学技术成果改变现有设备相对落后的技术性能，提高节能效果，改善安全和环境特性，提高经济效益的技术措施；更新是指以经济效果上优化、技术上先进可靠的新设备替换原来的在技术和经济上没有使用价值或价值较低的老设备。

设备无论是由于有形磨损还是无形磨损，饭店为了保证其规格档次和格调一致，保持并扩大对客源市场的影响力，多数都要对客房进行计划中的改造更新，对一些设备用品实行强制性淘汰。在改造更新设备时，客房部要协助设备部门进行拆装，并尽快熟悉新设备的性能和使用保养方法。这种更新计划往往包括：

1. 常规修整

这项工作一般每年至少进行一次。其中包括：地毯、饰物的清洗，墙面的清洗和粉饰，常规检查和保养，家具的修饰，窗帘、床罩的洗涤，油漆等。

2. 部分更新

客房使用达3～5年时，即应实行更新计划，它包括：更换地毯、墙纸、沙发布、靠垫、窗帘、帷幔、床罩及清洁设备的某些部件等。

3. 全面更新

这种更新往往10年左右进行一次。它要求对客房陈设、布置和格调等进行全面彻底的改变。其项目包括：家具的更新，电器的更新，地毯的更新，装饰品的更新，墙纸、卫生间设备的更新等，有的甚至对客房的功能布局等都会作较大的调整。清洁设备则往往根据其使用寿命而定。

以上所列的计划各饭店可根据具体情况予以提前或延期进行。但提前进行设备的更新，势必缩短原有设备的折旧期限，增加折旧额度，增加了运营成本费用的支出，而且更新设备又造成新资金的投入。若延期更新则可以减少运营成本支出，但要警惕可能出现补漏式的跑马工程和饭店服务水准的下降或不稳定。

二、设施设备的报废处理

对客房部更换下来的设备进行报废管理也是控制设备成本的重要环节。客房设备的报废，首先由客房部提出申请，由工程部会同有关技术单位进行技术鉴定，确认符合设备报废条件后，填写设备报废鉴定书(见表7-8)。价值较大的设备，应经总经理批准，由设备管理部门组织对报废设备进行利用和处理，报废设备残值回收凭证应随饭店领导批准的报废意见同时送交财务部门，注销设备资产，同时注销台账卡片。设备报废的各项手续、凭证，必须存入设备档案。

表 7-8　设备报废鉴定书

填表部门：__________　　　　　　　　　　　　　　　　填报日期：__________

<table>
<tr><td colspan="2">设备名称</td><td colspan="2"></td><td colspan="2">使用年限</td><td>年</td><td colspan="2">折旧率</td><td>%</td></tr>
<tr><td colspan="2">设备编号</td><td colspan="2"></td><td colspan="2">已使用年限</td><td>年</td><td colspan="2">已提折旧</td><td>元</td></tr>
<tr><td colspan="2">型号</td><td colspan="2"></td><td colspan="3">已大修次数和费用</td><td colspan="2">次</td><td>元</td></tr>
<tr><td colspan="2">规格</td><td colspan="2"></td><td colspan="3">原值</td><td colspan="2"></td><td>元</td></tr>
<tr><td colspan="2">制造厂</td><td colspan="2"></td><td colspan="3">净值</td><td colspan="2"></td><td>元</td></tr>
<tr><td colspan="2">出厂日期</td><td colspan="2"></td><td colspan="3">预计清理费</td><td colspan="2"></td><td>元</td></tr>
<tr><td colspan="2">安装日期</td><td colspan="2"></td><td colspan="3">预计残值</td><td colspan="2"></td><td>元</td></tr>
<tr><td rowspan="5">鉴定意见</td><td colspan="3">设备现状和报废理由</td><td colspan="6"></td></tr>
<tr><td colspan="3">技术鉴定意见</td><td colspan="6"></td></tr>
<tr><td colspan="3">报废后处理意见</td><td colspan="6"></td></tr>
<tr><td colspan="3">设备管理部门意见</td><td colspan="6"></td></tr>
<tr><td colspan="3">饭店领导批示</td><td colspan="6"></td></tr>
<tr><td colspan="4">清理费用</td><td colspan="6">残值回收</td></tr>
<tr><td>日期</td><td>凭证号</td><td>费用项目</td><td>金额</td><td>日期</td><td>凭证号</td><td>回收项目</td><td>数量</td><td>单价</td><td>金额</td></tr>
<tr><td></td><td></td><td></td><td></td><td></td><td></td><td></td><td></td><td></td><td></td></tr>
<tr><td>合计</td><td></td><td></td><td></td><td></td><td></td><td></td><td></td><td></td><td></td></tr>
</table>

客房设备是客房部员工赖以从事客房商品生产的物质凭借和技术保证，离开了必要的设备，客房服务就成了无源之水、无本之木，提高服务质量也就无从谈起。同时在饭店运行中，和设备相关的各种费用在服务费用中占的比例不断增加，因此，加强客房部设备的管理，可以节约不必要的开支，消除各种浪费，并保持设备的完好状态，有利于提高饭店的经济效益，保证客房商品经营活动的正常进行。同时，由于人类生存环境不断被破坏，在设备管理活动中应充分考虑设备对环境可能造成的不良影响，做到绿色消费。

思考与练习

1. 请说明客房设备管理与部门成本控制之间的关系。

2. 以你所在地区的饭店在客房设施设备配置、改造和保养工作为调研课题，写一篇小论文。

项目三 客房用品成本控制

案例导入

某饭店客房内放有三张环保卡片

其一,上面写着:

尊敬的宾客:

如果您在打点行李时忘了带洗漱用品(牙刷、牙膏、剃须刀、梳子等),只要给客房部打个电话(分机88),我们将立刻免费给您送来。

其二,是放在卫生间的一张卡片,上面写着:

尊敬的宾客:

在世界各地千万家饭店中所使用的毛巾每天都要更换、清洗,因此而耗用数以吨计的清洁剂,对我们的水资源造成了巨大的污染。通常我们都对客用毛巾进行换洗,如果您觉得需要换洗,请将它们放在浴缸内或梳妆台下的藤筐内,否则表示您将继续使用,我们将为您挂放整齐。谢谢您对环保的支持!

其三,是放在床头柜上的卡片,上面写着:

尊敬的宾客:

通常我们每天都对宾客的床单进行换洗,如果您觉得有必要更换床单时,请将此卡片放在床上。感谢您对饭店绿色行动的支持。

分析:随着人类环境的日益恶化,环境保护逐渐成为人们关注的焦点,许多饭店也开始加入创建绿色饭店的活动。上面三张环保卡片只是这些饭店中最为通行的一种环保措施,目的在于引导宾客进行绿色消费。通常情况下,读过这种卡片的宾客都会配合,至少可以了解这是一种关注人类的高尚行为,进而接受这种做法,使之成为宾客一种自觉的行为。

根据客房物资的使用年限和价值一般可分为客房设备和客房用品两大类。使用年限较短、价值不高的物资往往划归为客房用品一类。根据用品的使用对象和使用场所,客房用品又可分为客用物品和服务用品两类。客用物品是指提供给客人住店期间使用的用品;服务用品主要是指对客服务所要使用的各种用具和清洁剂。本项目主要就客用物品的管理作一阐述。

任务一:布草成本控制

客用物品按其消耗形式可以分为一次性消耗品和多次性消耗品两大类。多次性消耗品是指客房内所配备的可供多批客人使用、正常情况下不会在短期内损坏或消耗的物品,其价值补偿要在一个时期内多次逐渐完成,这类物品亦可称客房备品或客用固定物品。它们有的摆放在客房内,有些则由客房部办公室或客房服务中心保管,仅供客人在住店期间使用,它们不能被损坏或在离店时带走。如客房内的布草、水杯、酒具、文件夹、烟缸、衣架等。

布草又称为布件、布巾或棉织品,它属于多次性消耗品,也是客房的备用品。在饭店的经营活动中,布草不仅是一种日常生活必需品,也是饭店客房装饰布置的重要物质,对客房的格调、气氛起着很大的调节作用。由于客房布草使用量大,周转频繁,接触面广,如何在使用过程中保持布草的高品质要求,延长布草的寿命,降低成本消耗,对提升服务品质和提高经济效益都具有特别重要的意义。因此以下以布草为例阐述多次性用品的成本管理与控制。

一、布草的选购

选购工作是做好布草成本控制的首要环节。能否选配到舒适美观、经济耐用、易保养的布草,对布草的使用质量、使用寿命和日常管理费用等都有决定性影响。在布草配置时应根据饭店的风格、档次、资金情况,从质量、数量、价格等方面充分把好布草的选购工作。

1. 布草的选择

(1)布草质量。参照《星级饭店客房客用品质量与配备要求 LB/T003—1996》,床上布草其质量一般有以下要求:一般选用全棉或棉涤床单、枕套,以白色为主,素色以不退色为准,布面光洁,透气性能良好,无疵点,无污迹。卫生间布草质量一般有以下要求:全棉,以白色为主,素色以不退色为准,无色花,无色差,无污渍,无明显破损性疵点,手感柔软,吸水性能好。两者都应符合 FZ/T 62006 的规定。

(2)布草数量。配置布草时首先要确定客房的单房配备量和总数量两大指标。确定布草单房配备量时要考虑饭店的档次、资金情况以及维护正常客房运转的需要。各饭店由于规模、档次、客房出租率和洗涤条件不同,布草的配备数量有所差异,一般每间客房应配备3.5～5.5 套。自设洗衣房的饭店每间客房至少配备 3.5 套,其中一套在客房,一套在楼层布草房或工作车上,一套在洗衣房,另外半套在中心库房,而店外洗涤布草的饭店由于不确定因素增加,为了保证客房运转的需要,则应配备 4.5～5.5 套。确定单房配备量后,整个客房部应按客房 100%的出租率来配备布草的总量。

(3)布草规格。布草大小和重量的规格应合适,过大过小都不可以,过大既浪费投入又不方便工作,过小则影响到客房的整体效果及品质。具体标准可参照行规执行,同时根据本饭店的实际情况做相应的调整。如卫生间布草即可参照《星级饭店客房客用品质量与配备要求 LB/T 003—1996》,根据饭店自身的星级档次来确定其规格。而床上布草的规格也可以根据公式进行计算,如床单、枕套、被套的规格大小就可根据床垫和枕芯的大小尺寸进行计算:床单长度(宽度)= 床垫长度(宽度)+2×床垫厚度+30 厘米 +缩水率;枕套、被套一般要求比枕芯和被子长宽各多出 5 厘米左右,如果枕套要长出一部分朝内反折包住枕芯,枕套的长度须多出 20～30 厘米。

(4)布草价格。选择布草的价格,一方面要结合饭店的档次及资金情况,另一方面对供应商及相同商品进行多角度的对比,以寻求最合理的价格取向。

2. 布草采购

布草采购并不是简单地看样订货,科学合理地做好布草的采购工作,可在满足客房运转需要的同时,减少浪费、节约成本。

(1)确定采购品种。不论是即将开业的新饭店添置布草,还是已运营饭店更新、补充布草,首要的工作就是确定需采购布草的品种。

(2)核定采购量。新开业饭店应根据行业标准及饭店档次、特色、规模、资金状况、库存条件等合理确定采购量。老饭店需更新补充的布草应严格按程序和消耗定额来确定采购量。

(3)检查落实库房。布草存放有很高的要求,在采购之前应充分考虑库房的货架、存放空间等条件,做到有备无患。

(4)产品咨询和检验。饭店布草生产厂家很多,在众多厂家中找寻适合者是一项不容忽视的工作。采购前可让厂家提供布草样品,由饭店进行技术检测,如将床单进行多次的洗涤,将窗帘等进行燃烧试验。对一些量大的布草可以采取招标的方式进行采购。

(5)报价。在产品咨询和检验的基础上,接受最合理的价格,尽量减少中间环节,设法以较少的投入获得较好的效益。

(6)填写采购申请单。在上述工作的基础上,客房部经理填写好采购申请单,并送交财务部审核。采购申请单上应详细列出布草名称、数量、规格式样、质量要求、价格参数、供货时间等,并注明要求提供布草样品。

知识拓展 7-9

布草质量的具体要求

◆ **纤维质量** 纺织纤维可分为天然纤维和化学纤维两大类,选择时应根据布草的使用区域及功能要求挑选纤维种类。如床上用品要求透气性好、手感舒适,卫生间布草要求吸水性强、耐用,据此可以选择天然纤维。而窗帘、床罩等要求质感挺括、牢度强、下垂感好,可选用化学纤维或棉麻的混合纤维。同时客房布草宜选择纤维长的织物,因为长纤维纺出的纱线均匀、光滑、强度好,织成织物后细腻、光滑、舒适,摩擦后不容易起球。

◆ **纺织方法** 织物的纺织方法有针织、纺织、黏结等三种。纺织方法不同,织物的视觉效果和触摸效果会有很大的差异。在选择客房布草时,应从使用者的角度去选择相应的纺织方法,使之既能满足视觉效果,又能保证使用效果。如纺织物表面光洁、手感舒适,因此客房床上布草多选择纺织方法织成的织物;因吸水效果的需要,卫生间均采取先平纹再刺绒的方法,同时要考虑织物的密度。密度是指纺织品在同样面积内纱线排列的疏密程度,密度高相对牢度就比较强,缩水率也会比较小。

◆ **制作工艺** 制作工艺不仅影响使用效果,也影响布草应有的品位效应。选用客房布草时要仔细检查缝制的方法、针脚的匀称度和使用的缝线材料等。

◆ **布草样式** 布草样式对客房的档次、品位影响较大。选择时应注意两点:一是要与客房的整体风格和装潢的档次、品位相吻合;二是要方便宾客的使用与服务员的操作,否则会人为造成损坏,缩短使用寿命,相对增加成本开支。

知识拓展 7-10

饭店布草分类

◆ **按使用部门及用途,饭店常用布草可分为**

➢ 客房布草。是指在客房区域使用的各种布草。主要有:

——床上布草,包括床单、枕套等;

——卫生间布草,包括方巾、面巾、浴巾、地巾等,由于它们基本上属毛圈织物,故都可称为毛巾。

➢ 餐厅布草。是指在餐饮部门使用的各种布草,如台布、餐巾、小毛巾等。

➢ 其他布草。是指在饭店其他部门使用的各种布草,如康乐部的各类毛巾、浴袍、按摩椅套、按摩服等。

➢ 装饰布草。如窗帘、椅套等。

◆ **按质地,饭店常用布草可分为**

➢ 棉织物。如客房内的各种布草。

➢ 麻织物。如餐厅台布和餐巾等。

➢ 丝织物。如客房的装饰物或豪华客房的睡衣、睡袍等。

➢ 混纺织物。主要有棉麻混纺织物和棉涤(聚酯)混纺织物。前者主要用于餐厅台布和餐巾的制作;后者耐洗性好,抗张强度高(抗张强度是指2.5厘米×7.6厘米即1×3英寸见方的纤维织块所能承受的撕扯力),一般是棉织物的3~5倍,比棉织物更耐用,不易缩水,贮存条件要求不高,不易霉变,不易被腐蚀,较挺刮、平整,因此,现在不少饭店的床上布草都使用棉涤织物。

二、布草的日常管理

1. 确定布草的消耗定额

客房运营过程中需陆续更新补充布草,制定客房布草消耗数量定额,是加强布草成本控制的重要措施之一。

(1)根据单房配备量,确定年度损耗率。

1)确定损耗率应考虑的因素。损耗率就是指布草在一定时期(一般为一年)的磨损程度。确定损耗率要考虑两点:一是布草的洗涤寿命,一般全棉床单的耐洗次数为250次左右,棉涤床单的耐洗次数为450次左右,毛巾约为150次;二是饭店的规格等级要求,一般豪华饭店的布草在六成新即行淘汰改作他用,而经济型饭店则可能到破损才会淘汰。

2)损耗率的计算。具体方法见下例。

例1 某饭店床单客房单间配备为4套,每套两张,床单每天一换,其洗涤寿命为300次,试确定该饭店床单的年度损耗率。

计算如下:

每张床单实际年使用次数:360天÷4(套)=90(天)

如果床单每天一换,则每年的实际洗涤次数为90次

每张床单的实际使用年限:300次÷90次=3.3(年)

年度损耗率:1÷3.3=30%

(2)根据年度损耗率确定客房布草消耗定额。

布草消耗定额计算公式为:$A = B \times X \times F \times R$

公式中:A为单项布草年度消耗定额;B为布草单房配备张数;X为客房数;F为预计的客房年平均出租率;R为单项布草年度损耗率。

例2 上例饭店有客房200间,预计客房平均出租率为75%,求床单的年度消耗定额。

根据上述公式计算得:

$$
\begin{aligned}
A(\text{床单}) &= B \times X \times F \times R \\
&= 4 \times 2 \times 200 \times 75\% \times 30\% \\
&= 360(\text{张})
\end{aligned}
$$

布草的消耗定额往往在部门编制下年预算时加以确定,并结合预算管理工作进行有效的控制。

2. 布草的日常使用和管理

(1)把好验收质量关。客房部管理者应对新购进的布草进行验收，收货时必须开箱验货，除仔细检查布草的品种、数量、规格、质地外，还必须抽查、送洗对比，确保产品与样品的一致。

(2)合理使用，防止二次污染。在日常使用过程中，除客房在用的布草之外，工作车、楼层布草房、中心布草房分别存放多少，摆放位置、格式要求等都应有规定，以减少浪费。同时应采取各种有效措施严格控制布草的二次污染。所谓二次污染是指布草撤换下来之后，在收集、运送的过程中造成的新污染。二次污染不仅增加了布草洗涤的难度，加大了洗衣房的工作量，而且由于过多使用洗涤剂，增加了洗涤成本，也造成布草纤维的更大损伤，加速了布草的损坏，人为缩短使用寿命，相对增加了客房部的成本开支。

(3)建立布草收发制度。客房部布草的领用收发原则上是以脏换净，即客房部填表列明送洗脏布草的品种、数量，洗衣房收到后由指定人员清点复核，在“布草换洗单”(表 7-9)上签字认可，客房部员工凭此到中心库房领取相同品种和数量的干净布草。如果客房部需超额领用，应填写借物申请，经有关人员核准方可。如果中心库房发放布草有短缺，也应开出欠单作凭证。中心库房在控制好布草进出数量关的同时，应把好质量关，在每天收点或叠放布草时，将有污迹、有破损的拣出，及时送还洗衣房重洗或作报废处理。

表 7-9　客房布草换洗单

______年______月______日

<table>
<tr><th>项目
数量</th><th>床单</th><th>枕套</th><th>面巾</th><th>地巾</th><th>方巾</th><th>大浴巾</th><th>小浴巾</th><th></th></tr>
<tr><td rowspan="2">收到数</td><td rowspan="2"></td><td rowspan="2"></td><td rowspan="2"></td><td rowspan="2"></td><td rowspan="2"></td><td rowspan="2"></td><td rowspan="2"></td><td>收发员</td></tr>
<tr><td></td></tr>
<tr><td rowspan="2">发还数</td><td rowspan="2"></td><td rowspan="2"></td><td rowspan="2"></td><td rowspan="2"></td><td rowspan="2"></td><td rowspan="2"></td><td rowspan="2"></td><td>值台员</td></tr>
<tr><td></td></tr>
<tr><td>备注</td><td></td><td></td><td></td><td></td><td></td><td></td><td></td><td></td></tr>
</table>

(4)减少洗涤次数，提高洗涤质量。减少洗涤次数就可以降低洗涤成本，又可以延长布草的使用期限(因为布草的寿命是有限的)。因此在布草的使用过程中，可结合绿色经营的要求，通过摆放环保卡的方式，建议客人重复使用。提高洗涤质量也有利于布草的成本控制，因此对布草的洗涤方法、洗涤程序、洗涤剂、水位水温与洗涤时间等的选择都应慎重。

(5)建立盘点制度。布草需定期进行全面盘点，通过盘点，了解布草的使用、消耗、库存情况，发现问题及时处理。盘点工作通常为一月一小盘，半年一大盘。大盘点由客房部会同财务部进行，在此基础上进行统计分析(见表 7-10)。

表 7-10 布草盘点统计表

制表人＿＿＿＿　　　　　　　　　　　　＿＿＿＿年＿＿＿月＿＿＿日

使用情况 / 项目	客房	楼层布草房	洗衣房	中心布草房	上次盘点	本月增加量	总计	报废	应存数	实存数	盘盈	盘亏	备注
床													
枕套													
面巾													
地巾													
方巾													
大浴巾													
小浴巾													
浴袍													

三、布草的贮存和保养管理

1. 布草的贮存管理

(1)库房墙面应经过良好的防渗漏、防霉蛀处理，地面材料最好采用 PVC 石棉地砖。

(2)库房具有良好的温湿度和通风条件。温度以不超过 20℃为佳，湿度不大于 50%，最好能控制在 40%以下。

(3)经常查库，通风晾晒，并放入干燥剂和防虫剂，以免变质。

(4)防止外来人员随意出入，经常清洁整理，定期进行安全检查。

(5)布草要分类上架摆放并附货卡。

(6)布草房不应存放其他物品，特别是化学药剂、食品等。

(7)对长期不用的布草应用布兜罩住，防止积尘、变色造成二次污染。

2. 布草的保养

(1)尽量减少库存时间，备用布草一次不宜购买太多，使用时应遵循“先进先出”原则。

(2)新布草应洗涤后再使用。

(3)洗涤好的布草不应立即投入使用，应搁置一段时间(24 小时)后再使用，但搁置时间不能过长，以免人为造成二次污染。

四、布草的报废和再利用

对破损、有无法清除的污迹以及使用年限已满的布草应及时进行报废处理。提高对报废布草的再利用可以降低布草的成本开支。如床单有破洞或脏迹不容易去掉，可将它剪成小块做成枕套；当枕套报损后改作抹布，因为用报损的枕套来擦尘，其纤维少，擦尘效果好；大毛巾可改小手巾，小毛巾可改为抹布。一般一个季度做一次抹布，将做剩下的报废布草进行打包，做好记录，存放到仓库。由于饭店库房空间有限，无论是新布草还是报损布草都应经常整理。除了将报废布草改做他用之外，还可将破损布草划价卖出，这样既可以回收部分资金，又可以减少空间占用。当然布草报废应有严格的核对审批手续。一般由中心库房主管核对并填写"布草报废单"(见表7-11)，报洗衣房主管或相关人员审批。

表7-11　布草报废单

填报人：________　批准人：________　______年______月______日

报废原因	数量							报废总数
	床单	枕套	面巾	地巾	方巾	大浴巾	小浴巾	
年限已到								
无法缝补								
无法去迹								
其　他								
合　计								

任务二：低值易耗品成本控制

客用低值易耗品亦称一次性客用品、客房日耗品或免费供应品等，是指在客房内配备的供客人住店期间使用消耗、也可在离店时带走的物品。低值易耗品是一次消耗完毕，一次性完成价值补偿的，如茶叶、卫生纸、信封、沐浴液、香皂、化妆用品等。从单体上看价值不高，但由于消耗频率高、消耗量大，若汇总起来费用也相当可观。在保护地球、保护环境、倡导绿色消费的当今，对客房用品加以有效控制，既可以提高客房和饭店的盈利水平，又可以为环保事业尽一份责任，可谓一举双得。

一、低值易耗品的选购

1. 低值易耗品的选择

参照《星级饭店客房客用品质量与配备要求 LB/T 003—1996》，客房内配备的低值易耗品，总体上要求品种、数量、规格、质量必须与饭店客房的规格档次相一致，符合星级标准要求。在具体选择时应遵循以下几项原则：

(1)实用。客房低值易耗品是为方便住店客人的生活而提供的，因此，首先必须具有实用性。

(2)美观。客房低值易耗品要美观大方具有观赏性，要体现饭店的等级，要与客房的装饰水准相协调。

(3)适度。客房低值易耗品的质量及配备的种类、数量，既要满足客人的住店需求，体现客房的规格档次，又要符合绿色饭店、绿色消费的需要，把握好恰当的度。

(4)经济。客房低值易耗品消耗量大，要在保证质量的前提下，尽可能控制好价格，以降低成本费用。

2. 低值易耗品的采购

低值易耗品采购的程序、方法可参考布草采购的相关内容。

二、低值易耗品的管理

1. 低值易耗品的数量控制

确定配备标准是进行客房低值易耗品管理的基础。客房管理者应制定客房、房务工作车、楼层工作间或小库房及客房中心库房的配备标准。客房的配备可参见我国旅游饭店星级评定的有关标准，一般每间客房配备每人每天一份的标准，工作车的配备通常以一个班次的耗用量为基准，楼层小库房应有一周的储存量，而中心库房的存量应可满足客房部一个月的需求。

2. 低值易耗品的领放控制

客房低值易耗品的领放是指客房部从饭店采购部领取和本部门发放两方面的工作，一般由客房部中心库房或客房服务中心负责。

(1)客房低值易耗品的领取。中心库房根据客房低值易耗品的消耗发放情况和仓库最高库存量，定期(一般一个月)填写低值易耗品的申购单和申领表(见表 7-12)，经主管或经理批准，从采购部门领取物品。

表 7-12 客房物品申领表

楼层：________ 申领者：________ 发放者：________ ______年______月______日

物品名称	申领数	实发数	物品名称	申领数	实发数
普通信封			烟缸		
航空信封			火柴		
普通信笺			水杯		
航空信笺			面巾纸		
便笺纸			卫生纸		
小铅笔			浴帽		
圆珠笔			沐浴液		
明信片			大香皂		
安全疏散图			小香皂		
宾客意见书			牙具		
服务指南			梳子		
小酒吧账单			针线包		
早餐单			购物袋		
房内用膳餐单					
干洗单			下列为服务员使用的清洁用品		
湿洗单			拖把		
烫衣单			什物		
洗衣袋			空气清新剂		
礼品袋			除虫剂		
卫生袋			鞋油(黑色)		
擦鞋纸			鞋油(棕色)		
请即清扫牌			鞋油(白色)		
请勿打扰牌			鞋刷		

(2)客房低值易耗品的发放。低值易耗品如香皂、洗发液、沐浴露、牙具、茶叶、擦鞋纸等等,需要每天补充。为了方便工作,并使各楼层的工作有条不紊,减少漏洞,客房低值易耗品的发放应根据楼层小库房的配备量、楼层的消耗量明确规定一个周期和时间,如规定一周或三天一领。在发放日之前,楼层服务员应将本楼层库房的消耗及现存情况统计出来,按楼层小库房的规定配备标准填好客房低值易耗品申领表,报领班审批(有的饭店则由楼层领班负责统计填写),凭申请单到中心库房领取,或由中心库房物品领发员发送到各楼层,请领班验收。

3. 低值易耗品的使用控制

(1)低值易耗品的内部使用控制。客房低值易耗品的内部使用控制主要是指内部员工在当班期间对用品的消耗控制。

1)制定客房低值易耗品的消耗标准。客房低值易耗品是每天按客房床位数进行配备的,但并不是所有低值易耗品都在当天消耗掉,所以在实际工作中,应根据低值易耗品消耗情况的统计资料,制定客房低值易耗品的消耗标准。

具体可通过公式加以计算:$A = B \times X \times F \times Y \times 365$

公式中:A 为单项用品的年度消耗定额,B 为单房间天配备数量,X 为客房数,F 为预测的年均出租率,Y 为某用品的年度实际消耗率(实际消耗量 ÷ 配备量)。

例 3 某饭店有客房 200 间,年平均出租率预测为 75%,茶叶、牙具的单房间天配备数量分别为 4 包、2 只,实际消耗量是 2 包、1.6 只。求茶叶、牙具的年度消耗定额。

根据上述公式计算得:

A(茶叶) $= B \times X \times F \times 365 = 4 \times 200 \times 75\% \times (2 \div 4) \times 365 = 10.95$(万包)

A(牙具) $= B \times X \times F \times 365 = 2 \times 200 \times 75\% \times (1.6 \div 2) \times 365 = 8.76$(万只)

消耗定额的确定必须结合预算管理工作才能取得实际意义,才能对低值易耗品的消耗进行有效的控制。

2)每日统计,定期分析。服务员每天按规定数量和品种为客房添补低值易耗品,并在工作报表上做好记录,办公室文员或客房服务中心服务员负责本楼层客房低值易耗品的管理,每天汇总本楼层消耗品的数量,填写主要低值易耗品的耗用统计表(见表 7-13),并向客房部经理汇报。

表 7-13 每日楼层消耗品汇总表

制表人________ ________年________月________日

项目 / 楼层	购物袋	擦鞋纸	圆珠笔	针线包	面巾纸	卫生纸	洗发液	沐浴液	梳子	牙具	香皂
合　计											
金　额											

客房部根据每日统计资料,定期(通常是一个月)对各楼层客房低值易耗品消耗量进行汇总(见表 7-14),并以此为基础对低值易耗品的消耗情况进行分析。

表 7-14　楼层消耗品月度用量汇总分析表

制表人________　审核人________　　________年________月________日

楼层	开房数(间天)	香皂		卫生纸		购物袋		品名		品名	
		总耗量(块)	平均量(块/间天)	总耗量(卷)	平均量(卷/间天)	总耗量(只)	平均量(只/间天)	总耗量	平均量	总耗量	平均量
总计											

3)加强对员工职业素养的培养,不断提高员工待遇。服务员在整理房间补充低值易耗品时,多是单独作业,能否做到尽量减少低值易耗品的浪费和损坏,除要加强领班、主管的现场检查和督导外,在很大程度上取决于员工的职业道德水准、工作责任心和成本意识。所以,要加强员工的思想教育工作,培养员工勤俭节约的精神,尽可能做好废物利用、旧物利用的工作,尽量减少浪费。同时为员工创造较好的福利待遇,减少并杜绝员工使用客用品。

4)建立必要的管理制度并落实到实处。为了有效地控制客用物品的消耗,客房部必须建立一整套相关的管理制度。当然制度的建立并不是停留在书面材料上,关键在于落实实施,要通过制度的方式将客用物品在保管、领发、使用、消耗等方面加以规范,在确保服务质量的同时,真正有效地控制用品的消耗,达到节支的目的。

(2)客房低值易耗品的对外使用控制。客房低值易耗品的对外使用控制是指对客人住店期间使用客用品的适当控制,防止浪费和流失。而做好这项工作的前提是满足客人的正常需求,不影响饭店的服务品质。随着"绿色饭店"、"绿色客房"的兴起,客房物品的消耗控制还可从环境保护的角度采取有效的措施(4R),减少浪费,减少废弃物。

知识拓展 7-11

绿色饭店

◆ **概念**　是指以可持续发展为理念,坚持清洁生产,倡导绿色消费,保护生态环境和合理使用资源的饭店。

◆ **清洁**　是指对环境有益。

◆ **清洁生产**　是指使用更清洁的原料、采用更清洁的生产过程、生产更清洁的产品或提供更清洁的服务的一个动态向前、不断改进的过程。

◆ **绿色消费**　是指人们在购买物品和消费时,关注商品在生产、使用和废弃后对环境的影响，并在消费过程中关注环境保护问题。

◆ **绿色客房** 是指无建筑、装修、噪声污染，室内环境符合人体健康要求的客房，客房内所有物品、用具及对它们的使用都符合环保要求。

◆ **绿色食品** 是指遵循可持续发展原则，按照特定要求进行生产，经专业机构认定、许可使用绿色食品标志的无污染、安全、优质、营养的食品。

◆ **绿色服务** 是指在服务过程中使用环保型设备、设施、用具，并倡导绿色消费的服务。

知识拓展 7-12

绿色饭店的"4R"原则

◆ **reduce——减量化原则** 减量化是指用较少的原料和能源投入，降低成本，减少废弃物。减少物品消耗量有助于减少废弃物，饭店客房根据客人需要严格控制客房物品摆放数量，减少浪费。据调查，很多饭店提供的卫生间日耗品，例如香皂、沐浴液、洗发水等均超出正常人四天的用量，有时甚至因为不小心弄湿物品包装，不得不加以更换，这都将造成浪费。因此减少客用物品的包装或改变原有包装也是减少废弃物的重要渠道，目前已有不少饭店将小瓶独立包装的沐浴液、洗发水改为安放在浴室墙上的固定容器，并将其品牌标识印制在容器表面，使客人放心使用。

◆ **reuse——再使用原则** 再使用是指在不降低饭店设施和服务标准的前提下，尽可能把一次性使用变为多次使用或调剂使用，绝不废弃可以再使用的物品。例如将报废床单改制成洗衣袋，将用过的纸张、废旧报纸收集再利用，将客人用过的香皂收集制成洗涤剂进行再利用，鼓励超过一天的住店客人重复使用一些客用品，如牙具、香皂、浴帽等，在减少环境污染的同时，也降低了客房的成本开支。还可以制定相应的服务规程，从程序上要求服务员引导客人进行"绿色消费"，如在清扫住客房时，不撤走一些可重复使用的物品，如牙具等，但同时按标准配上新的，在方便客人的同时达到节约开支的目的。

◆ **replace——替代使用原则** 替代使用是指尽可能购买使用有利于环境保护、可再生利用的产品，尽量将一次性使用物品替换为可以重复使用物品。如将一次性塑料制品改为可以重复使用的布制品，不使用一次性毛巾、一次性牙刷、一次性梳子、一次性容器等。

◆ **recycle——循环回收原则** 循环回收是指对饭店某些无法利用的废弃物进行分类投放，由专门的工厂重新处理后作为资源进行再利用。例如玻璃、金属、纸质包装、塑料包装和铁皮包装、旧电池、废旧灯管等。

思考与练习

1. 东视饭店的客房部一直感到布草管理是件头疼的事。根据正常周转量设定的布草，在每3个月一次的盘点中，发现投入数与盘点数总是不相符。特别使客房部经理不解的是，除了有一些损坏的布草有数可查外，其他布草丢失数量惊人，不知丢到哪里去了。客房部布草周转量是按四套来配备的：一套在房间，一套在工作间，一套在洗衣房，一套备用。东视饭店通常的做法是：楼层服务员将房间使用过的布草收出，装入工作车布草袋里，再从每层的布草喉扔下去。按照原来的设计，接布草的地方不在洗衣房内，是在员工电梯旁边的一间小房子里，所以需要洗衣房员工每天负责运送。布草掉下来的地方是水泥地，放一辆车接着布草，但该车很快会被抛下来的布草装满，有时堆积的布草太多，在撤换布草车时，上面的会掉在水泥地上。有时洗衣房的工作人员会踩在布草上进行撤换，为了方便，干脆就不放布草车直接进行搬运。楼层布草的补充，是由布草房员工根据楼层领班填写的每日布草需求数量送到楼层。为了解决布草管理问题，减少丢失和报损，客房部在思考解决办法。

假如你是该客房部洗衣房主管，请你对布草管理工作存在的问题进行科学的分析并向上级领导提出解决问题的建议和办法。

2. 某饭店共有客房400间，布草的单房配备量为4套，每套包括床单2张，被套2只，枕套4只，卫生间配备"四巾"，平均每天一换。该饭店使用的是涤棉床单，耐洗次数在450次左右，被套的耐洗次数300次左右，毛巾类的洗涤次数在150次左右，预计客房的年出租率为80%，试计算客房布草的年度消耗定额。

3. 上述饭店客房袋装咖啡的单房配备量为2包，每间客房每天的平均消耗量为1.5包，试计算客房咖啡的年度消耗定额。

项目四　客房预算管理

任务一：编制客房预算

客房预算就是以货币形式做出的在一定周期内客房经营活动和经济效益的详细计划。具体的说就是对一定时期（一般一年）内客房部经营过程中开支、收益的一种估计和测算。预算的编制应力求谨慎，一旦制定出来，它就成为指导日常开支的纲领性文件，因此，也可以把预算看做整个客房部经营管理工作的基础。

按时间跨度，预算可分为长期预算和短期预算。长期预算通常以1～5年为周期，内容主要与企业的长期发展等重大举措有关。短期预算一般以1年为周期，其内容与企业的日常经营活动有关，目的是提高经营管理水平，最终实现企业的长期预算目标。

客房部的预算管理一般应编制短期预算，以保证目标明确。

一、预算编制的依据

1. 国家地区的政策举动和市场契机

国家和地方政府的重要的经济政策、旅游政策和重大活动等，将给当地的饭店带来良好的契机和充足的客源，从而改变计划期内的市场客源状况。因此提前了解掌握国家和地区重大政策的变动、重大活动的安排，可以为预算的编制提供一定的依据。

2. 市场环境和客源状况

客房管理是以客人入住，保证客房出租率和房租收入为目的的。饭店所在地区的市场环境和客源状况能够直接反映客房运营的供求关系。因此，编制客房预算必须对市场环境、客源状况进行调查分析，将这两方面的情况和饭店的实际情况结合起来，为预算编制提供真实可靠的客观依据。

3. 饭店等级规格和目标市场份额

任何一家饭店都不可能面向所有市场，它只能根据自己的等级规格、接待能力、经营特色，通过市场定位和市场细分，形成自己的主要目标市场，然后在一定的市场区域中争取自己的市场份额。因此在预算编制时必须考虑饭店的目标市场情况及所占的市场份额。

4. 饭店客房的经营水平和历史资料

客房预算管理是逐年进行的。每年预算指标的预测和确定，都是以上一年达到的水平和前几年的资料为基础。因此，客房经营的现状、水平及客房出租率、双开率、出租间天数、房租收入、各种费用成本等历史资料，也是客房预算编制的重要依据。

二、编制预算的原则

预算管理原则是预算编制、预算指标贯彻执行和考核的指导思想，做好客房预算管理，需遵循以下几个基本原则：

1. 全店一盘棋，遵守饭店财务决策

客房预算是在饭店总经理领导下，根据饭店财务部的统一布置，与餐饮部、康乐部、工程部等部门的预算同时完成的，它既属于部门预算的范畴，又是全店预算管理的基础和重要组成部分。因此，客房预算必须坚持全店一盘棋，遵守饭店财务决策的原则。

2. 实事求是，综合平衡

实事求是就是要正确处理好以下问题：一是预算指标的确定要坚持以调查资料和市场预测为基础，按客房部经营的实际状况和需要来确定各个项目所需的费用，不能想当然，也不能为了得到预期资金而在预算上多报金额，这样势必会造成实际开支的超支，不利于营运成本的控制；二是预算指标的分解要充分考虑饭店所在地区客源变化的规律和市场营销措施等。

综合平衡就是要考虑有关客房产品生产销售系统内部的销售、前厅、客房等部门各应承担哪些指标，在客房预算指标编制、执行、考核的过程中，做好各方面和各项指标之间的平衡。

3. 预算管理和目标管理相结合

目标管理是自下而上的目标期望和自上而下的目标分解的结合，既反映了饭店、部门、员工的愿望，又反映了饭店对部门、员工的任务和要求，包括经营指标、人事劳动管理指标、服务质量管理及物资管理指标等。预算管理则主要以营业收入、营业成本、营业费用、经营利润等财务指标为主。坚持预算管理和目标管理相结合的原则，可以使预算管理的贯彻实施建立在员工主动性和积极性的基础之上，有利于预算管理任务的顺利完成。

4. 分清轻重缓急，进行有效沟通

在预算周期的不同阶段，客房部的费用支出会有所不同，因此在编制预算时应根据经营需要，将所有项目按轻重缓急进行排列。来年必须要实施的项目，其费用支出必须安排在第一优先的序列，并在预算的编制和执行过程中与其他部门保持有效的沟通，使必要的预算费用开支得到充分保证，又可起到减少浪费、控制成本的作用。

三、预算编制程序与方法

1. 预算编制程序

预算的编制是一个自上而下再自下而上的过程。具体步骤有：

(1)先确定本部门经营周期内的经营指标。一般包括销售指标、费用指标、利润指标。

(2)收集资料并进行分类、评价。

(3)部门编制好经营预算草案,上交饭店。

(4)根据饭店整体预算要求,由饭店财务预算会议对各部门的预算草案进行讨论、协调与修改,最终确定整个饭店经营指标和包括客房部在内的各部门经营指标。

(5)将修改过的预算方案返回部门征求意见,以进一步协调、整合。

(6)在服从全局的前提下,对修改过的部门预算草案再次提出自己的意见,并将意见汇总后反馈给饭店,由饭店进行全面平衡,经饭店总经理或董事会批准后实施。

(7)将最后确定的预算指标进行分解,下达给各层次管理者和员工。

(8)制定预算执行业绩的奖惩制度,做到责、权、利挂钩,实行目标管理,充分发挥预算的控制作用。

2. 预算编制方法

(1)固定预算法。固定预算法是以客房部历史经营资料为基础,按预订的下一个经营周期的销售量、费用开支和利润指标的增长率或递减率,来编制客房部下一个经营周期预算的方法。预算一旦确定,在经营周期内预算执行过程中,一般不再对预算指标做任何的修改,具有相对固定性,是一种传统的编制方法。

由于饭店业市场变化莫测,影响饭店经营的因素很多,饭店的经营目标应随着内外环境的变化而适当地改变。因此用固定法编制预算虽然简便易行,但不够科学、严谨。

(2)滚动预算法。滚动预算法又称连续预算法,即预算期是连续不断的,始终保持某个固定的期限。具体操作时,可按月份或季度滚动编制预算。以客房部年度月滚动预算为例,在客房部经营预算执行了一个月后,应对客房预算的执行结果进行分析、评估,结合经营因素的变化情况,及时调整原定的经营指标,并在原来的年度预算期末后续下个月的经营预算,使预算期始终保持在12个月。

四、客房部预算编制

客房部的经营预算由营业收入预测、营业费用预测和营业利润预测构成。下文以收入和费用的预测为例,说明客房部预测的编制。

1. 营业收入预测

营业收入预测是客房部经营预算编制工作的起点,营业费用和营业利润的预测是在此基础上进行的。客房部可利用历史经营财务数据,参考同等级同规模饭店客房部的预测平均值,综合考虑市场经济状况、自身的经营能力、预算期的经营计划等因素,最后做出预测。根据影响客房营业收入的内部因素,可利用公式进行预测:

$$\text{某类客房营业收入} = \text{该类客房平均房价} \times \text{该类客房可供出租间数} \times \text{该类客房出租率} \times \text{预算期营业天数}$$

$$\text{客房部总营业收入} = \sum \text{客房部各类客房营业收入}$$

2. 营业费用预测

客房部的营业费用是指在客房部经营过程中,为了获得营业收入,在其部门内发生的各项人力、财力和物力的耗费。包括员工的工资福利开支、各种物料消耗、低值易耗品的摊销、固定资产折旧、维修费用、水电费、燃料费、洗涤费、通信费、差旅费、培训费、广告费、保险费、税金、管理费用等。

客房部费用预算编制举例(见表7-15)。

表 7-15 ××年客房部经营费用预算总表

制表人________ ________年________月________日

项 目	上年实际	上年预算	本年预算	备 注
第一优先项目				预计下年出租率基本持平
工资	676,800	680,000	748,000	在去年基础上上浮 10%
工作服	16,680	18,000	25,000	工作服(夏装)需更换
医疗费	46,860	45,600	48,000	
布件				需补充客房布件
洗衣房洗涤剂	71,280	70,000	70,000	
清洁用品和清洁剂	28,140	30,000	33,000	价格上调 10%
低值易耗品	465,700	480,000	460,000	
维修保养费	71,870	72,000	70,000	
第二优先项目				
清扫工具	13,500	18,000	14,000	
临时工工资	12,000	13,000	10,000	
差旅费	6,800	6,000	6,000	
培训费	30,000	30,000	35,000	
通信费	2,700	3,000	2,800	
第三优先项目				
办公费用	6,000	7,000	5,000	有些报表、用品已够用
员工生日、生病、聚会等	12,800	12,000	15,000	
奖金	570,680	560,000	616,000	因物价上涨,奖金在去年基础上平均上涨 10%
劳保用品	15,000	15,000	18,000	因物价上涨,人均标准在去年基础上上浮 20%
		累计	2,175,800	

说明:预算表第一优先项目中,床单须在 3 月底之前解决到位;夏装工作服须在 4 月底之前解决。

3. 经营利润预测

在完成了营业收入和营业费用的预测后,即可运用下列公式进行客房部利润的预测:

客房利润=客房收入-税金-费用

知识拓展 7-13

客房部成本类型及预测

客房部的费用项目在一定经营周期,有的随着业务量的变化始终保持不变,有的会发生近乎正比例的变化,而有的则不存在任何数量关系,呈无规律变化。一般其成本有以下三种类型:

◆ **固定成本** 所谓固定成本是指在一定经营周期和一定业务量范围内，总额随着业务量的变化始终保持不变的各项费用开支，如管理人员的工资福利费、固定资产折旧费、保险费、合同期内的广告费等。

固定成本的预测往往根据本饭店客房部的历史财务数据、同行的水平及预算期内的经营策略和计划等加以确定。预算指标确定后，在经营条件不变时，预算期内的固定成本总额始终不变。但如果经营策略发生变化或业务量的增减超出了一定范围，也会引起成本总额的变化，这点在预测时应加以考虑。

◆ **变动成本** 所谓变动成本是指在一定经营周期和一定业务量范围内，随着业务量的增减，总额随之发生近乎正比例变化的各项费用开支，如低值易耗品费用、税金等。变动成本的预测可以运用以下公式进行：

某销量下的变动成本总额＝销量×单位变动成本

变动成本总额与业务量之间的正比例变化关系的前提条件是在某一经营周期和一定业务量范围内，单位变动成本不变，否则这个比例关系也会变化。

◆ **半变动成本** 随着客房部业务量的变化，绝大部分费用开支的总额呈无规律变化，并不与业务量存在直接的比例关系，如通信费、培训费、水电费、员工工资福利费等。但仔细分析又存在着部分联系，其发生额随业务量的增减而发生变化的方式有：

➢ 阶梯式变化。当业务量在一定范围内时，某些成本开支总额固定不变，但当业务量超过某一范围后，费用总额会随即发生规律性、跳跃性的变化。与固定成本相比，这一类成本总额保持不变的业务量范围较小，如按工作量计酬的员工工资支出。当客房出租间天数在某一较小范围内波动时，客房部不需要增加清扫员的人数，因此清扫员的工资总额基本保持不变；但当客房出租间天数超出一定范围后，客房部必须增加客房清扫员，因此清扫员的工资总额会发生近乎正比例的变化；在这一业务量范围内，清扫员人数相对稳定，其工资总额又暂时保持相对固定；当客房业务量再次突破某一范围后，客房部又要增加清扫员，清扫员的工资总额又会发生近乎正比例的变化。

➢ 坡式变化。在客房经营过程中，不论经营情况如何，绝大部分公共费用始终会发生，如水费、电费、通信费等。当业务量为零时，其发生额较低；当业务量逐渐增加后，其总额随之会发生近似于正比例的变化。

➢ 折线式变化。这一类费用开支与业务量之间不存在明显的规律性数量关系，其总额时高时低，如客房部差旅费开支。

客房部在进行半变动成本预测时，可借鉴同类饭店的资料，结合本部门预算期内的经营计划，用类似变动成本预测的方法进行。

知识拓展 7-14

客房部盈亏平衡点分析

盈亏平衡点又称保本点，是指客房部正常经营中正好处于不盈不亏时的业务量。其表现形式有：一用实物量表示，称保本销售量；二用货币形式表示，称保本销售额。

客房部业务量达到保本点时：

年营业收入＝年固定成本总额＋年变动成本总额

由于营业收入和变动成本总额都与业务量有关，因此，上式可写成：

年客房出租间天数×平均房价=年固定成本总额+年客房出租间天数×单位变动成本

$$保本年销售量=\frac{年固定成本总额}{平均房价-单位变动成本}$$

保本日销售量=保本年销售量÷365

$$保本出租率=\frac{保本日客房出租间天数}{日平均可供出租客房间天数}\times 100\%$$

知识拓展 7-15

客房部目标利润分析

当客房部希望获得一定的目标利润时：

年营业收入=年固定成本总额+年变动成本总额+年目标利润

年客房出租间天数×平均房价=年固定成本总额+年客房出盘间天数×单位变动成本+年目标利润

$$达到目标利润时的年客房出租间天数=\frac{年固定成本总额+年目标利润}{平均房价-单位变动成本}$$

目标日销售量=目标年销售量÷365

$$目标平均出租率=\frac{目标日客房出租间天数}{日平均可供出租客房间天数}\times 100\%$$

任务二：客房预算控制

客房部必须编制科学、合理的经营预算，以使本部门有一明确的经营目标。但只有好的预算而无有效的控制，经营目标还是无法顺利实现。因此，一旦经营预算确定下来，客房部各级管理人员必须在预算期内，在预算的执行过程中制定严格的管理制度，采取有效的措施和方法，对部门的经营活动加强管理和控制，确保经营预算目标的实现。

经营效益的决定因素有两个：一是营业收入，二是各项费用开支。所以客房部经营预算的控制应从营业收入和营业费用开支两方面进行。

一、营业收入的控制

客房部营业收入主要是通过出售客房产品所有权来实现的。但在经营过程中，客房部只是充当客房产品“生产加工者”的角色，销售职责通常由销售部和总台来承担。这种产品生产、销售、结算分离的模式，给控制客房营业收入带来了一定的难度，必须由客房部、前厅部、财务部互相配合、协调。

客房部在经营活动中，应在以下几个环节采取措施对营业收入进行控制，防止营业收入的流失。

1. 加强预付款管理

饭店能接受的付款方式主要有：现金付款、信用卡付款、转账支票付款、转账付款、凭单付款。前两种方式相对比较安全、稳妥、快捷。对于选用后三种方式付款的单位，应事先与其签订具有法律效力的付款协议；对于选用后三种方式付款的客人，应先了解客人的身份。做好客房部客房出租收入和其他营业部门营业收入的预收款收取工作，就是做好了客房部营业收入的“事前”控制。

2. 实施账单控制

客房部的营业收入是通过客人的总账单反映出来并得以实现的。总账单既是客人结账付款的凭证。又是财务核算的依据,因此,它是客房部加强营业收入"事中"控制的主要书面凭证。客房部必须制定严格的制度,采取各种措施和手段,对客人入住到离店过程的各个环节加强管理与控制。

3. 加强优惠、折扣控制

使用各种优惠政策有利于客房销售,但如不加以控制,超过一定限度,则会影响客房部的收入。因此,加强优惠、折扣的有效控制,也是控制营业收入的重要环节。

4. 强化夜审职能

客房产品的制作加工、销售和结算等三大职能,分别由饭店的客房部、前厅部和财务部三个相互独立的部门来承担。它们既相互联系又相互牵制。这种关系本身能起到相互监督的作用,可以在一定程度上避免销售过程中舞弊、逃账、漏账事件的发生。但如果只有制度的制定与执行,而无严格的监督,时间一长就难免出现漏洞。因此,饭店应完善财务夜审制度,对预付款、账单、优惠折扣等方面的管理制度加强监督,提高客房销售收入控制的效果,确保客房部营业收入预算目标的实现。

二、营业费用开支的控制

在客房部营业收入得到有效控制的同时,必须加强营业费用的控制,才能使经营预算顺利完成,保证客房部经营目标的顺利实现。

1. 营业费用控制内容

客房部营业费用的内容繁多,在各项开支中,有些在预算期内总额基本保持不变,如固定资产折旧、保险费和管理人员工资及福利费等开支;也有些则受管理决策的影响,如广告费开支等;而更多的则需要全体员工通过努力来加以控制。

(1)物料用品耗费的控制。客房部在经营过程中会消耗大量的物料用品,由于这些用品种类多,大多数单价均较低,很容易被忽视。但由于它们的消耗量都很大,如果缺少控制,就会导致客房部营业费用的增加,导致经营效益的下降。因此,客房部应从物料用品的采购、验收、库存、领发和耗用等环节进行控制。具体可参见本模块项目三的相关内容。

(2)水、电、燃料等费用的控制。水、电、燃料等能源的耗费在客房部营业费用中占有一定的比例,对客房部经营效益影响很大。具体可结合绿色饭店运动,采用一些节能环保的措施与方法,既有利于环保,又有利于客房部营业费用成本的控制。

(3)人工耗费的控制。人工耗费在客房部营业费用中所占的比例越来越大,人工耗费要在不违反相关法律法规、确保服务质量的前提下,从人工数量和质量两方面进行控制。具体可参见本模块项目一的相关内容。

2. 营业费用控制程序

(1)预算分解。为了做好控制,首先必须编制科学合理的预算,在此基础上对预算的有关项目按月进行分解(见表 7-16)。

表 7-16　客房预算分解表

项　目	1月		2月		……		12月	
	本年	去年	本年	去年	本年	去年	本年	去年
工资								
客房用品								
清洁用品								
……								
合　计								

(2)定期检查。在客房经营活动中,管理人员必须对预算执行情况进行检查,一般每年检查不得少于两次。最好是根据预算分解目标,每月都检查一次,并填写预算执行情况控制表(见表 7-17)。

表 7-17　客房预算执行情况控制表

项　目	本　月				本年累计			
	本年		去年		本年		去年	
	实际	预算	实际	预算	实际	预算	实际	预算
工资								
客房用品								
清洁用品								
……								
合　计								

(3)及时调整。由于预算不可能准确无误,所以预算指标与实际业务运行发生误差是不足为奇的。在预算与实际情况发生较大误差时,客房部负责人应立即召集所有管理人员通报情况,并对误差发生的原因进行分析调查,寻找现实可行的措施与方法,使预算能顺利完成,从而实现经营目标。

思考与练习

1. 某饭店平均每天可供出租的客房有 258 间套,经过市场预测和预算分析确定,客房部的年固定成本总额是 860 万元,预测平均房价为 254.6 元/间天,客房内一次性客用品的成本标准为 25 元/间天,单位变动成本为 80/间天。试预测客房部一次性客用品的年度消耗额及保本出租率。

2. 假如该饭店下年客房平均出租率为 70%,试预测下年客房部的房租收入及经营利润。如果客房出租率能在原预测的基础上提高 3%,问客房部的经营效益可以比原预测的提高多少?

3. 在客房经营过程中发现上个月低值易耗品的消耗量与预算相比超出了 10%,而实际客房出租率只比预算提高了两个百分点。请分析有可能产生这一状况的原因。如果你是部门负责人,你将采取哪些具有针对性的措施?

4. 根据我国现行的人事管理制度、休假制度及新颁布的《劳动合同法》，假如你客房部负责人，在编制下年的经营费用（人力成本费用）时应做哪些方面的调整？

综合训练

走访两家饭店，分别了解它们在客房成本控制方面的具体措施、方法及仍然存在的问题，对这些措施的科学性、合理性进行对比分析，针对存在的问题提出自己的观点和意见。要求按小组以调查报告的形式完成。

附录1 客房常用英语

一、常用单词

adapter /插座
adjoining room /相邻房
all-purpose cleaner /多功能清洁剂
arrival time /抵达时间
ashtray /烟缸
attendant /客房服务员

baby sitting service /照看婴儿服务
basin /洗脸盆
bath mat /脚巾
bath robe /浴袍
bath room /卫生间
bath tub /浴缸
bed board /床头板
bed pad /床褥
bedstead /床架
bedspread /床罩
bed-side lamp /床头灯
bed-side table /床头柜
bell boy /行李员
black tea /红茶
blanket /毛毯
brochure /小册子
bulb /灯泡
business center /商务中心

captain /领班
carpet /地毯
cashier /收银员
check-in /入住登记
check-out /结账离店
chemical fabrics /化纤服装
cleaning bucket /清洁桶
cloak room /衣帽间
clothes hangers /衣架
comb /梳子
commercial rate /商务房价
complain /投诉
connecting room /连通房
cotton cloth /棉布服装
coupon /票证

day use /非全天用房
domestic direct dial(DDD) /国内直拨电话
deluxe suite /豪华套房
departure time /离店时间
desk lamp /台灯
dining room /餐厅
do not disturb(DND) /请勿打扰
double room /双人房
double-double room /两张双人床的房间
double locked (DL) /双锁房
dry cleaning /干洗

electric shaver /电动剃须刀
eiderdown /鸭绒被

executive floor /行政(商务)楼层

fadeless /不退色的
FIT /散客
front desk /总台
front office /前厅部
full house /房间额满

group /团队

hair dryer /吹风机
handkerchief /手绢
house credit limit /赊账限额
house use /酒店内部用房

international direct dial(IDD) /国际直拨电话
iron /熨斗
ironing board /熨衣板

jasmine tea /茉莉花茶
job description /工作说明书

lamp shade /灯罩
late check-out /逾时离店
laundry service /洗衣服务
laundry bag /洗衣袋
laundry list /洗衣单
lobby /大堂
log book /工作日记
long staying guest (LSG) /长住客
lounge /休息室

maid's cart /客房清扫工作车
make up room(MUR) /请速打扫房
mattress /床垫
message /留言
mop /拖把

no show /没有预先取消又无预期抵店的订单

occupied (Occ) /住客房
out of order(OOO) /待维修房
over-booked /超额预订

package /包价服务
pick up service /接车服务
pillow case /枕套
plug /插头
presidential suite /总统间
pressing /熨烫

quilt /被子

rack rate /客房牌价
razor /剃刀
rollaway bed /折叠床
room attendant /客房服务员
room change /换房
rooming list /团体分房名单
room status /房间状态
rotary floor scrubber /洗地机
rubber glovers /防护手套

service directory /服务指南
sewing kit /针线包
sheer curtain /纱窗帘
sheet /床单
shirt /衬衫
shoe polishing /擦鞋服务
shoe shine paper /擦鞋纸
shower curtain /淋浴帘
shower head /淋浴喷头
shrinkable /缩水的
silk fabrics /丝绸织品
single room /单人间

skipper /逃账者
skirts /裙子
sleep out /外宿客人
slippers /拖鞋
socks /袜子
socket /插座
soiled linen /脏布草
sprinkle /花洒
stain /污迹
stationery folder /文具夹
suit /西服
supervisor /主管
sweater /毛衣
switch /开关

tap /水龙头
tariff /房价单
tea table /茶几
tie /领带
towel rail /毛巾架
transformer /变压器
triple room /三人房
twin room /双张单人床的双人房

underpants /内裤
unshrinkable /不缩水的

vacant dirty /未清扫之空房
vacuum /吸尘器
very important person(VIP) /贵宾

wake-up call /叫醒电话
wall lamp /壁灯
wet vacuum /吸水机
woolen fabrics /毛料织品

二、客房部日常接待用语

1. Welcome to our floor!
欢迎光临我们楼层!
2. May I clean your room now or I'll come again later?
我现在打扫您的房间呢还是呆会儿再来打扫?
3. We have hair dryers on loan.
我们有吹风机可供出租。
4. Are you going to extend your stay?
请问您要续住吗?
5. Are you going to check out today?
请问您今天离店吗?
6. Have a pleasant stay.
祝您住店愉快。
7. I'm sorry to disturb you.
很抱歉打扰您了。
8. This way ,please.
请这边走。
9. Our hotel is a four-star hotel.
我们酒店是四星级酒店。
10. Our hotel overlooks a fine lake.

我们酒店毗临一个美丽的湖泊。

11. What kinds of amusement do you offer?
    你们提供哪些娱乐设施?
12. Our hotel has a nightclub, Finnish sauna, a swimming pool, tennis courts, billiards, etc.
    我们酒店有夜总会、芬兰浴、游泳池、网球场、台球等等。
13. The rooms are spacious, airy, and they command very nice view.
    客房特别宽大,空气新鲜,窗口风景优美。
14. After you, sir.
    您先走,先生。
15. Here is your baggage, please check and see if it is the right one.
    这是您的行李,请检查一下是否有误。
16. The extension number is just the same as your room number.
    房间的分机号码与房号刚好相同。
17. Can you tell me the way to the restaurant?
    能告诉我到餐厅怎么走吗?
18. Where can I send a fax?
    请问在哪儿发传真?
19. Wait a while ,I'll check for you.
    请稍等,我给您看一下。
20. You can do some shopping in Beijing Road. That's the most famous commercial street in Guangzhou.
    您可以在北京路逛逛商店。北京路是广州最著名的商业街。
21. Is it your first trip to China, Sir?
    您是第一次来中国吗?
22. Are you here for a holiday or on business?
    您是来这儿度假,还是商务活动?
23. I'd like to be woken up tomorrow morning.
    明天早上请叫醒一下。
24. You can arrange a waken-up call with the operator.
    请您与总机联系,安排叫醒服务。
25. What fitness facilities do you have here?
    你们这儿有哪些健身设施?
26. Sorry ,you'll have to pay extra for express service.
    对不起,快洗服务要另外收费。
27. Sorry for the inconvenience.
    抱歉,给您添麻烦了。

三、酒店各部门、各岗位名称英汉对照

董事总经理	Managing Director
总经理	General Manager
副总经理	Deputy General Manager
驻店经理	Resident Manager
总经理行政助理	Executive Assistant Manager
总经理秘书	Executive Secretary
总经理室	Executive Office
机要秘书	Secretary
接待文员	Clerk
人力资源开发部	Human Resources Division
人事部	Personnel Department
培训部	Training Department
督导部	Quality Inspection Department
计财部	Finance and Accounting Division
财务部	Accounting Department
成本部	Cost-control Department
采购部	Purchasing Department
电脑部	E. D. P.
市场营销部	Sales and Marketing Division
销售部	Sales Department
公关部	Public Relation Department
预订部	Reservation Department
客房部	Rooms Division
前厅部	Front Office Department
管家部	Housekeeping Department
餐厅部	Food and Beverage Department
康乐部	Recreation and Entertainment Department
工程部	Engineering Department
保安部	Security Department
行政部	Rear-Service Department
商场部	Shopping Area

人力资源开发总监	Director Human Resources
人事部经理	Personnel Manager
培训中经理	Training Manager
督导部经理	Quality Inspector
人事主任	Personnel Officer
培训主任	Training Officer
财务总监	Financial Controller
财务部经理	Chief Accountant
成本部经理	Cost Controller
采购部经理	Purchasing
采购部主管	Purchasing Officer
电脑部经理	EDP Manager
总出纳	Chief Cashier
市场营销总监	Director of Sales and Marketing
销售部经理	Director of Sales
宴会销售经理	Banquet Sales Manager
销售经理	Sales Manager
宴会销售主任	Banquet Sales Officer
销售主任	Sales Officer
客务总监	Rooms Division Director
前厅部经理	Front Officer Manager
前厅部副经理	Asst. Front Officer Manager
大堂副理	Assistant Manager
礼宾主管	Chief Concierge
客务主任	Guest Relation Officer
接待主管	Chief Receptions
接待员	Receptions
车队主管	Chief Driver
出租车订车员	Taxi Service Clerk
行政管家	Executive Housekeeper
行政副管家	Assistant Executive Housekeeper
办公室文员	Order Taker
客房高级主管	Senior Supervisor
楼层主管	Floor Supervisor
楼层领班	Floor Captain

客房服务员	Room Attendant
洗衣房经理	Laundry Manager
餐饮总监	F&B Director
餐饮部经理	F&B Manager
西餐厅经理	Western Restaurant Manager
中餐厅经理	Chinese Restaurant Manager
咖啡厅经理	Coffee Shop Manager
餐饮部秘书	F&B Secretary
领班	Captain
迎宾员	Hostess
服务员	Waiter ,Waitress
传菜员	Buss Boy ,Buss Gird
行政总厨	Executive Chef
中厨师长	Souse Chef(Chinese Kitchen)
西厨师长	Souse Chef(Western Kitchen)
西饼主管	Chief Baker
工程总监	Chief Engineer
工程部经理	Engineering Manager
值班工程师	Duty Engineer
保安部经理	Security Manager
保安部副经理	Asst. Security Manager
保安部主任	Security Officer
保安员	Security Guard
商场部经理	Shop Manager
商场营业员	Shop Assistant

附录2　客房用品的质量要求

参照《星级饭店客房客用品质量与配备要求 LB/T 003—1996》，客房用品的质量要求有：

一、卫生用品

1. 香皂

香味纯正，组织均匀，色泽一致，图案、字迹清晰，无粉末颗粒，无软化腐败现象，保质期内，印有中英文店名及店标。应符合 GB8113 的规定。

2. 沐浴液、洗发液、护发素、润肤露

黏度适中，无异味，包装完好，不溢漏，印有中英文店名及店标，保质期内。应符合 GB11432 、ZBY42003 、GB11431 的规定。

3. 牙具

牙刷以尼龙丝为主，不得使用对人体有害的材料，如聚丙丝。刷毛洁净柔软、齐整，毛束空满适宜；刷头、刷柄光滑，手感舒适，有一定的抗弯性能。标志清晰，密封包装，印有中英文店名及店标。其他技术指标应符合 QB1659 的规定。

牙膏香味纯正，膏体湿润、均匀、细腻、色泽一致，使用的香精、色素必须符合 GB8372 及其他有关规定。图案、文字清晰，无挤压变形，无渗漏污损，保质期内。

4. 漱口杯

玻璃制品或陶瓷制品，形状美观端正，杯口圆润，内壁平整，每日清洗消毒。

5. 梳子

梳身完整、平滑，厚薄均匀，齿头光滑，不宜过尖，梳柄印有中英文店名及店标。

6. 浴帽

以塑料薄膜制品为主，洁净，无破损，帽沿松紧适宜，耐热性好，不渗水。

7. 卫生纸

白色，纸质柔软，纤维均匀，吸水性能好，无杂质，无破损，采用 ZBY39001 中的 A 级和 A 级以上的卫生纸。

8. 卫生袋

不透明塑料制品或防水纸制品，洁净，不易破损，标志清晰。

9. 垃圾桶(污物桶)

用于放置垃圾杂物，采用的材料应具阻燃性能。

10. 拖鞋

穿着舒适，行走方便，具有较好的防滑性能，至少印有店标。

11. 浴帘

以塑料薄膜或伞面稠为主，无污迹，无霉斑。

12. 防滑垫

橡胶制品为主，摩擦力大，防滑性能良好。

13. 洗衣袋

塑料制品或棉麻制品为主，洁净，无破损，印有中英文店名及店标。

14. 面巾纸

白色为主，纸质柔软，取用方便，采用 ZBY32032 中的 A 等品。

15. 剃须刀

刃口锋利平整，剃刮舒适安全，密封包装，印有中英文店名及店标。

16. 指甲锉

砂面均匀，颗粒细腻，无脱砂现象，有套或套封。

17. 棉花球

棉花经过消毒处理，棉头包裹紧密，密封包装。

18. 浴盐(泡沫剂，苏打盐)

香味淡雅，含矿物质，发泡丰富。

二、文具用品

1. 文件夹

完好无损，物品显示醒目，取放方便，印有中英文店名及店标。

2. 信封、明信片

印有店标及中英文店名、地址、邮政编码、电话号码、传真号码。信封应符合 GB/T1416 的规定，明信片应有宣传促销意义。

3. 信纸、便笺

要求纸质均匀，切边齐整，不洇渗墨迹，信纸上印有店标及中英文店名、地址、邮政编码、电话号码、传真号码。

4. 圆珠笔

书写流畅、不漏油，笔杆印有店名及店标。

5. 铅笔

石墨铅笔，笔芯以 HB 为宜，卷削后供宾客使用。

6. 便笺夹

完好无损，平整，使用方便，印有店标及中英文店名。

三、服务提示用品

1. 服务指南、电话使用说明、住宿须知、送餐菜单

印刷精美，指示明了，内容准确，中英文对照。

2. 电视节目单、价目单、宾客意见表、防火指南

栏目编排清楚完整，中英文对照。

3. 提示牌、挂牌

印刷精美，字迹醒目，说明清晰，悬挂方便，中英文对照。

4. 洗衣单、酒水单

采用无碳复写，栏目清晰，内容准确，明码标价，中英文对照。

四、饮品、饮具

1. 茶叶

干燥洁净，无异味，须有包装或容器盛放，并表明茶叶种类。一般饭店中配备红茶、绿茶、花茶三种。

2. 茶杯（热水杯）

多选用玻璃和陶瓷制品，形体美观，杯口圆润，内壁平滑。

3. 暖水瓶（热水瓶）

一般容量不少于 1.6 L，应符合 GB11416 中的优等品的质量规定。

4. 凉水瓶、凉水杯

凉水瓶以玻璃和陶瓷制品为主，须有盖，无水垢，内存饮用水。凉水杯通常与凉水瓶质地相同，形体美观，杯口圆润，内壁平滑。

5. 小酒吧

酒和饮料封口完好，须在保质期内。

6. 酒杯

玻璃制品为主，杯口圆润，内壁平滑，应与不同的酒类相配。

7. 咖啡

以速溶咖啡为主，干燥洁净，包装完好，也可用容器盛放。

8. 冰桶

洁净，取用方便，保温性能良好，应配冰夹。

9. 电热水壶

要求绝缘性能良好，容量不宜大于 1.7L，须配备使用说明书，应符合 JB4189 的规定。

五、其他用品

1. 衣架

以木制品或塑料制品为主，光滑，无毛刺。

2. 烟灰缸

安全型，多选用缸壁垂直式样，易于清洗。无烟楼层或客房不配备。

3. 火柴

采用 GB/T393 中的 MC-A 型木梗火柴，以优质纸盒或木盒包装为主，火柴梗支、药头平均长度和火柴盒尺寸由饭店自行决定，印有店标及中英文店名。无烟楼层或客房不配备。

4. 擦鞋用具

多选用亮鞋器、擦鞋布、擦鞋纸等，使用后起到光亮洁净鞋面的效果。

5. 纸篓

存放非液体性杂物，须经阻燃处理。

6. 针线包

配有缝衣针、线、纽扣，搭配合理，封口包装，标志清晰，印有店标及中英文店名。

7. 杯垫

多为纸制品，精致美观，应起到隔热作用，可印有店标。

8. 礼品袋

以塑料制品或优质纸制品为主，制作精美，无破损，印有店标及中英文店名。

9. 标贴（或标牌）

亦称行李箱贴、行李牌，标贴为不干胶制品，标牌为纸制品或塑料制品。要求制作精致美观，富有艺术性，可印有店标。

10. 晚安卡

要求印刷精美，字迹醒目，中英文对照。

附录3　旅游饭店星级的划分与评定

设施设备维修保养及清洁卫生评定检查表

B.1　计分说明

B1.1　各星级饭店规定得分率：一星级90％、二星级90％、三星级92％、四星级95％、五星级95％。

B1.2　评分规定：设施设备的维修保养及清洁卫生的评定除综合得分率达到规定外，在前厅、客房、餐饮(酒吧)、厨房、公共卫生间等五个部位也应达到相应得分率，如其中任何一个部位达不到所申请星级规定得分率，就不能获得所申请的星级。

B1.3　评分时，按照项目标准，完全达到者为优，略有不足者为良，明显不足者为中，严重不足者为差。

B.2　评分标准

项　目	项目标准	维修保养检查					清洁卫生检查				
		检查分数	实际得分				检查分数	实际得分			
			优	良	中	差		优	良	中	差
客　房											
(一)走廊通道											
1. 地面	平整、无破损、无卷边、无变形；无污迹、无异味、干净、光亮	5	5	4.5	4	2.5	10	10	9	8	5
2. 墙面	平整、无破损、无开裂、无脱落；无污迹、无蛛网	5	5	4.5	4	2.5	2	2	1.8	1.6	1
3. 天花	无皮损、无裂痕、无脱落；无灰尘、无水迹、无蛛网	8	8	7.2	6.4	4	2	2	1.8	1.6	1
4. 灯具	完好、有效；无灰尘、无污迹	2	2	1.8	1.6	1	2	2	1.8	1.6	1
5. 擦鞋机	完整、无破损；无灰尘、无污迹	2	2	1.8	1.6	1	1	1	0.9	0.8	0.5

续表

项　目	项目标准	维修保养检查					清洁卫生检查				
		检查分数	实际得分				检查分数	实际得分			
			优	良	中	差		优	良	中	差
客　房											
(一)走廊通道											
6. 烟灰缸	完整、无破损;无灰尘、无污迹	5	5	4.5	4	2.5	2	2	1.8	1.6	1
7. 服务台	整齐、无损坏;无灰尘、无污迹	5	5	4.5	4	2.5	2	2	1.8	1.6	1
8. 其他（每项1分）		1	1	0.9	0.8	0.5	1	1	0.9	0.8	0.5
(二)客房											
1. 地面	平整、无破损、无卷边、无变形;无污迹、无异味、干净、光亮	30	30	27	24	15	30	30	27	24	15
2. 门	完好、有效;无灰尘、无污迹										
铃		1	1	0.9	0.8	0.5	1	1	0.9	0.8	0.5
锁		1	1	0.9	0.8	0.5	1	1	0.9	0.8	0.5
门镜		1	1	0.9	0.8	0.5	1	1	0.9	0.8	0.5
门牌		1	1	0.9	0.8	0.5	1	1	0.9	0.8	0.5
安全链		1	1	0.9	0.8	0.5	1	1	0.9	0.8	0.5
把手		1	1	0.9	0.8	0.5	1	1	0.9	0.8	0.5
3. 窗户及窗帘	平整、无破损、无脱落;无污迹	5	5	4.5	4	2.5	2	2	1.8	1.6	1
4. 墙面	平整、无破损、无开裂、无脱落;无污迹、无灰尘、无蛛网	4	4	3.6	3.2	2	4	4	3.6	3.2	2
5. 天花	平整、无破损、无开裂、无脱落;无污迹、无灰尘、无蛛网	4	4	3.6	3.2	2	1	1	0.9	0.8	0.5
6. 灯具	完好、有效;无灰尘、无污迹	5	5	4.5	4	2.5	5	5	4.5	4	2.5
7. 家具、布草	稳固、完好、无变形、无破损、无脱漆;无灰尘、无污迹										
床头护墙板		1	1	0.9	0.8	0.5	1	1	0.9	0.8	0.5
床上用品		10	10	9	8	5	10	10	9	8	5
浴衣		1	1	0.9	0.8	0.5	1	1	0.9	0.8	0.5
衣橱		1	1	0.9	0.8	0.5	1	1	0.9	0.8	0.5
衣架		1	1	0.9	0.8	0.5	1	1	0.9	0.8	0.5
写字台		2	2	1.8	1.6	1	2	2	1.8	1.6	1

续表

项　目	项目标准	维修保养检查					清洁卫生检查				
		检查分数	实际得分				检查分数	实际得分			
			优	良	中	差		优	良	中	差
客　房											
(二)客房											
梳妆台		2	2	1.8	1.6	1	2	2	1.8	1.6	1
半身镜		1	1	0.9	0.8	0.5	1	1	0.9	0.8	0.5
全身镜		1	1	0.9	0.8	0.5	1	1	0.9	0.8	0.5
椅子、沙发		2	2	1.8	1.6	1	2	2	1.8	1.6	1
茶几		1	1	0.9	0.8	0.5	1	1	0.9	0.8	0.5
行李柜		2	2	1.8	1.6	1	2	2	1.8	1.6	1
饮具		5	5	4.5	4	2.5	5	5	4.5	4	2.5
酒具		5	5	4.5	4	2.5	5	5	4.5	4	2.5
烟具		1	1	0.9	0.8	0.5	1	1	0.9	0.8	0.5
抽屉		2	2	1.8	1.6	1	2	2	1.8	1.6	1
垃圾筒		2	2	1.8	1.6	1	1	1	0.9	0.8	0.5
擦鞋工具		1	1	0.9	0.8	0.5	1	1	0.9	0.8	0.5
洗衣袋		1	1	0.9	0.8	0.5	1	1	0.9	0.8	0.5
其他(每项1分)		1	1	0.9	0.8	0.5	1	1	0.9	0.8	0.5
8. 艺术品	有品位、完整、无退色、无脱落；无灰尘、无污迹	1	1	0.9	0.8	0.5	1	1	0.9	0.8	0.5
9. 文具夹	规范、完整、无划痕；无灰尘、无污迹	3	3	2.7	2.4	1.5	3	3	2.7	2.4	1.5
10. 客房内印刷品	规范、完好、字迹图案清晰、无皱折、无涂抹；无灰尘、无污迹										
酒单		1	1	0.9	0.8	0.5	1	1	0.9	0.8	0.5
菜单		1	1	0.9	0.8	0.5	1	1	0.9	0.8	0.5
闭路电视节目单		1	1	0.9	0.8	0.5	1	1	0.9	0.8	0.5
安全出口指示图		1	1	0.9	0.8	0.5	1	1	0.9	0.8	0.5
“请勿打扰”和“请整理房间”门牌		4	4	3.6	3.2	2	1	1	0.9	0.8	0.5
服务指南		4	4	3.6	3.2	2	1	1	0.9	0.8	0.5

续表

项 目	项目标准	维修保养检查					清洁卫生检查				
		检查分数	实际得分				检查分数	实际得分			
			优	良	中	差		优	良	中	差
客 房											
(二)客房											
价目表		4	4	3.6	3.2	2	1	1	0.9	0.8	0.5
11. 电话	完好、无损、有效、安全;无灰尘、无污迹	5	5	4.5	4	2.5	2	2	1.8	1.6	1
12. 电视	完好、无损、有效、安全;无灰尘、无污迹	5	5	4.5	4	2.5	1	1	0.9	0.8	0.5
13. 床头(控制)柜	完好、无损、有效、安全;无灰尘、无污迹	5	5	4.5	4	2.5	1	1	0.9	0.8	0.5
14. 冰箱	完好、无损、有效、安全;无灰尘、无污迹	5	5	4.5	4	2.5	2	2	1.8	1.6	1
15. 空调回风口	完好、无损、有效、安全;无灰尘、无污迹	2	2	1.8	1.6	1	3	3	2.7	2.4	1.5
16. 电源插座	完好、无损、有效、安全;无灰尘、无污迹	1	1	0.9	0.8	0.5	1	1	0.9	0.8	0.5
17. 烟感报警器	完好、无损、有效;无灰尘、无污迹	5	5	4.5	4	2.5	1	1	0.9	0.8	0.5
18. 喷淋装置	完好、无损、有效;无灰尘、无污迹	5	5	4.5	4	2.5	1	1	0.9	0.8	0.5
19. 保险箱	完好、无损、有效;无灰尘、无污迹	5	5	4.5	4	2.5	1	1	0.9	0.8	0.5
20. 其他(每项1分)		1	1	0.9	0.8	0.5	1	1	0.9	0.8	0.5
(三)卫生间											
1. 门(锁)	安全、有效、无破损;无灰尘、无污迹										
2. 墙面	平整、无破损、无脱落、无变色;无灰尘、无污迹										
3. 天花	无破损、无脱落;无灰尘、无污迹										
4. 地面	平坦、无破损;无灰尘、无污迹										
5. 灯具	完好、有效;无灰尘、无污迹										
6. 洗脸台面	完好、无磨损;无灰尘、无污迹										
7. 镜	完好、明亮、无磨损;无灰尘、无污迹										
8. 排风器	完好、有效、噪声低;无灰尘、无污迹										
9. 面盆	完好、无堵塞;洁净										
10. 恭桶	完好、无堵塞、噪声低;无污迹										

续表

项目	项目标准	维修保养检查					清洁卫生检查				
		检查分数	实际得分				检查分数	实际得分			
			优	良	中	差		优	良	中	差
客房											
(三)卫生间											
11. 浴缸	完好、无堵塞、无滴漏;无污迹	15	15	13.5	12	7.5	4	4	3.6	3.2	2
12. 淋浴喷头	完好、通畅、无滴漏;无污迹	5	5	4.5	4	2.5	4	4	3.6	3.2	2
13. 水质清洁程度	清澈、无沙质、水温稳定						5	5	4.5	4	2.5
14. 空气清新程度	清新、无异味						2	2	1.8	1.6	1
15. 电话副机	完好、方便取用、有效;无灰尘、无污迹	2	2	1.8	1.6	1	3	3	2.7	2.4	1.5
16. 浴帘及浴帘杆	完好、无脱落;无灰尘、无污迹	1	1	0.9	0.8	0.5	5	5	4.5	4	2.5
17. 皂盒	完好;无灰尘、无污迹	1	1	0.9	0.8	0.5	1	1	0.9	0.8	0.5
18. 手纸托架	完好、方便取用、有效;无灰尘、无污迹	2	2	1.8	1.6	1	1	1	0.9	0.8	0.5
19. 毛巾架	完好、有效;无灰尘、无污迹	1	1	0.9	0.8	0.5	1	1	0.9	0.8	0.5
20. 晾衣绳	完好、有效、无灰尘、无污迹	1	1	0.9	0.8	0.5	2	2	1.8	1.6	1
21. 纸篓	完好、无灰尘、无污迹	1	1	0.9	0.8	0.5	1	1	0.9	0.8	0.5
22. 电源插座	安全、有效、无破损;无灰尘、无污迹	1	1	0.9	0.8	0.5	1	1	0.9	0.8	0.5
23. 卫生袋	正规、完好;无灰尘、无污迹	1	1	0.9	0.8	0.5	1	1	0.9	0.8	0.5
24. 擦手纸托架	完好;无灰尘、无污迹	1	1	0.9	0.8	0.5	1	1	0.9	0.8	0.5
25. 客用品	规范、完好;无灰尘、无污迹	1	1	0.9	0.8	0.5	1	1	0.9	0.8	0.5
毛巾		2	2	1.8	1.6	1	4	4	3.6	3.2	2
浴巾		2	2	1.8	1.6	1	4	4	3.6	3.2	2
面巾		2	2	1.8	1.6	1	4	4	3.6	3.2	2
踏脚巾		2	2	1.8	1.6	1	4	4	3.6	3.2	2
防滑垫		2	2	1.8	1.6	1	1	1	0.9	0.8	0.5

续表

项　目	项目标准	维修保养检查					清洁卫生检查				
		检查分数	实际得分				检查分数	实际得分			
			优	良	中	差		优	良	中	差
客　房											
(三)卫生间											
擦手纸							1	1	0.9	0.8	0.5
香皂							1	1	0.9	0.8	0.5
浴液							1	1	0.9	0.8	0.5
洗发液							1	1	0.9	0.8	0.5
皂盒		1	1	0.9	0.8	0.5	1	1	0.9	0.8	0.5
牙具(口杯)		2	2	1.8	1.6	1	1	1	0.9	0.8	0.5
其他(每项1分)		1	1	0.9	0.8	0.5	1	1	0.9	0.8	0.5
26. 吹风机	安全、完好、有效;无灰尘、无污迹	2	2	1.8	1.6	1	2	2	1.8	1.6	1
27. 体重秤	完好、有效;无灰尘、无污迹	1	1	0.9	0.8	0.5	1	1	0.9	0.8	0.5
28. 其他(每项1分)		1	1	0.9	0.8	0.5	1	1	0.9	0.8	0.5
总　计											
实际总得分											
得分率											

服务质量评定检查表

C.1　计分说明

C.1.1　各星级饭店规定得分率:一星级90%、二星级90%、三星级92%、四星级95%、五星级95%。

C.1.2　评分规定:服务质量的评定除综合得分率达到规定外,在服务人员的仪容仪表、前厅服务、客房服务、餐厅(酒吧)服务、会议康乐服务等五个部位也应达到相应得分率,如其中任何一个部位达不到申请星级的规定得分率,就不能获得所申请的星级。

C.1.3　评分时,按照项目标准,完全达到者为优,略有不足者为良,明显不足者为中,严重不足者为差。

C.2 评分标准

项　目	项目标准	检查分数	实际得分			
			优	良	中	差
服务人员仪容仪表						
1. 服装						
服装完好整洁程度	完整、挺括、清洁	10	10	9	8	5
服装与饭店格调协调程度	与饭店档次、特色、服务工种协调	8	8	7.2	6.4	4
不同岗位着装区别	按部门、按工种、按级别区分	5	5	4.5	4	2.5
着装统一程度	外套、内衣、裤(裙)、鞋、袜、领带(领花)、工号牌统一	10	10	9	8	5
着装效果	以上4项平均得分95%以上为优、85%以上为良、70%以上为中、70%以下为差	10	10	9	8	5
2. 服务人员礼貌程度	端庄大方、礼貌周到、规范标准、主动热情	40	40	36	32	20
3. 服务人员纪律性	无扎堆聊天、擅离岗位等现象	20	20	18	16	10
4. 服务人员的外语水平(是否符合必备条件)	符合本标准规定能流利使用,说得清,听得懂	15	15	13.5	12	7.5
5. 总印象	以上4项平均得分95%以上为优、85%以上为良、70%以上为中、70%以下为差	10	10	9	8	5
客房服务质量(态度、效率、周到)						
1. 客房服务中心	态度好、效率高、周到	30	30	27	24	15
2. 整理客房服务	整洁、效率高、用品齐全	15	15	13.5	12	7.5
3. 电话服务	接话快、态度好、业务熟、准确无差错	20	20	18	16	10
4. 洗衣服务	态度好、手续清楚、质量好	10	10	9	8	5
5. 客房送餐服务	迅速、准确、效率高	20	20	18	16	10
6. 会客服务	态度好、效率高、安全	10	10	9	8	5
7. 闭路电视节目质量	图像清晰、音质好	5	5	4.5	4	2.5
8. 音响质量、效果	音质好、调节有效	5	5	4.5	4	2.5
9. 叫醒服务	态度好、准确无差错	2	2	1.8	1.6	1
10. 开夜床服务	态度好、效率高、周到	2	2	1.8	1.6	1
11. 擦鞋服务	迅速、准确、质量好	5	5	4.5	4	2.5
12. 饮用水和冰块供应	有保证、及时、卫生	10	10	9	8	5

续表

项　目	项目标准	检查分数	实际得分			
			优	良	中	差
客房服务质量(态度、效率、周到)						
13. 为残疾人提供的服务	态度好、效率高、周到	2	2	1.8	1.6	1
14. 其他服务(每项 4 分)		4	4	3.6	3.2	2
15. 客房服务效果	以上 14 项平均得分 95%以上为优、85%以上为良、70%以上为中、70%以下为差	10	10	9	8	5
本页小计(实际得分率:＿＿＿＿＿)						
总　计						
总得分率						

参考文献

1. 叶秀霜,董颖蓉.客房服务与管理(第2版).北京:旅游教育出版社,2007
2. 韦小良.前厅与客房管理.北京:中国财政经济出版社,2006
3. 支海成.客房部运行与管理(第2版).北京:旅游教育出版社,2003
4. 梭伦.客房管理实务(第2版).北京:中国纺织出版社,2004
5. 朱承强.饭店客房管理.北京:旅游教育出版社,2004
6. 倡海岩.饭店与物业服务案例解析.北京:旅游教育出版社,2003
7. 区志钋.现代饭店洗衣部管理与洗衣技术.广州:广东旅游出版社,1997
8. 胡敏.饭店服务质量管理.北京:清华大学出版社,2008
9. 范运铭.客房服务与管理案例选析.北京:旅游教育出版社,2000
10. 刘伟.客房管理.北京:高等教育出版社,2006
11. 贺湘辉,徐文苑.饭店客房管理与服务.北京:清华大学出版社,北京交通大学出版社,2005
12. 胡剑虹.饭店前厅客房服务与管理.北京:科学出版社,2006
13. 田雅琳,肖轶楠.现代饭店业客房管理.北京:经济日报出版社,2007